公文写作案头工具书
学生作文提分好帮手

写作有道

名言金句荟萃

刘跃亭　主编

郑州大学出版社

图书在版编目（CIP）数据

写作有道：名言金句荟萃／刘跃亭主编. — 郑州：
郑州大学出版社，2021.12

ISBN 978-7-5645-8369-9

Ⅰ. ①写… Ⅱ. ①刘… Ⅲ. ①格言-汇编-世界②警句-汇编-世界 Ⅳ. ①H033.3

中国版本图书馆 CIP 数据核字（2021）第 246231 号

写作有道：名言金句荟萃

XIEZUO YOUDAO：MINGYAN JINJU HUICUI

策划编辑	李同奎	封面设计	张 涓
责任编辑	于卫雁	版式设计	大豫出书网
责任校对	王 峰	责任监制	凌 青 李瑞卿

出版发行	郑州大学出版社有限公司	地 址	郑州市大学路 40 号
			（450052）
出版人	孙保营	网 址	http://www.zzup.cn
经 销	全国新华书店	发行电话	0371-66966070
印 刷	河南省瑞之光印刷股份有限公司		
开 本	710 mm×1 010 mm 1／16		
印 张	25.25	字 数	260 千字
版 次	2021 年 12 月第 1 版	印 次	2021 年 12 月第 1 次印刷

书 号	ISBN 978-7-5645-8369-9	定 价	68.00 元

《写作有道——名言金句荟萃》编委会

主　任：刘德洲

副主任：徐大海　聂增福　宋海军

委　员：晁真强　陈泰生　徐大庆　朱晓东　顾建党

王林栓　苏小蒙　孙建方　兰　蔚　许俊涛

刘汝鸿　刘存文　鄂凯军　卓　莉　马　焱

主　编：刘跃亭

副主编：陈留彬　胡文斌

编　委：曹　珂　韩　蓓　贾晓昕　李俊贤　宋文云

王文卿　邢丽霞　杨永兵　张　凯　赵晓丽

锲而不舍　金石可镂

　　中华民族是一个具有五千多年绵延不绝历史的优秀民族，创造了光辉灿烂的中华文明，形成了独一无二、历久弥新的中华优秀传统文化，这些文明和文化成为全民族的宝贵精神财富。孔子、孟子、孙子、老子、墨子、韩非子等历史文化大家形成的思想文化体系，"四书五经""二十四史"《资治通鉴》等蕴含着中华优秀传统文化精髓的文史著作，千百年来滋润着世世代代的中华儿女。我们可以充满文化自信、历史自信、民族自信，自豪地说，西方国家有《圣经》，东方中国也有《圣经》——这就是中华优秀传统文化经典著作"四书五经"。"四书"包括《大学》《中庸》《论语》《孟子》，"五经"包括《诗经》《尚书》《礼记》《易经》《春秋》，这些都是中华民族生生不息、代代相传的文化教科书、历史教科书、人生教科书。它们既汇集古代中国人的政治理想与治国之道，又展现中华文明的精粹所在。我们现在经常脱口而出的一些成语典故、名言金句，有许多都来自中华优秀传统文化经典著作。例如，中华民族最早的诗歌总集《诗经》，内涵丰厚，语言优美，无论男女老少，读起来都朗朗上口。《诗经》阐发的爱情真谛，尤其令人念念不忘，"关关雎鸠，在河之洲。窈窕淑女，君子好逑"。无论何时何地，读起来总是脍炙人口，背起来总是荡气回肠。

　　中华优秀传统文化为中华民族提供了取之不尽、用之不竭的思想源泉和精神动力。中国进入改革开放和社会主义现代化建设新时期，中国共产党将实现小康社会、建设小康社会作为社会主义初级阶段的首要奋斗目标。"小康"一词就来源于《诗经》"民亦劳止，汔可小康。惠此中国，以绥四方"。改革开放初始阶段，1979年3月邓小平提出"中国式的现代化"新概念。同年12月邓小平会见日本首相大平正芳。对方问："中国的现代化蓝图究竟是如何构想的？中国将来会是什么样的情况？"邓小平说："我们要实现的四个现代化，是中国式的四个现代化。我们的四个现代化的概念，不是像你们那样的现代化的概念，而是'小康之家'。到20世纪末，中国的四个现代化即使达到了某种目标，我们的国民生产总值人均水平也还是很低的。要达到第三世界中比较富裕一点的国家的水平，比如国民生产总值人均一千美元，也还得付出很大的努力。就算达到那样的水平，同西方来比，也还是落后的。所以，我只能说，中国到那时也还是一个小康的状态。"1987年邓小平完整提出"三步走"发展战略：到20世纪80年代末，人均国民生产总值达到500美元；20世纪末达到1000美元；21世纪中叶达到中等发达国家水平。中国特色社会主义进入新时代，中共中央作出全面建成小康社会重大战略决策。中华民族团结一致，全力以赴，万众一心，众志成城。2021年7月1日庆祝中国共产党成立百年之际，习近平总书记庄严宣告，经过全党全国各族人民持续奋斗，我们实现了第一个百年奋斗目标，在中华大地上全面建成了小康社会，历史性地解决了绝对贫困问题，正在意气风发向着全面建成社会主义现代化强国的第二个百年奋斗目标迈进。

中国特色社会主义新时代对中华优秀传统文化进行了新的阐发和提升，将中华优秀传统文化升华为"中华民族的基因""民族文化血脉""中华民族的精神命脉"，中华优秀传统文化成为中华民族的精神源头和"老根"所在，极大地凝聚了中国人民和世界华人华侨华裔的"中国心"。中华优秀传统文化为全世界所有中国人提供了共同的精神家园，使大家找到了自己的基因所在、血脉所在、根脉所在、精神家园所在，共同为实现中华民族伟大复兴作出贡献。中华优秀传统文化强调"民惟邦本""天人合一""和而不同"；传承"天行健，君子以自强不息""大道之行也，天下为公"；主张"天下兴亡，匹夫有责"，以德治国、以文化人；倡导"君子喻于义""君子坦荡荡""君子义以为质"；要求"言必信，行必果""人而无信，不知其可也"；讲究"德不孤，必有邻""仁者爱人""与人为善""己所不欲，勿施于人""出入相友，守望相助""老吾老以及人之老，幼吾幼以及人之幼""扶贫济困""不患寡而患不均"等。中华优秀传统文化的思想和理念，以鲜明的民族特色、与时偕行的时代价值、朗朗上口的流畅语言、代代相传的民族内涵，与时俱进，永放光芒。

中共郑州市委办公厅刘跃亭同志长期从事公文起草工作，在调查研究、汇集资料的基础上，呕心沥血，焚膏继晷，撰写了大量文稿。在工作实践中，为了增强文稿内涵，提升文稿张力，达到微言大义、要言不烦的目的，经常运用中华优秀传统文化中的成语典故，勤奋收集许多名言、金句，渐次积累了与此相关的一系列很有"吸引力"的小故事，本来是"供应自己"撰写文稿所用，没想到"锦囊外露"引起了大家的关注。于是，他利用业余时间，夜以继日，条分缕析，反复修改，终成正果，向大家献出了《写作有道——名言金句荟萃》这本书。

中华优秀传统文化中有两个"金句"："有缘千里来相会"和"无缘对面不相逢"。我与跃亭说来有缘。有一年我给中共郑州市委干部培训班讲课。课毕，与跃亭边走边聊，不知不觉来到牡丹花园。

春风拂面，牡丹盛开，百花争艳，万紫千红，鸟语花香，令人陶醉。正是在这种环境中，跃亭谈起了《写作有道——名言金句荟萃》的缘起、编写和体会，并赠送了尚未出版的"内部版"。阅之，传统文化，成语典故，扑面而来；古往今来，名言金句，跃然纸上。当即，我对这本书的内容予以高度评价：首先，可以使人们从中受到中华优秀传统文化的有益启迪、启发和熏陶；其次，可以使学生在写作文、论文时，从中找到恰到好处的成语典故、名言金句来说明问题，提升文章内涵；再次，广大的文字工作者，包括各级机关、各个单位、各行各业的秘书、撰稿人等，随时可以从中选择自己需要的内容，为己所用。

最后，祝《写作有道——名言金句荟萃》早日问世，以飨读者。

2021年11月22日

【简介】

薛庆超，长期从事党史研究。历任中共中央党史研究室领导秘书、学术处处长、宣传教育局主持工作副局长等。

主要著作：《邓小平与现代中国》被中共中央宣传部、国家出版局选为"一带一路"推介图书，有十多个国家翻译出版。《历史转折关头的邓小平》获省部级"五个一工程奖"。《第一代中央领导集体的形成》《中国共产党执政史》第3卷是中共中央宣传部、国家新闻出版总署重点图书。《中国现代史论》10卷。

前　言

作为一名工作 20 多年的文秘人员，我一直渴望有这样一本书。

因为我发现有三个现象：一是习近平总书记重要讲话、文章、著作中，常常引用古代典籍、经典名句，旁征博引、画龙点睛，给人们以思想启迪、精神激荡。二是很多文章之所以妙笔生花、广为流传，一个很重要的原因和做法，就是文中有很多的古诗词、名人名言或金句（以下简称名言金句）。三是这些名言金句等虽然也能从网上查到，但分布比较散、内容不全面、查阅不方便，甚至还需要付费，特别是市面上还没有一本将经典古诗词、名人名言、金句（含习近平金句）和小故事汇编一起的工具书。

于是我在想，能不能编纂这样一部书？能够方便读者学习、查阅和使用。

经过近年来对百余本图书、数十万句名言金句的搜集整理，如今这本书终于在 2021 年初完成了。全书共分为六篇、三十三类，每一类均筛选和撷取了最经典的古诗词、名言、金句、小故事若干。本书主要有三个作用：

第一，这是一本实用的公文写作工具书。办文是党政机关、企事业单位人员的基本功之一。如果大家在起草领导讲话、工作总结、新闻写作等文稿中需要用某一方面的名言金句，而自己的积累尚不足以让您信手拈来，那么就可以按照书中分类快速查询、撷取精华，相信您的文章将熠熠生辉、令人眼前一亮。

第二，这是一个学生作文提分的素材宝库。我们提倡学生们要有金句意识，同时提倡大家每类都能熟练背诵3-5句。我们做过调查，如果学生能在一篇作文中应用5句左右古诗词或名人名言，那么其作文成绩将平均提升3-5分。

第三，这是一部人生成长修炼的参考资料。本书汇集了中华民族5000年优秀传统文化的瑰宝，汇集了古今中外名人的人生智慧，特别是33个分类其实就是33项人生必须的修炼。人生又何尝不是一场修炼？在一字一句的品味中，这些优秀品质将逐步融入我们的血液，我们也将在生命中遇见更加卓越的自己！

很喜欢一句话：金句好比文章的调料，如果炒菜不放调料会好吃吗？也许您从未提笔写作过，或者您根本不知道该怎么写，这都不重要。但只要您有名言金句意识，只要您跟随本书的指引，学会背诵或查阅使用书中的名言金句，甚至学会创作自己的金句，相信您的作品一定会文采飞扬，像金子一样发光！

编　者

2021 年 2 月

目　录

三、劝学之道

四、为政之道

五、处世之道

六、人生之道

一、立志之道

1. 志　向

（一）古诗词

1. 志不立，天下无可成之事。——明，王阳明《教条示龙场诸生》

【释义】没有志向，天下什么事都做不成。

2. 三军可夺帅也，匹夫不可夺志也。——春秋，《论语·子罕》

【释义】军队的主帅可以被替换，但是男子汉的志气和志向是不能被改变的。

3. 功崇惟志，业广惟勤。——《尚书·周书·周官》

【释义】取得伟大的功绩，在于志向远大；完成伟大的功业，在于勤奋努力。

4. 老骥伏枥，志在千里。烈士暮年，壮心不已。——三国，曹操《步出夏门行·龟虽寿》

【释义】年老的千里马虽然伏在马槽旁，但胸中仍然激荡着驰骋千里的豪情。有志干一番事业的人虽然到了晚年，但一颗勃勃雄心永不会消沉，一种对宏伟理想的追求永不会停息。

5. 志当存高远。——三国，诸葛亮《诸葛亮集·诫外甥书》

【释义】指人应当怀抱高远的志向。

6. 有志者事竟成。——南朝·宋，范晔《后汉书·耿弇传》

【释义】指有志向、有决心的人，做事终究会取得成功。

7. 古之立大事者，不唯有超世之才，亦必有坚忍不拔之志。——宋，苏轼《晁错论》

【释义】自古以来凡是做大事业的人，不仅有出类拔萃的才能，也一定有坚韧不拔的意志。

8. 有志始知蓬莱近，无为总觉咫尺远。——民谚

【释义】有志气的人，万里之遥的蓬莱也觉得很近；碌碌无为的人，咫尺的距离也觉得遥不可及。

9. 穷且益坚，不坠青云之志。——唐，王勃《滕王阁序》

【释义】一个人处境越是艰难，就越是应该坚忍不拔，越是不能放弃凌云之志。

10. 为天地立心，为生民立命，为往圣继绝学，为万世开太平。——宋，张载《张子语录》

【释义】为社会构建精神价值观，赋予民众生命的意义，继承发扬先贤即将消失的学问，为万世开辟永久太平的基业。

11. 孩儿立志出乡关，学不成名誓不还。——毛泽东《改西乡隆盛诗赠父亲》

【释义】孩儿立下志向走出家乡，学习不取得成就发誓不还来。

12. 强行者有志。——春秋，老子《道德经》

【释义】坚持力行的人叫有志。

（二）名言

★想，要壮志凌云；干，要脚踏实地。——缅甸谚语

★人若有志，万事可为。——〔英国〕塞·斯迈尔斯

★一人立志，万夫莫敌。——冯梦龙

★治天下者必先立其志。——程颢

★壮志与毅力是事业的双翼。——德国谚语

★一个人如果胸无大志，即使再有壮丽的举动也称不上是伟人。——〔法国〕拉罗什富科

★雄心壮志是茫茫黑夜中的北斗星。——〔英国〕罗·勃朗宁

★志向是人生的马达，有多大的志向，你的动力就有多大。——郭继承

★一个人在最低谷的时候，最重要的是要培养自己的志向和信念。为什么呢？因为只有志向和信念，能给你提供坚持的希望和动力！——景阳居士

★理想是指路明灯，没有理想，就没有坚定的方向；没有方向，就没有生活。——〔俄国〕列夫·托尔斯泰

★启发我并永远使我充满生活乐趣的理想是真、善、美。——〔美国〕爱因斯坦

★理想失去了，青春之花也便凋零了，因为理想是青春的光和热。——〔法国〕罗曼·罗兰

★通往理想之路从来都不是轻松的。——〔前苏联〕彼得罗夫

斯基

★如果一个人的头上缺少一颗指路明星——理想，那他的生活将会醉生梦死。——〔苏联〕苏霍姆林斯基

★一个人有了远大的理想，就是在最艰苦困难的时候，也会感到幸福。——徐特立

★有理想的人，生活总是火热的。——〔苏联〕斯大林

★理想能给天下不幸者以快乐。——〔苏联〕高尔基

★一个人的理想越崇高，生活就越纯洁。——〔捷克〕伏契克

★理想是事实之母。——叶圣陶

★理想是人生的太阳。——〔美国〕德莱塞

★生活好比旅行，理想是旅行的路线，失去了路线，只好停止前进。——〔法国〕雨果

★不要怀有渺小的梦想，它们无法打动人心。——〔德国〕歌德

★一个人要实现自己的梦想，最重要的是要具备两个条件：勇气和行动。——俞敏洪

★世界上最快乐的事，就是为理想而奋斗。——〔古希腊〕苏格拉底

★一个人的理想越崇高，生活就越纯洁。——〔爱尔兰〕伏尔契

★最可怕的敌人，就是没有坚强的信念。——〔法国〕罗曼·罗兰

★支配战士行动的是信仰。他能够忍受一切艰难、痛苦，而达

到他所选定的目标。——巴金

（三）金句

◆立志是一切开始的前提，青年要立志做大事，不要立志做大官。

◆要立志当"公仆"，做大事。

◆好儿女志在四方，有志者奋斗无悔。

◆志向是人生的航标。一个人要做出一番成就，就要有自己的志向。一个人可以有很多志向，但人生最重要的志向应该同祖国和人民联系在一起，这是人们各种具体志向的底盘，也是人生的脊梁。

◆一切向前走，都不能忘记走过的路；走得再远，走到再辉煌的未来，也不能忘记走过的过去，不能忘记为什么出发。

◆理想信念就是共产党人精神上的"钙"，没有理想信念，理想信念不坚定，精神上就会"缺钙"，就会得"软骨病"。

◆"得其大者可以兼其小。"只有把人生理想融入国家和民族的事业中，才能最终成就一番事业。

◆青年的理想信念关乎国家未来，青年理想远大、信念坚定，是一个国家、一个民族无坚不摧的前进动力。青年志存高远，就能激发奋进潜力，青春岁月就不会像无舵之舟漂泊不定。

◆理想信念是"主心骨"，纪律规矩是"顶梁柱"，没有了这两样，必然背离党的宗旨，做人做事就会走偏走邪，思想就会百病丛生，人生就会迷失方向。

◆理想信念动摇是最危险的动摇，理想信念滑坡是最危险的滑坡。一个政党的衰落，往往从理想信念的丧失或缺失开始。

◆只要我们胸怀理想、坚定信念，不动摇、不懈怠、不折腾，顽强奋斗、艰苦奋斗、不懈奋斗，就一定能在中国共产党成立一百年时全面建成小康社会，就一定能在新中国成立一百年时建成富强民主文明和谐的社会主义现代化国家。

（注：以上摘自习近平金句）

◆志不求易者成，事不避难者进。

◆梦想不会自动成真，奋斗是其桥梁；目标不会自动抵达，奔跑才有远方。

◆心灯不灭，才能"不畏浮云遮望眼"；坚定信心，才能"咬定青山不放松"。

◆在漫长的岁月中，你坚定迈出的每一步，都会让你离梦想更近一些。

◆行源于心，力源于志。

◆有梦想就有目标，有希冀才会奋斗。无论国家、社会还是个人，梦想都是保持生机、激发活力的源泉。

◆想好你需要的目标是什么之后，去找个你想要追求成果的人，效仿他所采用的方法。

◆立志贵专一。

◆俗话说：心有多大，舞台就有多大。志存高远的人往往格局宽广，具有浓厚的家国情怀，能够胸怀天下，先天下之忧而忧、后天下之乐而乐。

◆虎瘦雄心在，人贫志气存。

◆古人云："人惟患无志，有志无有不成者""志不立，天下无可成之事""胸有凌云志，无高不可攀"。对于年轻人而言，立志始终是第一等重要的事情。未来是从梦想起步的，人生是从抱负启航的。

◆清晰的愿景和目标，焦点集中于计划。

◆要志存高远，不放弃"望尽天涯路"的追求，耐得住"昨夜西风凋碧树"的清冷和"独上高楼"的寂寞。

◆要立志做大事，不要立志做大官，保持平和心态，看淡个人进退得失，心无旁骛努力工作，为党和人民做事。

◆石可破也，而不可夺坚；丹可磨也，而不可夺赤。

◆立志而圣则圣矣，立志而贤则贤矣。

◆伟人之所以伟大，是因为他与别人共处逆境时，别人失去了信心，他却下决心实现自己的目标。

◆能走多久，靠的不是双脚，是志向，鸿鹄志在苍宇，燕雀心系檐下；能登多高，靠的不是身躯，是意志，强者遇挫越勇，弱者逢败弥伤；能做什么，靠的不是双手，是智慧，勤劳砥砺品性，思想创造未来！

◆人与人最大的区别：有人把志向变成了现实，有人把志向变成了幻想。

◆没有一夜成名，只有百炼成钢。如果有一天你成名了，那也是你的努力，配上了你的梦想。

◆没规划的人生叫拼图，有规划的人生叫蓝图；没目标的人生叫流浪，有目标的人生叫航行。

◆成功只有一种，就是按照自己想要的方式度过一生。

◆生活没有目标，犹如航海没有指南针。

◆没有确定的目标，所有的忙碌都是茫然。

◆对一切来说，只有热爱才是最好的老师，它远胜过责任感。

◆一个人只要知道自己去哪里，全世界都会给他让步。

◆致敬理想，就是致敬生活。

◆理想是力量的源泉、智慧的摇篮、冲锋的战旗、斩棘的利剑。

◆长大后最大的遗憾，莫过于没活成小时候想象的样子。

▶▶▶链接：小故事

1. 鸿鹄之志

秦末农民起义领袖陈胜，出身贫穷，年轻时在农村当雇工，替人耕田种地。当时他就立志将来要干一番轰轰烈烈的大事。在一起当雇工的伙伴都笑话他，认为替人耕田种地的下等人，还想干一番大事业，真是癞蛤蟆想吃天鹅肉——异想天开。陈胜看到自己的宏大抱负，不能被一些眼光短浅的人所理解，感叹道："燕雀安知鸿鹄之志哉！"意思是说，小小的燕雀，怎么能了解鸿鹄的远大志向呢！

2. 司马迁发愤写史记

出生于史官世家的司马迁，10岁开始学习古文，立志担当书写历史的责任。20岁时，南下壮游，为写作积累了很多实地考察的资料。41岁时开始着手写《史记》，期间受李陵案的牵连，遭受宫刑。司马迁悲愤交加，几次想血溅墙头，了此残生，但想到《史记》还没有完成，便打消了这个念头。他把个人的耻辱、痛苦全都埋在心底，发愤写作，用了整整14年时间，终于完成了这部辉煌巨著。

3. 老书生73岁中秀才

古代有一老书生名叫詹义，屡攻秀才不中，但他从不灰心，一意进取，待73岁时终于如愿以偿。在亲朋好友贺喜之时，老秀才感慨万千，挥笔作诗："读尽诗书五六担，老来方得一青衫。佳人问我年多少，五十年前二十三。"

4. 有志者，事竟成

清代蒲松龄的《自勉联》：有志者，事竟成，破釜沉舟，百二秦关终属楚；苦心人，天不负，卧薪尝胆，三千越甲可吞吴。这副对联包含着两个经典的故事：

（1）巨鹿之战：公元前207年，项羽率领5万楚军同秦将章邯、王离所率40余万秦军主力在巨鹿（今河北平乡）展开决战，项羽军破釜沉舟，一举击败20万秦军，使秦军遭受巨创，并迫使另20万秦军不久投降。经此一战，秦朝名存实亡。

（2）勾践灭吴：公元前494年，吴王夫差大败越兵，越国几乎灭亡。越王勾践领五千残兵退守会稽，外示弱求和于吴，内取富国强兵之策，聚卧薪尝胆精神，终于在公元前473年灭掉了吴国。

2. 追 求

(一) 古诗词

1. 千淘万漉虽辛苦，吹尽狂沙始到金。——唐，刘禹锡《浪淘沙》

【释义】只有经过不断的磨砺筛选，千辛万苦，吹走了那些沙砾，才能够得到真正的金子。

2. 路漫漫其修远兮，吾将上下而求索。——战国，屈原《楚辞·离骚》

【释义】前方的道路漫长又遥远，我将上天入地，百折不挠，不遗余力去探寻。

3. 长风破浪会有时，直挂云帆济沧海。——唐，李白《行路难三首》

【释义】相信总有一天，能乘长风破万里浪；高高挂起云帆，在沧海中勇往直前。

4. 俱怀逸兴壮思飞，欲上青天揽明月。——唐，李白《宣州谢朓楼饯别校书叔云》

【释义】我们都怀着超逸的兴致和宏大的志愿，飘然欲飞，想上青天把明月抱在怀中。

5. 我非生而知之者，好古敏以求之者也。——春秋，《论语·述而》

【释义】我并不是生下来就有知识的人，而是喜好古代文化，勤奋敏捷去求取知识的人。

6. 知之必好之，好之必求之，求之必得之。——宋，程颐《河南程氏遗书》

【释义】只有寓认知于趣味之中，学习的劲头才会经久不衰，学习的成果才会硕大事盛。

7. 咬定青山不放松，立根原在破岩中。千磨万击还坚劲，任尔东西南北风。——清，郑燮《竹石》

【释义】竹子抓住青山一点儿也不放松，它的根牢牢地扎在岩石缝中。经历无数磨难和打击身骨仍坚韧，任凭你刮酷暑的东南风，还是严冬的西北风。

8. 疾风知劲草，板荡识诚臣。——唐，李世民《赠萧瑀》

【释义】只有经过疾风的考验，才会知道什么是劲草；社会动荡，才能分辨出谁是忠臣。

9. 杜鹃再拜忧天泪，精卫无穷填海心。——清，黄遵宪《赠梁任父母同年/题梁任父同年》

【释义】我便如杜鹃一样呼唤祖国东山再起，像精卫填海一样的奋斗。

10. 生当作人杰，死亦为鬼雄。——宋，李清照《夏日绝句》

13

【释义】活着就要当人中的俊杰，死了也要做鬼中的英雄。

（二）名言

★一个人追求的目标越高，他的能力就发展得越快，对社会就越有益。——〔苏联〕高尔基

★没有追求的人生是十分乏味的。——〔英国〕乔治·艾略特

★也许人就是这样，有了东西不知道欣赏，没有的东西又一味追求。——〔美国〕海伦·凯勒

★让整个一生都在追求中度过吧，那么在这一生中必定会有许许多多顶顶美好的时刻。——〔苏联〕高尔基

★没有追求的人很快就会消沉。哪怕只有不足挂齿的追求也总比没有要好。——〔美国〕卡莱尔

★天地万物都在追求自身独一无二的完美。——〔印度〕泰戈尔

★有不少人，他们不追求那些物质的东西，他们追求理想和真理，从而得到了内心的自由和安宁。——〔美国〕爱因斯坦

★一个人只要强烈地坚持不懈地追求，他就能达到目的。——〔法国〕司汤达

★世间的任何事物，追求时候的兴致总要比享用时候的兴致浓烈。——〔英国〕莎士比亚

★人类的使命在于自强不息地追求完美。——〔俄国〕列夫·托尔斯泰

★生命的全部意义在于无穷地探索尚未知道的东西，在于不断地增加更多的知识。——〔法国〕左拉

★人的天职在勇于探索真理。——〔波兰〕哥白尼

★只有不可知、不可得的，才有人去追求。——朱自清

★社会的进步就是人类对美的追求的结晶。——〔德国〕马克思

★不断去收获，不断去追求，永远苦干和等待。——〔美国〕朗费罗

★人不能像走兽那样活着，应该追求知识的美德。——〔意大利〕但丁

★人，只要有一种信念，有所追求，什么艰苦都能忍受，什么环境都能适应。——丁玲

（三）金句

◆不因现实复杂而放弃梦想，不因理想遥远而放弃追求。

◆追求美好生活是永远的进行时。

◆始终把以人民为中心作为脱贫攻坚的价值追求。

◆坚定理想信念，坚守共产党人精神追求，始终是共产党人安身立命的根本。

◆绿色发展的"五个追求"：追求人与自然和谐；追求绿色发展繁荣；追求热爱自然情怀；追求科学治理精神；追求携手合作应对。

◆祖国的青年一代有理想、有追求、有担当，实现中华民族伟大复兴就有源源不断的青春力量。

（注：以上摘自习近平金句）

◆幸福与快乐始终都是我们最终的追求。

◆没有追求的目标，人生也就不会在梦想这个湖中掀起涟漪。

◆人为追求幸福而生，但必须伴随痛苦而活。

◆将生活中点滴的往事细细回味，伤心时的泪、开心时的醉，都是因追求而可贵。

◆许多人都在刻意追求所谓的幸福，有的虽然得到了，却付出了很大的代价。

◆没有永恒的对错，只有永恒的追求。

◆不管对错与得失，人生的追求不该停止。

◆人生之苦，在于追求了错误的东西。

◆不要单独追求功利性交往。

◆我们应该为了得到自己心爱的东西而去追求和创造，得到后去品味和体验。

◆追求是一种目标，追求是一种理想，追求还可能是一种永远无法实现的幻想，追求无所谓高低贵贱。

◆人生何曾没有过理想、没有过幻想？不管理想、幻想能否实现，生活不能没有目标，不能没有追求。

◆什么都追求好，是一种积极的思想，却不是最好的活法，你随和，生活才随和。

◆人人都渴望梦想成真，可通往梦想的道路往往是平凡生活；人人都渴望梦想成真，但有时以退为进却是为了积跬步以至千里。

◆人的未来需要梦，梦是一个人追求的动力，就像无边黑暗中的一点生的光明。当你失去了这一点光明，你就会发现，你陷入了无边的黑暗，你就会失去生的勇气。梦想是成功的摇篮，只有不停地追求梦想，才能成功。

◆占有不能带来幸福，人只有在不断地追求中才会感到持久的幸福和满足。

◆人的本质就在于他的意志有所追求，一个追求满足了又重新追求，如此永远不息。

▶▶▶链接：小故事

1. 海伦·凯勒为梦想坚持不懈

海伦·凯勒双目失明、两耳失聪，却努力地从一个让人同情、默默无闻的小女孩变成让全世界尊敬的女强人。如果生活真的不公平，那么生活对她的不公平可谓到了极致。

她完全可以放弃她的梦想躲在阴暗的角落里放声痛哭，没有人会责怪她，她也完全可以躺在床上或坐在轮椅上，像一个植物人一样由人服侍。

可是这一切，她都没有做，她只是吃力地在老师的帮助下学习盲语，触摸着事物，仅仅凭着她永不言弃的信念和坚持不懈的意志。她把她理想的天空涂上了人生最亮的色彩。

2. 沈括上山看桃花

"人间四月芳菲尽，山寺桃花始盛开"，当读到这句诗时，沈括的眉头凝成了一个结，"为什么我们这里花都开败了，山上的桃花才开始盛开呢？"为了解开这个谜团，沈括约了几个小伙伴上山实地考察一番。四月的山上，乍暖还寒，凉风袭来，冻得人瑟瑟发抖，沈括茅塞顿开，原来山上的温度比山下要低很多，因此花季才来得比山下来得晚呀！凭借着这种求索精神和实证方法，长大以后的沈括写出了《梦溪笔谈》。

3. 范仲淹"划粥割齑（jī）"

范仲淹年少求学时，家里生活十分艰苦。每天晚上，他用糙米煮好一盆稀饭，等第二天早凝成块后，用刀划成四块，早上吃两块，晚上吃两块，这就是"划粥"。没有菜，就切一些腌菜下饭，这就是"割齑"。生活如此艰苦，但他毫无怨言，专心于读书学习。

范仲淹的艰苦生活被当地留守官的儿子知道后，深为同情，便从家里送来了好菜好饭，范仲淹表示感谢，收下了饭菜。几天之后，留守的儿子来看范仲淹时，看见自己送给他的饭菜还在那里，都已经坏了，大惑不解。范仲淹解释说："您赠我好饭菜，实在感激不尽，但我平时吃稀粥惯了，并不觉得怎样苦。现在我如果贪食这些东西，吃好的食物惯了，我将来怎么办呢？"留守的儿子回家后，将范仲淹的话如实告诉了他父亲。他父亲夸奖说："真是一个有志气的孩子，日后必定大有作为呀！"后来范仲淹终于成为宋代著名的文学家、政治家、军事家。

4. 茅以升立志造桥

茅以升小时候，离他家不远有条河，叫秦淮河。每年端午节，秦淮河上都要举行龙船比赛。到了这一天，两岸人山人海，龙船披红挂绿，船上、岸上锣鼓喧天。茅以升跟所有的小伙伴一样，每年端午节还没到，就盼望着看龙船比赛了。

可是有一年过端午节，茅以升病倒了。小伙伴们都去看龙船比赛，茅以升一个人躺在床上，只盼望小伙伴早点儿回来，把龙船比赛的情景说给他听。小伙伴们直到傍晚才回来，茅以升连忙问："快给我讲讲，今天的场面有多热闹？"小伙伴们低着头，老半天才说："秦淮河出事了。""出了什么事？"茅以升吃了一惊。"看热闹的人太多，把河上的那座桥压塌了，好多人掉进了河里！"听了这个不幸的消息，茅以升非常难过。他仿佛看到许多人纷纷落水，男的、女的、老的、小的，景象凄惨极了。

　　病好以后，他一个人跑到秦淮河边，默默地看着断桥发呆，他想：我长大后一定要做一个造桥的人，造的大桥结结实实，永远不会倒塌！从此以后，茅以升特别留心各式各样的桥，平的、拱的、木板的、石头的，出门的时候不管碰上什么样的桥，他都要上下打量，仔细观察，回到家里就把看到的桥画下来，看书看报的时候，遇到有关桥的资料，他都细心收集起来。天长日久，他积累了很多造桥的知识，他勤奋学习，刻苦钻研，经过长期努力，终于成为一名建造桥梁的专家。

3. 勤 奋

(一) 古诗词

1. 一勤天下无难事。——清，钱德苍《解人颐·勤懒歌》

【释义】只要勤奋，天下就没有难做的事情。

2. 人生在勤，不索何获。——东汉，张衡《应间》

【释义】人生最关键的在于勤奋，不勤奋努力去追求，人生怎么会有收获？

3. 民生在勤，勤则不匮。——春秋，左丘明《左传》

【释义】百姓生活的根基在于勤劳，只要辛勤劳动就不会缺衣少食。

4. 黑发不知勤学早，白首方悔读书迟。——唐，颜真卿《劝学》

【释义】年轻的时候不知道努力学习，到老了才后悔读书太迟。

5. 书山有路勤为径，学海无涯苦作舟。——唐，韩愈《古今贤文·劝学篇》

【释义】如果你想要成功到达高耸入云的知识山峰的山顶，勤奋就是那登顶的唯一路径。如果你想在无边无际的知识海洋里畅游，刻苦的学习态度能载你驶向成功的彼岸。

6. 不经一番寒彻骨，怎得梅花扑鼻香? ——唐，黄蘖（音 bò）《上堂开示颂》

【释义】不是经历如此一番透彻心骨的寒冷，又怎能有梅花如此扑鼻的芳香呢?

7. 宝剑锋从磨砺出，梅花香自苦寒来。——明，冯梦龙《警世贤文》

【释义】宝剑的锐利刀锋是从不断的磨砺中得到的，梅花飘香来自它度过了寒冷的冬季。

8. 黄沙百战穿金甲，不破楼兰终不还。——唐，王昌龄《从军行》

【释义】虽然在茫茫沙漠里已经身经百战，连铠甲都磨穿了，但若不彻底打垮敌人，决不反悔。

9. 字字看来皆是血，十年辛苦不寻常。——清，曹雪芹《红楼梦》

【释义】自己花了十年时间写成这部书，费尽心力，字字看来都是血；十年辛苦创作了这部书，意义用心颇为不寻常。

10. 人一能之，已百之；人十能之，已千之。——战国，子思《中庸》

【释义】别人一次就能做到的，我反复一百次；别人十次就能做到的，我反复一千次。

（二）名言

★读书治学，只有苦功，而无捷径。——刘叶秋

★凡事勤则易，懒则难。——〔美国〕富兰克林

★天才就是百分之一的灵感加百分之九十九的勤奋。——〔美国〕爱迪生

★天才就是无止境刻苦勤奋的努力。——〔英国〕卡莱尔

★勤奋是疾病与悲惨最佳的治疗秘方。——〔英国〕卡莱尔

★勤奋是智慧的双胞胎，懒惰是愚蠢的亲兄弟。——〔古巴〕何塞·马蒂

★凡有专长专能的人都是经过刻苦学习、勤奋努力才得到的。——戴伯韬

★勤为无价宝，慎为护身术。——〔英国〕莎士比亚

★天才的十分之一是灵感，十分之九是血汗。——〔俄国〕列夫·托尔斯泰

★勤勉而顽强地钻研，永远可以使你百尺竿头更进一步。——〔德国〕舒曼

★勤学如春起之苗，不见其增，日有所长；辍学如磨刀之石，不见其损，日有所亏。——陶渊明

★任何一个人的任何一点成就，都是从勤学、勤思、勤问中得来的。——夏衍

★伟大的成绩和辛勤的劳动是成正比例的。有一分劳动就有一分收获，日积月累，从少到多，奇迹就可以创造出来。——鲁迅

★勤奋是一种可以吸引一切美好事物的天然磁石。——〔英国〕罗·伯顿

★在天才和勤奋之间，我毫不迟疑地选择勤奋，它几乎是世界

上一切成就的催生婆。——〔美国〕爱因斯坦

★勤奋是财富的右手，节俭是它的左手。——〔英国〕格雷

★没有加倍的勤奋，就既没有才能，也没有人才。——〔俄罗斯〕门捷列夫

★勤学多思出智慧。智者千虑，必有一失；患者千虑，必有一得。——司马迁

★爱好出勤奋，勤奋出天才。——郭沫若

★成就是劳动的化身。——〔捷克〕伏契克

★"明天"属于那些工作勤勉的人。——〔法国〕孟德斯鸠

★勤能补拙是良训，一分辛苦一分才。——华罗庚

★求知是无止境的，我们必须永远保持谦虚好学的品质。——吴运峰

★一个人必须经过一番刻苦奋斗，才会有所成就。——〔丹麦〕安徒生

★重要的不是成功，而是奋斗。——〔威尔士〕赫伯特

★必须在奋斗中求生存，求发展。——茅盾

★具有伟大的理想，加之坚定的信心，施以努力的奋斗，才有惊人的成就。——〔英国〕弥尔顿

★无论做什么事情，只要肯努力奋斗，是没有不成功的。——〔英国〕牛顿

★世界上没有直路，要准备走曲折的路，不要贪便宜。——毛泽东

★我们最大的光荣，不在于一次也不失败，而在于每次倒下都能够站起来。——〔爱尔兰〕哥尔斯密

★少不勤苦，老必艰辛。——林甫

（三）金句

◆幸福都是奋斗出来的。

◆奋斗本身就是一种幸福。只有奋斗的人生才称得上幸福的人生。

◆让勤奋做事、勤勉做人、勤劳致富在全社会蔚然成风。

◆劳动最光荣，劳动最崇高，劳动最伟大，劳动最美丽。

◆奋斗是长期的，前人栽树、后人乘凉，伟大事业需要几代人、十几代人、几十代人持续奋斗。

◆最美的梦不是靠幻想、不是靠等靠要得来的，而是用勤劳的双手、智慧的脑袋创造出来的。

◆无论在什么时候，辛勤劳动、努力工作，都是创造幸福、获得成功和希望的唯一途径，没有不劳而获的幸福，也没有不用努力就能实现的梦想。

◆每个人都要努力工作，用自己勤劳的双手致富，这是最朴实、最实在，也是最美丽的期盼。

（注：以上摘自习近平金句）

◆人世间的一切幸福都需要靠辛勤的劳动来创造。

◆我觉得越是艰苦的地方，困难的时刻，越能磨炼人的意志，

锻炼人的能力。

◆世界上有两种最耀眼的光芒，一种是阳光，一种是我们奋斗的模样。

◆当一个人用工作去迎接光明，光明很快就会来照耀着他。

◆以奋发有为、只争朝夕的精神状态，不畏艰难、大干快干的拼搏劲头，进一步厘清发展思路，下移工作重心，增添工作举措，全力奋起直追。

◆正是这种"天行健，君子以自强不息，地势坤，君子以厚德载物"的变革和开放精神，使中华文明成为人类历史上唯一一个绵延 5000 年至今未曾中断的灿烂文明。

◆弘扬艰苦奋斗精神，不是只讲一时、只在一处讲，更不是抓一时就紧一时、推一推就动一动，而是需要长期坚持、久久为功。

◆每一代人有每一代人的长征路，我们还有许多"雪山""草地"需要跨越，还有许多"娄山关""腊子口"需要征服。

◆要铆足十二分干劲，打起十二分精神，以"等不起"的紧迫感、"慢不得"的危机感、"坐不住"的责任感，闻鸡起舞、日夜兼程，撸起袖子加油干，努力创造出无愧历史、无愧时代、无愧人民、无愧革命先烈的更大业绩。

◆行百里者半九十。中华民族伟大复兴，绝不是轻轻松松、敲锣打鼓就能实现的。伟大梦想的实现不会一蹴而就，也不可能一帆风顺，必然会遇到重大阻力，遭受巨大压力，需要蹚过深水区，踏过地雷阵。

◆勇于斗争担使命。党员干部要敢于担当、敢于斗争，保持斗争精神、增强斗争本领。我们党历经斗争洗礼、成长、壮大，斗争精神早已融入党的血脉，贯穿于革命、建设和改革各个时期。

◆沈阳故宫有一副对联，上联是"一勤天下无难事"，下联是"百忍堂前永泰和"。意思是说：只要勤奋，天下就没有什么难事；只要能忍，天下就永远是太平的。

◆勤能补拙，谦可受益。曾国藩曾经说过一句话，"天下古今之庸人，皆以惰字之败；天下古今之才人，皆以傲字之败"。意思是说：一些人之所以为庸人，就是因为懒惰；一些有才的人之所以会失败，就是因为他们太骄傲了。

◆无论是单位还是个人，通过自己的艰苦奋斗去打破自己的人生命运，永远值得尊敬，永远不被人嘲笑。

◆为个人梦想奋斗是快乐的，为家庭美好奋斗是幸福的，为国家富强奋斗是伟大的。

◆人生没有四季，努力就是旺季，不努力就是淡季。不努力，听到的永远是别人的好消息。

◆别总是抱怨生活不够幸运，是你欠了生活一份努力。每一个你讨厌的现在，都有一个不够努力的曾经。未来美不美，取决于你现在拼不拼。

◆未来是什么样子，谁也不敢保证。唯有每天不断的坚持努力，以不变应万变。

◆斗争精神、斗争本领，不是与生俱来的。领导干部要经受严格的思想淬炼、政治历练、实践锻炼，在复杂严峻的斗争中经风雨、见世面、壮筋骨，真正锻造成为烈火真金。

◆领导干部要主动投身到各种斗争中去，在大是大非面前敢于亮剑，在矛盾冲突面前敢于迎难而上，在危机困难面前敢于挺身而出，在歪风邪气面前敢于坚决斗争。

◆奋斗，既要仰望星空，也要埋头苦干；奋斗，既要塑造小我，也要成就大我；奋斗，既要奋发有为，也要清静无为。

◆奋斗是青春最亮丽的底色。人生最苦的不是工作的辛苦，而是苦于没有干事创业的条件和机会。

◆只有在斗争中无所畏惧，才能在追求真理的过程中把自己雕塑成器。

◆伟大斗争精神是伟大民族精神的核心之点，是马克思主义的应有之义，是中国共产党的胜利之魂，是经受风险考验、搏击大风大浪的挺立之气。

◆凡是优秀的、值得称道的东西，每时每刻都处在刀刃上，需要不断努力才能保持刀刃的锋利。

◆真正夯实敢于斗争、善于斗争的思想根基，才不会把"斗争"误解为和变质为没有格局、没有境界、没有原则的"争斗"，我们才能真正锻造成为烈火真金，斗争起来才会更有底气、更有力量。

◆新时代是奋斗者的时代。爱国不需低调，也无须华丽，惟需实干与奋斗。祖国的强大磁场，吸引新时代的追梦人重整行装再出发，一起拼搏一起奋斗，一起追梦一起圆梦。

◆美好生活、美好时代、美好未来都要靠辛勤的双手创造出来，国家富强、民族振兴、人民幸福都要靠奋勇的实践开拓出来。

◆迎难而上、勇往直前，"踏平坎坷成大道""斗罢艰险又出发"，做到"泰山压顶不弯腰""不破楼兰终不还"。

◆脚踏实地、昂扬向上，深怀饮水思源的感恩之心，砥砺攻坚克难的进取之志，勇立潮头，奋力拼搏，用激情和汗水书写亮丽青春、创造辉煌业绩。

◆主动担负起党和人民赋予的历史重任，勇做走在时代前列的奋斗者、开拓者、奉献者，在新时代的长征路上谱写新的华章、作出新的更大贡献。

◆科学上没有平坦的大道，真理长河中有无数礁石险滩。只有不畏攀登的采药者，只有不怕巨浪的弄潮儿，才能登上高峰采得仙草，深入水底觅得骊珠。

◆始终保持昂扬向上的进取精神和高尚情操，守初心、持恒心、强信心，以昂扬的斗志、饱满的热情、旺盛的干劲做好本职工作，在各自的岗位上干出一流的业绩，为大局做贡献，为发展作贡献，为人民做贡献，用激情和汗水创造辉煌业绩。

◆回顾历史，应对变局，改变命运，靠的是斗争；面对现实，展望前路，把握机遇、应对挑战，将新的"变局"写定为"赢局""胜局"，仍靠斗争，靠更为英勇艰苦的斗争。

◆不想认命，就去拼命！付出就会有收获，或大或小，或迟或早，始终不会辜负你的努力！

◆从来不跌倒不算光彩，每次跌倒后能再站起来，才是最大的荣耀。

◆激扬斗争精神是向理想信念踏进，锤炼斗争意志是在实际工作中践行，私心杂念一干扰搅和，就会对斗争看不清、辨不明，抓不起、斗不了。

◆时间识人，你的付出，总会被看见；你偷的懒，终归也要还。

◆上天会垂青那些付出努力的人，就像米兰昆德拉所说的：也许最沉重的负担就是我们最充实的象征，负担越沉，我们的头越贴近大地。

◆最终让你实现梦想的还是努力，勤奋是所有人都要经历的必修课。

◆做学习路上的苦行僧。为了梦想，为了实现自我价值，这些都是值得的。因为往往黑暗总是出现在黎明之前。

◆广大党员干部应发扬斗争精神、坚定斗争意志、保持斗争定力、增强斗争本领，做敢于斗争、善于斗争的战士，不做爱惜羽毛的绅士。

◆天下没有坐享其成的好事，实现梦想的道路是艰难曲折的，但只要有艰苦开拓的精神，"山再多，往上攀，总能登顶；路再长，走下去，定能到达"。

◆敢啃硬骨头。创业之路必然会遇到重重困难和艰险，在险峻环境、难题面前，退缩还是前往，是检验人们精神状态的试金石。

◆勇争一流，就是每做一件事努力把它做到最好，争取创造最优秀水平，达到名列前茅。争一流并不能一气呵成，需要是持续的攀登。

◆准确选取斗争时机。"善将者，必因机而立胜。"在战争中，把握住战机才能赢得主动；倘若贻误战机，则易陷入被动，败走麦城。

◆我们应强化理论武装，经受"不畏浮云遮望眼"的思想淬炼，夯实斗争根基。强化党性教育，经受"一叶易色而知天下秋"的政治历练，练就斗争胆略。

◆要让自己多几次"热锅上的蚂蚁"般的经历，多几段"接烫手山芋"的人生体验，让青春在斗争中绽放出耀眼光芒，勇做新时代的"疾风劲草""烈火真金"。

◆挥洒汗水书写生命轨迹的人，终会得到命运的犒劳。只要你不害怕努力，一切都不足为惧！

◆拿出逢山开路、遇水架桥的闯劲，凭着"不破楼兰终不还"

的决心，我们才能战胜前进道路上的千难万险，让"拼"成为奋斗的鲜明特色，把"赢"奏响为中华民族的时代旋律。

◆与其守候在静止的岸，不如做一只飞驶的舟；与其当一块被动的靶，不如做一支呼啸的箭。时代也总是给予那些奋进者、搏击者以丰厚的馈赠。

◆岁月的长河，从不停息；奋斗的征程，永远向前。虽然我们已走过万水千山，但仍需要不断跋山涉水；虽然我们已战胜重重困难，但仍需要不断攻坚克难。

◆骏马是跑出来的，强兵是打出来的。

◆以梦为马、逐梦前行，用奋斗定义人生价值，在奔跑中抵达远方，早已内化为中国人民的一种精神气质。

◆人间正道是沧桑。不必害怕挫折，如果事与愿违，上天也一定会用另外的方式来补偿你。

◆所有的差距，皆因逆水行舟时，放弃了努力。星光不问赶路人，时光不负有心人。

◆在这个千帆竞发、百舸争流的时代，在这个愈进愈难、愈进愈险的时候，孜孜以求、再接再厉，改革才能乘风破浪、势如破竹；安于现状、消极怠惰，必将不进则退、错失机遇。

◆古人讲："天下事有难易乎？为之，则难者亦易矣；不为，则易者亦难矣。"攻坚克难迎挑战，方法总比困难多。

◆守成者没有出路，奋进者才有未来。

◆鲜花和掌声的背后，都是艰辛的汗水。青年人创新创业要在浙商精神中汲取力量，吃得起苦、经得住磨难、耐得住寂寞，在拼搏中闯出一片天地。

◆如果别人对自己的款待是靠自己努力得来的，而不是靠什么不道德的手段谋取的，那就格外有价值、有意味。

◆我们所处的是一个船到中流浪更急、人到半山道更陡的时候，是一个愈进愈难、愈进愈险而又不进则退、非进不可的时候。唯有奋斗方能扛起首位担当，唯有奋斗才能奉献强大力量。

◆在时光中前进，在奋进中图强，我们终将用奋斗定义更好的时光。

◆泪会干、伤会好、路会平，熬过死寂般的黑暗，便能迎来黎明，永不言弃的你，终将过上美好的生活。

◆和勤奋的人在一起，您不会懒惰；和积极的人在一起，您不会消沉。

◆百舸争流，破浪者才能远航；千帆竞发，奋斗者才能开拓。

◆原来，最大的运气就是从未停止过的努力。

◆一个人只管努力就好，把结果交给时间……

◆"一息尚存，绝不松劲。东风得势，时代更新，趁此机，奋勇前进。"越是形势向好，越要有时不我待、只争朝夕的紧迫感。

◆今天提倡保持斗争精神、增强斗争本领，是指不能丢失那种敢于直面矛盾、敢于较真碰硬、敢于尽责尽力、敢于善作善成的精神状态，那种迎难而上、攻坚克难、逢山开路、遇水架桥的实际行动。

◆要敢于直面问题，矛盾面前不躲闪，挑战面前不畏惧，困难面前不退缩，在关键时刻和危急关头豁得出来、顶得上去、经得住考验。

◆把握潮流、驾驭潮势的关键就在于，要有无惧风浪的心态，也要有把准航向的笃定，还要有乘风破浪的本领。

◆ "我们都在努力奔跑，我们都是追梦人。"奋进在"愈进愈难、愈进愈险而又不进则退、非进不可"的新征途，让我们不断砥砺拼劲、干劲，用实干拥抱伟大梦想。

◆如果不努力，未来只能是个梦。

◆我们坚信，宏伟的目标激发奋斗的勇气，奋斗的勇气焕发不竭的动力，只要我们朝着目标奋力奔跑，就一定能走在前列、不负时代。

◆所有的机遇都是为奋斗者准备的，所有的大事业都是从解决具体问题入手，所有的成功都是在真抓实干中造就，我们的态度和行动就是对新时代、新机遇的生动诠释、有力注解。

◆我们要迎着困难而上，不回避、不推诿、不停步，做到"泰山压顶不弯腰"；我们要破解问题前进，逢山开路、遇水搭桥，真抓实干、从容应对，做到"不破楼兰终不还"；我们要在解决问题中发现机遇、用好机遇、赢得更大机遇，迎来发展的"柳暗花明又一村"。

◆奋斗从来不是盲目的、机械的、低层次重复的。

◆ "日月不肯迟，四时相催迫。"在这个属于奋斗者的新时代，人人都有追梦的权利，人人也都是梦想的铸造者。

◆人世间的一切幸福，都需要靠辛勤的劳动来创造。

◆常言道："台上一分钟，台下十年功""冬练三九，夏练三伏""三天不念口生，三天不做手生"。如果春天没有耕耘播种、夏天没有除草施肥，秋天就不会有好收成。

◆多磨炼，虽然艰苦一些，但苦中有营养。多磨炼遇到的难事可能会多一些，但难中一定有收获。多经历一些大事要事、急事难事，多点"热锅上蚂蚁"的经历，才能在干事中长本事，在历练中变老练。

◆生活的甜美，是伤痛过后的笑声。

◆用汗水浇灌才华，用实力激发才思，才没有浪费最富创造力的时光并换来最耀眼的成绩，也击碎了"破格太过"的质疑、"运气太好"的嫉妒、"后劲不足"的担忧。

◆历尽天华成此景，人间万事出艰辛。每一项成就都不是从天下掉下来的，而是紧锣密鼓干出来的、夙兴夜寐拼出来的，是快马加鞭冲出来的、奋楫争先抢出来的。

◆要时刻保持"朝受命、夕饮冰，昼无为、夜难寐"的斗志，自觉加满油、把稳舵、鼓足劲，扛得了重活，打得了硬仗，经得住磨难。

◆岁月不居，时节如流。未来的成色，要靠奋斗者的激情与拼搏来打磨。当以坚如磐石的信心、只争朝夕的劲头、坚韧不拔的毅力，在改革开放新征程上努力奔跑，做新时代的追梦人，不断开创各项工作的新局面。

◆所谓"艰难困苦，玉汝于成"。一个人若是不经历风浪，是无法真正成长成才的。同样地，一个民族、一个国家若是不经历苦难，又怎能铸就自强不息的奋斗精神，又怎么始终保持顽强拼搏的进取精神，又怎能不断走向发展繁荣、不断创造辉煌灿烂？

◆心思集中到"想干事"上，胆识体现在"敢干事"上，能力展现在"会干事"上，目标落实到"干成事"上。

◆惟有克难奋进，美好的蓝图才能早日实现；惟有苦干实干，远大的目标才能早日达成。

◆奋斗是永远向前的决心，奋斗是永不停歇的步伐，奋斗是对自我更高的要求。

◆时代画卷，在砥砺前行中铺展；精彩华章，在不懈奋斗中书写。

◆气象万千的历史进程中，惟有奋斗能留下深深的印记，惟有奋斗能创造幸福的生活，惟有奋斗能勤能补拙。

◆以时不我待、只争朝夕的进取精神，以恪尽职守、夙夜在公的工作状态，全身心投入到推动发展的各项事业中去。

◆奔跑时很累、很苦，那为什么还要跑？因为你只有跑过，才能体会到休息时的爽；就像你只有吃了学习的苦，才能体会到生活的甜。

◆新时代是奋斗者的时代。伟大梦想不是等得来、喊得来的，而是拼出来、干出来的。"道虽迩，不行不至；事虽小，不为不成。"中国人民从来都明白，世界上没有坐享其成的好事，要幸福就要奋斗。

◆每一个行业、每一个人都要心怀梦想、奋勇拼搏，一步一个脚印，一棒接着一棒，在奋力奔跑和接续奋斗中成就梦想。

◆可持续的勤奋，一定是快乐的。只有乐在其中的人才是真正勤奋的。

◆要折腾，不要怕大起大落，在起起伏伏中总能找到自己可以为之奋斗一辈子的事情！

◆含泪播种的人一定能含笑收获。

◆不奋斗，你的才华如何配得上你的任性？不奋斗，你的脚步如何赶上父母老去的速度？不奋斗，世界那么大，你靠什么去看看？

◆1万小时定律：在任何领域取得成功的关键跟天分无关，只是练习的问题，需要练习1万小时，才可能成为该领域的专家。

◆你在台上看见的是别人风光无限的一面，看不见的却是他们在台下日复一日的努力和坚持。

◆"士不可以不弘毅，任重而道远"，永远葆有一颗奋斗心，生命不息、奋斗不止，我们才能汇涓流而成江海。

◆只有锁定目标，才能在通往幸福的路上，把机遇抓在手上，把困难踩在脚下，既能欣赏沿途风景，又能分享成功的喜悦。

◆幸福不会从天降，必须不驰于空想，不骛于虚声，一步一个脚印，踏踏实实干好工作，用汗水去丰沛幸福的"源泉"，用情怀去酿造幸福的"美味"，把为人民造福的事情真正办好办实。

◆我们常说，命是失败者的借口，运是成功者的谦辞。奋斗者才是命运的主宰者，只要大家一起努力了，幸福定会来敲门。

◆"莫道君行早，更有早行人。"没有过不去的坎，也没有随随便便的成功。新时代奋斗者要不得偷奸耍滑、投机取巧和蝇营狗苟，唯有每个个体踏实肯干、努力奋斗，我们的国家才会日新月异、蒸蒸日上；唯有每一名党员干部身体力行、身先士卒，我们党才更能赢得人民的拥护，党的事业才能在爬坡过坎中不断推向前进。

◆所有的成功，都不是处在身心感受的"舒适区"简简单单获得的，而是勇敢走出"不舒适区"通过奋斗换来的。

◆一路走来，中国人民自力更生、艰苦奋斗，踏平坎坷成大道，让不可能成为可能，书写了国家和民族发展的壮丽史诗。

◆生活不能等待别人来安排，要自己去争取和奋斗；而不论其结果是喜是悲，但可以慰藉的是，你总不枉在这世界上活了一场。

◆历史总会眷顾奋斗者，唯有通过辛勤劳动，梦想才会走进现实，幸福才会来敲门。

◆欲成功于昭昭，必先努力于冥冥。要想获得人前的成功，那么在人后独处的时候就要懂得努力。

◆奋斗路上不会一帆风顺，但只要信念坚定，目标清晰，坚持下去，总会迎来风雨后的彩虹。

◆今天的幸福，靠的是先辈们"踏遍千山万水、吃尽千辛万苦、说尽千言万语、历经千难万险"的艰苦奋斗。

◆梦想的花朵，需要用汗水浇灌；美好的生活，需要靠双手创造。中华民族伟大复兴这项光荣而艰巨的事业，需要每一个人付出艰辛努力。

◆惟奋斗者进，惟奋斗者强，惟奋斗者胜。

◆不要在该奋斗的年纪选择安逸。

▶▶▶链接：小故事

1. 屈原偷读《诗经》

屈原小时候不顾长辈的反对，不论刮风下雨、天寒地冻，躲到山洞里偷读《诗经》。经过整整三年，他熟读了《诗经》305篇，从这些民歌民谣中吸收了丰富的营养，终于成为一位伟大诗人。

2. 钢琴神童郎朗

大家一定还记得2008年北京奥运会开幕式上，那曲长达八分钟的钢琴曲《星光》。演奏它的人名叫郎朗。多年来，郎朗一直被誉为"中国琴童"，他那精湛而富有激情的表演，让全世界都为之倾倒。但又有谁知道，没有勤奋，就没有郎朗的成就。郎朗三岁时开始学习乐理、指法等基本功。上学后，每天早晨6点准时练琴一小时，中午再练一小时，放学后还要练一小时。这样的勤奋练习持续了很多年，最终使郎朗破茧成蝶，创造了自己的神话。郎朗的天赋并不出众，那么他是凭借什么获得了成功？当然是勤奋。因为成功的关键不在于天分，它是和你勤奋的程度成正比的。

3. 苏秦刺股

苏秦，因为求官不成，回家后被人家看不起，他就将太公《六韬》《阴符》等兵法书籍拿回家中，不分白天黑夜的勤奋苦读。每当到了夜深人静，头昏脑涨，眼睛发涩，总想睡觉的时候，他就用锥子狠刺自己的大腿，使自己清醒后再读书。苏秦正是由于勤奋，终于学有所成，成为战国时期著名的政治活动家。从古人的实例中我们知道了要想成功就必须勤奋刻苦，因为勤奋是成功的基础。

4. 勤奋养运气

曾经有记者问过李嘉诚，成功的秘籍是什么？李嘉诚没有正面回答，反而讲了一个故事。日本"推销之神"原一平在69岁时的一次演讲上，有人问过他同样的问题。他也没有正面回答，而是当场脱掉鞋袜，将提问者请上台说："请您摸摸我的脚板。"提问者就摸了摸，十分惊讶地说："您脚底的老茧好厚哇！"原一平接过话头说："因为我走的路比别人多，跑得比别人勤，所以脚茧特别厚。"提问者略一沉思，顿然感悟。

李嘉诚讲完故事后微笑着对记者说："我没有资格让你来摸我的脚底，但我可以告诉你，我脚底的老茧也很厚。"李嘉诚早先在茶楼当跑堂，拎着大茶壶，一天10多个小时来回跑。后来当推销员，依然是背着大包一天走10多个小时的路。"别人做8个小时，我就做16个小时。开初别无他法，只能将勤补拙。"

11岁时辗转香港，寄人篱下；15岁时遭遇丧父，辍学打工。少年李嘉诚的运气绝对算不上好。

可就是脚底板的两层老茧，就是别无他法的一个勤字，让他从打工仔做到经理，从塑胶厂长做到香港首富。

是李嘉诚的运气变好了吗？确实变好了，因为时代变革下的每一次机遇，他都抓住了。可是机遇从来只会垂青时刻准备着的人。李嘉诚的手表永远比正常时间拨快了 10 分钟。这 10 分钟，就是他勤奋一生、时刻准备的度量衡。

5. 韦编三绝

孔子一生勤奋学习，到了晚年，他特别喜欢易经。易经是很难读懂的，学起来很吃力，可孔子不怕吃苦，反复诵读，一直到弄懂为止。因为孔子所处的时代，还没有发明纸张，书是用竹简或木简写成的，既笨又重。把许多竹简用皮条编穿在一起，便成了一册书。由于孔子刻苦学习，勤展书简，次数太多了，竟使皮条断了三次。后来，人们便创造出了"韦编三绝"这句成语，以传诵孔子勤奋好学的精神。

6. 放牛娃王冕

王冕幼年好学。他每次牧牛从乡学门前经过，听到里面朗朗的读书声，便停下来了，把牛拴在树上，在门外聚精会神地听个不止。有一次，他在乡学门外听课，一直听到天黑，竟把牛给跑掉了。父亲听说丢了财主家的牛，又怕又气，狠狠地打了他一顿。但是他并不"悔改"，以后出外放牛，路过学堂时，依然像以前一样专心地听老师讲课。有一天，王冕的母亲对他父亲说："王冕这个孩子既然如此痴呆，索性任他去吧！"父亲点了点头，表示同意。从此，王冕便到一座寺庙中，白天替庙里做些杂事赖以糊口；到了夜晚，就一个人坐在佛像的膝盖上，借着佛像前面的长明灯光读书。由于王冕专心致志地刻苦学习，学问长进很快，后来终于成为一个出色的诗人。

4. 坚 持

（一）古诗词

1. 锲而舍之，朽木不折；锲而不舍，金石可镂。——战国，荀况《荀子·劝学》

【释义】雕刻一下便放弃，即使是腐朽的木头也不能被折断。只要坚持不停地用刀刻，就算是金属玉石也可以雕出花饰。

2. 故不积跬步，无以至千里；不积小流，无以成江海。——战国，荀况《荀子·劝学》

【释义】不积累一步半步的距离，就无法达到千里之远的地方；不积累细小的流水，就不能汇聚成江河大海。

3. 骐骥一跃，不能十步；驽马十驾，功在不舍。——战国，荀况《荀子·劝学》

【释义】骏马跳跃一次，也不能有十步（远）；劣马奔跑十天也能跑很远，在于坚持不懈。

4. 绳锯木断，水滴石穿。——宋，罗大经《鹤林玉露》

【释义】用绳子当锯，也能把木头锯断，水珠不断滴落，天长日久也可以把石头滴穿。

5. 行百里者半九十。——西汉，刘向《战国策·秦策五·谓秦王》

【释义】行程一百里，走九十里只能算完成了一半。

6. 千磨万击还坚劲，任尔东西南北风。——清，郑板桥《竹石》

【释义】经过无数次磨炼，岩竹变得愈发坚韧不拔，任凭狂风施虐也毫不动摇。

7. 博观而约取，厚积而薄发。——宋，苏轼《稼说·送张琥》

【释义】只有博览群书，才能择其精要而取之，只有知识积累丰厚，才能慢慢施展才华。

8. 逆水行舟，一篙不可放缓；滴水穿石，一滴不可弃之。——宋，朱熹《朱子语录》

【释义】逆水行舟不进则退。如果撑船慢了那么一点，船就会后退。滴水穿石，如果没有某一滴水，石头都不会洞穿。

9. 靡不有初，鲜克有终。——春秋，《诗经·大雅》

【释义】人们做事统筹都有一个良好的开端，却很少能够坚持到底，善始善终。

10. 积土而为山，积水而为海。——战国，荀况《荀子·儒效》。

【释义】泥土堆积起来能成为高山，细流汇积起来能形成大海。

（二）名言

★顽强的毅力可以克服任何障碍。——〔意大利〕达·芬奇

★人要有毅力，否则将一事无成。——〔法国〕居里夫人

★天下之难事，惟坚韧二字，为成功之要诀。——黄兴

★告诉你使我达到成功的奥秘吧，我唯一的力量就是我的坚持精神。——〔法国〕巴斯德

★所有坚韧不拔的努力迟早会取得报酬的。——〔法国〕安格尔

★只要有恒心，好日子总会来临。——〔古罗马〕维吉尔

★涓滴之水终可磨损大石，不是由于它力量强大，而是由于昼夜不舍的滴坠。只有勤奋不懈的努力才能够获得那些技巧。——〔德国〕贝多芬

★伟大的人做事绝不半途而废。——〔奥地利〕维尔特

★卓越的人一大优点是：在不利与艰难的遭遇里百折不挠。——〔德国〕贝多芬

★重复是学习之母。——〔德国〕狄慈根

★耐心和持久胜过激烈和狂热。——〔法国〕拉·封丹

★一个人如果做事没有恒心，他是任何事也做不成功的。——〔英国〕牛顿

★顽强的毅力可以征服世界上任何一座高峰。——〔德国〕狄更斯

★不要失去信心，只要坚持不懈，就终会有成果的。——〔中国〕钱学森

★天才是永恒的耐心。——〔意大利〕米开朗琪罗

★只有恒心可以使你达到目的，只有博学可以使你明辨世

事。——〔德国〕席勒

★人们的毅力是衡量决心的尺度。——〔阿拉伯〕穆泰奈比

★天下无难事，只怕有心人。天下无易事，只怕粗心人。——袁枚

★不要失去信心，只要坚持不懈，就终会有成果的。——〔中国〕钱学森

★胜负总是取决于最后五分钟，坚持到底的人才有机会得胜。——〔法国〕拿破仑

★伟大的作品不是靠力量，而是靠坚持来完成的。——〔英国〕塞缪尔·约翰逊

★我之所以能在科学上成功，最重要的一点就是对科学的热爱，坚持长期探索。——〔英国〕达尔文

★谁有历经千辛万苦的意志，谁就能达到任何目的。——〔古希腊〕米南德

★坚持对于勇气，正如轮子对于杠杆，那是支点的永恒更新。——〔法国〕雨果

★生活就像海洋，只有意志坚强的人，才能到达彼岸。——〔德国〕马克思

★取得成就时坚持不懈，要比遭到失败时顽强不屈更重要。——〔法国〕拉罗什夫科

(三) 金句

◆干事业要发扬"钉钉子精神"。

◆以百姓心为心，与人民同呼吸、共命运、心连心，是党的初心，也是党的恒心。

◆创新从来都是九死一生，但我们必须有"亦余心之所善兮，虽九死其犹未悔"的豪情。

◆路很长，我们肩负的责任很重，这方面不能有一劳永逸、可以歇歇脚的思想。唯有坚定不移、坚忍不拔、坚持不懈，才能无愧于时代、不负人民。

◆作风建设永远在路上，永远没有休止符，必须抓常、抓细、抓长，持续努力，久久为功。

◆要发扬钉钉子精神，保持力度、保持韧劲，善始善终、善作善成，不断取得作风建设新成效。

◆中华民族伟大复兴，绝不是轻轻松松、敲锣打鼓就能实现的。全党必须准备付出更为艰巨、更为艰苦的努力。

（注：以上摘自习近平金句）

◆成长不是一蹴而就的，哪有什么人生开挂，只不过是厚积薄发。

◆逢山开路、遇水架桥的闯劲犹在，铁杵磨针、滴水穿石的韧劲依然。

◆当你感到最厌烦、最不想干的时候，也就离成功不远了，再坚持一下吧！

◆行百里者半九十，成功往往会在我们最苦、最累、最艰难的时候出现。比别人多一点耐心，多一点毅力，多坚持一会儿，也许我们就成功了。

◆理想的奋斗历程犹如一场马拉松。一路上不论装备再精良，路况再好，都可能会遇到"撞墙期"，经历"举步维艰"的一段过程，这个时候唯有咬牙坚持才能渡过难关。

◆关键在于你如何面对困境，而不是让困境影响你。最重要的事情就是永不放弃，永不放弃，永不放弃。

◆逆水行舟，一篙不可放缓；滴水穿石，一滴不可弃滞。党风廉政建设和反腐败斗争既是攻坚战也是持久战，一刻也不能放松。

◆最快的脚步不是跨越，而是继续；最慢的步伐不是小步，而是徘徊。

◆事辍者无功，耕怠者无获。

◆志行万里者，不中道而辍足。

◆"贵有恒，何必三更眠五更起；最无益，只怕一日曝十日寒。"无论是供给侧结构性改革，还是保障和改善民生，我们唯有保持坚定的自信和足够的耐心，方能行稳而致远。

◆"三年不蜚，蜚将冲天；三年不鸣，鸣将惊人。"世间很多的事情需要厚积薄发、耐心等待、久久为功。恰如愚公移山，纵然没有感动神仙来移走两座大山，按照愚公的路线图，一铲接着一铲挖、一代接着一代干，也总会有"开门不见山"的那一天。

◆保持坚如磐石的决心，坚持抓常、抓细、抓长，日日为继、久久为功，方能成风化俗。"图垂成之功者，如挽上滩之舟，莫少停一棹。"不松弦，是一种清醒。

◆慎终如始，则无败事。砥砺"千磨万击还坚劲，任尔东西南北风"的坚韧，以"功成不必在我"的境界和"功成必定有我"的担当，夙夜在公、殚精竭虑、勇于作为，党员领导干部才能以苦干、实干赢得群众的衷心认可。

◆ "莫见浪头高，放下手中桨。"水中行驶时，若是因为前方水急浪大就放弃划桨，最终要么是被浪潮吞噬，要么是被冲回原点。唯有坚持不懈、一往无前，才能乘风破浪，才能挂云帆、济沧海。

◆ "积微成著"，意思是微不足道的事物，经过长期的积累，就会变得显著，积少成多。事物的发展都有一个由小到大、由弱到强的发展过程。要重视量的积累，在一定程度上量的积累就会达到质变。

◆成功没有秘诀，贵在坚持不懈。任何伟大事业，成于毫不松懈。任何未竟工作，毁于半途退却。只有矢志不渝，才能有成功的喜悦！

◆涓滴之水终可磨损大石，不是由于它力量大，而是由于昼夜不舍的滴坠。只有勤奋不懈的努力才能够获得那些技巧。

◆只要有坚强的持久心，一个庸俗平凡的人也会有成功的一天。否则，即使是一个才识卓越的人，也只能遭遇失败的命运。

◆咬定青山不放松，一茬接着一茬干，做好、做透、做实每一件事，用足够的耐心和韧劲来面对工作生活，不折腾、不反复，久久为功、绵绵用力、一抓到底，积小胜为大胜。

◆这世上无论是谁，都没有平白无故的成功，也没有一帆风顺的坦荡。那些有光芒、有成就的人，都是从一件件小事、一天又一天积累起来的。

◆最伟大的成就来自最渺小的坚持。

◆不是因为有希望才坚持，而是坚持了才有希望。不是因为有机会才努力，而是努力了才有机会。

◆ "靡不有初，鲜克有终。"共产党人最讲信誉和认真，对认准的事、承诺过的事，说一不二、锁定目标、真抓实干、坚定执着、善作善成。

◆ "道固远，笃行可至；事虽巨，坚为必成。"只要毫不自满，毫不懈怠，毫不犹疑，我们就能跨过一道又一道沟坎，取得一个又一个胜利。

◆九层之台，起于累土。为山九仞，功亏一篑。

◆山再高，往上攀，总能登顶；路再长，走下去，定能到达。

◆ "政贵有恒，治须有常。"为官从政者都希望能干一番事业、创一番业绩，但干事创业不可能一日见效、立竿见影，要想做出实绩，必须进行长期的努力。

◆锲而不舍才能水滴石穿，持续奋斗方能集腋成裘。

◆干好一件事情犹如跑一场马拉松，比拼的是坚持和耐力，"极点"的阵痛过后，也就意味着胜利在望。

◆把雷厉风行和久久为功结合起来，不贪一时之功，不图一时之名，不见成效不撒手。

◆如果说我比别人幸运，那是因为我比别人更勤奋、更有毅力，在最困难的时候，他们熬不住了，我能够多熬一秒钟、两秒钟。

◆燕子垒窝的恒劲、蚂蚁啃骨的韧劲、老牛爬坡的拼劲。

◆ "日日行，不怕千万里；常常做，不怕千万事。"很多时候，成大事不在于力量的大小，而在于能坚持多久，更在于你能否坚持到底。

◆ "不积跬步，无以至千里；不积小流，无以成江海。"抓各项工作落实，就要以踏石留印、抓铁有痕的劲头，发扬钉钉子精神，就要坚持在"常""长"二字上下功夫，以锲而不舍的韧劲，不厌其烦，反复抓、抓反复，像钉钉子那样"钉牢一颗再钉下一颗"。

◆极致努力，决不放弃，坚持到最后一分钟，人生就有可能逆袭。

◆最艰难的成功，不是超越别人，而是战胜自己；最可贵的坚持，不是历经磨难，而是保持初心。

◆"绳锯木断，水滴石穿""不积跬步，无以至千里"等耳熟能详的经典名言，则在告诉我们这样一个浅显的道理：不论做什么事，如不坚持到底，半途而废，那么再简单的事也只能功亏一篑；相反，只要抱着锲而不舍、持之以恒的精神，再难办的事情也会迎刃而解。

◆如果不坚持，到哪里都是放弃；因为不想放弃，所以一直在坚持。既然如此，就让坚持成为一种习惯吧！

▶▶▶链接：小故事

1. 坚持就是胜利

有一次上课，苏格拉底布置了一道作业，让他的弟子们做一件事，每天甩手一百下。一个星期后，问多少人还在坚持，90%的人举手。一个月后，他又问，只剩一半的人。一年后，他再问，只有一个人坚持下来。那个人就是柏拉图。

2. 只要功夫深，铁杵磨成针

唐朝大诗人李白，小时候不喜欢读书。一天，趁老师不在屋，他悄悄溜出门去玩。他来到山下小河边，见到一位老婆婆在石头上磨一根铁杵。李白很纳闷，上前问："老婆婆，您磨铁杵做什么？"老婆婆说："我在磨针。"李白吃惊地问："哎呀！铁杵这么粗大，怎么能磨成针呢？"老婆婆笑呵呵地说："只要天天磨，铁杵就能越磨越细，还怕磨不成针吗？"李白听后，想到自己，心中惭愧，转身跑回了书屋。从此，他牢记"只要功夫深，铁杵磨成针"的道理，发愤读书，终于成为一位伟大的诗人，并被称为"诗仙"。

3. 化整为零——完成

有一天，一只老钟对一只小钟说："你一年里要摆525600下啦。"

小钟吓坏了，说："哇，这么多，这怎么可能?! 我怎么能完成那么多下呢!"这时候，另一只老钟笑着说："不用怕，你只需一秒钟摆一下，每一秒坚持下来就可以了。"小钟高兴了，想着：一秒钟摆一下好像并不难啊，试试看吧。果然，很轻松地就摆了一下。不知不觉一年过去了，小钟已经摆了 525600 下! 很简单的故事却寓意着深刻的道理，当我们面对大困难的时候，往往望而却步，殊不知只要根据实际，分期制定小目标，坚持下去，一一完成就行了。

4. 持之以恒是成功的法宝

王羲之是 1600 年前我国晋朝的一位大书法家，被人们誉为"书圣"。王羲之 7 岁练习书法，勤奋好学。王羲之练字专心致志，达到废寝忘食的地步。他吃饭走路也在揣摩字的结构，不断地用手在身上划字默写，久而久之，衣襟也磨破了。17 岁时他把父亲秘藏的前代书法论偷来阅读，看熟了就练着写。他每天坐在池子边练字，送走黄昏，迎来黎明，每天练完字就在池水里洗笔，不知用了多少墨水，写烂了多少笔头，天长日久竟将一池水都洗成了墨色，这就是传说中的墨池。王羲之的成功告诉我们，坚持就要有持之以恒的精神，坚持就要有坚持不懈的努力!

5. 永不放弃

尼克·胡哲生于澳洲，天生没有四肢，这种罕见的现象医学上取名"海豹肢症"，但更不可思议的是：骑马、打鼓、游泳、足球，尼克样样皆能，在他看来没有难成的事。他拥有两个大学学位，是企业总监、著名演说家，更于 2005 年获得"杰出澳洲青年奖"。

在尼克的人生体验中，有这么一个关键词，就是"永不放弃"。无论是用额头按饮水器倒水，还是用"小鸡脚"做各种各样的动作，尼克在最初尝试的时候都要经过几十次甚至上百次的失败，才能掌握这种技巧。每当失败的时候，尼克总是对自己说：失败不可怕，要继续尝试。只要坚持，一切皆有可能!

二、修德之道

5. 美　德

（一）古诗词

1. 德不孤，必有邻。——春秋，《论语》

【释义】有道德的人不会孤单，一定会有志同道合的人来相随。

2. 才者，德之资也；德者，才之帅也。——宋，司马光《资治通鉴·周纪一》

【释义】才能是德行的凭借，德行是才能的统帅。

3. 不患位之不尊，而患德之不崇。——东汉，张衡《应间》

【释义】不要担心职位不够高，而应该想想自己的道德是不是完善。

4. 国有四维，礼义廉耻。四维不张，国乃灭亡。——春秋，管仲《管子·牧民》

【释义】礼、义、廉、耻是维系国家的四项道德准则。如果它们不能被推行，国家极易灭亡。

5. 人之忠也，犹鱼之有渊。——三国，诸葛亮《兵要》

【释义】人有忠诚的品德，就好比鱼儿有了水。

6. 忠信谨慎，此德义之基也；虚无谲诡，此乱道之根也。——东汉，王符《潜夫论·务本第二》

【释义】忠诚守信、谦虚谨慎，这是德义的基础；弄虚作假、荒诞无稽，这是致乱的根源。

7. 为政以德，譬如北辰，居其所而众星拱之。——春秋，《论语》

【释义】以道德教化来治理政事，就会像北极星那样，自己居于一定的方位，而群星都会围绕在它的周围。

8. 静以修身，俭以养德。——三国，诸葛亮《诫子书》

【释义】指恬静以修善自身，俭朴以淳养品德。

9. 克勤于邦，克俭于家。——《尚书·大禹谟》

【释义】对于国家能够勤勤恳恳，对于家庭能够勤俭节约。

10. 廉不言贫，勤不道苦。——古格言联《河南内乡县衙楹联》

【释义】真正廉洁的人，不会讲自己如何清贫；真正勤奋的人，不会抱怨自己如何辛苦。

（二）名言

★无德之人常嫉妒他人之有德。——〔英国〕培根

★一个有崇高美德的人，他的美德愈多，别人对他的嫉妒将愈少；因为他们的幸福来自他的苦功。——〔英国〕培根

★生命短促，只有美德能将它留传到遥远的后世。——〔英国〕

莎士比亚

★世上没有比正义更伟大、更神圣的美德。——〔英国〕艾迪生

★德行是灵魂之美。——〔英国〕富勒

★美德永远不老。——〔英国〕乔·赫伯特

★善良和谦虚是永远不应令人厌恶的两种品德。——〔英国〕斯蒂文森

★一个人的美德不应由他特殊的行动来衡量，而应由他日常的品行来衡量。——〔法国〕帕斯卡尔

★道德是真理之花。——〔法国〕雨果

★只有道德和具有道德的人格，才是有尊严的。——〔德国〕康德

★最高的道德就是不断地为人服务，为人类的爱而工作。——〔印度〕甘地

★品性是一个人的守护神。——〔古希腊〕赫拉克里特

★有两种东西，使人心灵充满敬畏：一是我们头上的灿烂星空，二是我们心中的道德法则。——〔德国〕康德

★人生，幸福不是目的，品德才是准绳。——〔美国〕比彻

★人的美德的荣誉比他财富的名誉不知大多少倍。——〔意大利〕达·芬奇

★道德的最大秘密就是爱，或者说，就是逾越我们自己的本性，而融入旁人的思想、行为或人格中存在的美。——〔英国〕雪莱

★建筑人格长城的基础就是美德。——陶行知

★有比快乐、艺术、财富、权势、知识、天才更宝贵的东西值得我们去追求，这极为宝贵的东西就是优秀而纯洁的品德。——〔英国〕塞缪尔·斯迈尔斯

★道德面貌渺小的地方，不会有伟大的人物出现。——〔法国〕罗曼·罗兰

★完美的人格，高尚的品德，是从实际生活锻炼出来的。——〔德国〕叔本华

★在一个人民的国家中还要有一种推动的枢纽，这就是美德。——〔法国〕孟德斯鸠

★如果道德败坏了，趣味也必然会堕落。——〔法国〕狄德罗

★应该热心地致力于照道德行事，而不要空谈道德。——〔古希腊〕德谟克利特

★没有道德的上帝是可怕的。——〔德国〕康德

★真理和美德是两个密友。——〔法国〕狄德罗

★高贵以美德为准。——〔西班牙〕塞万提斯

★不朽的名誉只存在于美德之中。——〔意大利〕彼特拉克

★历史使人贤明，诗造成气质高雅的人，数学使人高尚，自然哲学使人深沉，道德使人稳重，而伦理学和修辞学则使人善于争论。——〔爱尔兰〕培根

（三）金句

◆精神的力量是无穷的，道德的力量也是无穷的。

◆国无德不兴，人无德不立。

◆守望相助、扶危济困是中华民族的传统美德。

◆中华文化崇尚和谐，中国"和"文化源远流长，蕴涵着天人合一的宇宙观、协和万邦的国际观、和而不同的社会观、人心和善的道德观。

◆在党史学习教育中做到学史崇德，就是要引导广大党员、干部传承红色基因，涵养高尚的道德品质。

◆只要中华民族一代接着一代追求美好崇高的道德境界，我们的民族就永远充满希望。

（注：以上摘自习近平金句）

◆古人讲立德、立功、立言"三不朽"，排在第一位的是"立德"。立德，不仅是立身之本，而且是立国之基。

◆古人云：厚德载物，就是说人只要有好德行，就没有承载不了的事。相反，人无大德便无法成就大事。

◆领导干部要讲政德。政德是整个社会道德建设的风向标。立政德，就要明大德、守公德、严私德。

◆明大德，就是要铸牢理想信念、锤炼坚强党性，在大是大非面前旗帜鲜明，在风浪考验面前无所畏惧，在各种诱惑面前立场坚定，这是领导干部首先要修好的"大德"。

◆守公德，就是要强化宗旨意识，全心全意为人民服务，恪守立党为公、执政为民的理念，自觉践行人民对美好生活的向往就是我们的奋斗目标的承诺，做到心底无私天地宽。

◆严私德，就是要严格约束自己的操守和行为。

◆道德是最美的风景，旅途漫漫，道德相伴。

◆以德修身，以德立威，以德服众，是干部成长成才的重要因素。

◆非道无以兴，非德无以成。

◆国无德不兴，人无德不立，官无德不为。一些党员干部"栽跟头"，往往不是栽在才干上，而是栽在德行上；往往不是栽在做事上，而是栽在做人上；往往不是栽在勤政上，而是栽在廉政上。

◆天下至德，莫大于忠。忠诚，是共产党人政治品格的本质和核心，是党员政治生命中不可缺少的重要元素。

◆浇花浇根，育人育心。育人之本，在于立德铸魂。

◆明大德、守公德、严私德，就要不放纵、不越轨、不逾矩。

◆德行是人人都赞美的，因为好人和恶人都可以从中得到对自己有利的东西。

◆精神上的道德力量发挥了它的潜能，举起了它的旗帜，于是我们的爱国热情和正义感在现实中均得施展其威力和作用。

◆道德之于个人、之于社会，都具有基础意义，做人做事第一位的是崇德修身。

◆全国道德模范体现了热爱祖国、奉献人民的家国情怀，自强不息、砥砺前行的奋斗精神，积极进取、崇德向善的高尚情操。

◆要发扬中华民族孝亲敬老的传统美德，引导人们自觉承担家庭责任、树立良好家风，强化家庭成员赡养、扶养老年人的责任意识，促进家庭老少和顺。

◆守望相助、扶危济困是中华民族的传统美德。要研究借鉴其他国家的成功做法，创新我国慈善事业制度，动员全社会力量广泛参与扶贫事业，鼓励支持各类企业、社会组织、个人参与脱贫攻坚。

◆爱人者，人恒爱之；敬人者，人恒敬之。

◆内不欺己，外不欺人，上不欺天，君子所以慎独。

◆美德是智力最高的证明。

◆道德应该成为科学的指路明灯。

◆那些立身扬名出类拔萃的，他们凭借的力量是德行，而这也正是我的力量。

◆道德常常能填补智慧的缺陷，而智慧却永远填补不了道德的缺陷。

◆金钱与贪欲，是杀害道德的恶魔。

▶▶▶链接：小故事

1. 郑德荣的故事

郑德荣，东北师范大学毛泽东思想研究所所长、教授、博士生导师。1926 年出生，中共党史学会名誉会长，被誉为资深"红色理论家"，曾任东北师大副校长。

一次，郑德荣的亲属想用他的医保卡买点药，却被郑德荣严厉地训斥了："公私分明，党员一定要严格要求自己，不能够随便开这个口子。"学财会出身的儿媳妇，调动工作时候想进入东北师大来工作，也因为公公的"坚持原则"而被改调到其他单位。还有亲属的娃娃想进师大的幼儿园，因为不在学区内不符合条件，想请郑德荣出面来说个情，也被"不近人情"的郑德荣婉言拒绝了。

郑德荣看到学院的讲师们没有自己的工作、学习场所，就把自己在学院的"郑德荣工作室"腾给了讲师们，自己则回家在狭窄的书房里办公。郑德荣的孙女郑凯杰在追忆爷爷时说道：我的爷爷，一辈子视事业如生命，坚定执着追寻真理，探究学问，教书育人。我的爷爷，一辈子教导我们感恩党、听党的话，跟党走，把红色基因根植于我们的血脉，代代相传。

这正是郑德荣的家国情怀所在。郑德荣同志始终"明师道、铸师魂、怀师爱"，是一位深受爱戴、可亲可敬的"师之楷模"。

2. 土地不如德行，财物不如仁义

段干木是战国晋国人，师从孔子弟子卜商（子夏），很有学问，品德高尚，家住在魏国的城。魏文侯登门拜访他，想授他官爵，他却避而不见，越墙逃走了。魏文侯对他非常敬佩。每次乘车路过他家门时，就下车扶着车前的横木走过去，以表示尊敬。他的车夫很纳闷：段干木不过一介草民，您经过他的草房表示尊敬，不是太过分吗？魏文侯说：段干木是一位贤者，他在权势面前不改变自己的节操，有君子之道。他虽隐居于贫穷的里巷，而名声却远扬千里。他因有德行而取得荣誉，我因占领土地而取得荣誉；他有仁义，我有财物。土地不如德行，财物不如仁义。这正是我应该学习、尊敬的人啊！后来，魏文侯邀请段干木任国相，他谢绝了。两人倾向相谈，成为莫逆之交。不久，秦国想兴兵攻打魏国，司马唐雎向秦国国君进谏："段干木是贤人，魏文侯礼遇他，天下没有不知道的。像这样的国家，恐怕不是用军队能征服的吧？"秦国国君觉得有道理，于是按兵不动。

3. 范仲淹窖金捐寺故事

范仲淹小时候家里很穷，住在寺庙里。他每天刻苦钻研读书，只吃一碗粥，等粥冷却后，把粥化成四块，一顿饭只吃一小块。后来寺庙的方丈非常同情他，有一天就拿来了一个饼子送给他吃，看他读书非常认真，没忍心打扰他，就放到了他的桌角上，然后离开了。后来不知道过了多久，范仲淹就听到老鼠吱吱的声音，抬头一看，发现那只老鼠咬着他的饼就往外跑。于是他就追着老鼠，结果这只老鼠钻到一棵紫荆树下，他就找了东西来挖，发现树下有一块石板，他将石板掀开，发现两个箱子，打开一看，一箱金子，一箱银子。谁见黄金白银会不动心啊！当时又没有人在旁边，拿出一锭就可以改善他的生活。但他一分也没有拿，他认为这是别人的东西，拿一点都是不道德的，他把石板盖好重新埋上。几十年后他深厚的德行成就他做上宰相。

有一天，他居住的寺院发生一场大火，寺院被烧毁，寺院长老派人前来求助。这个时候他才想起来了寺院里的金银，于是就写了一封信给方丈，写着："荆东一窖金，荆西一窖银，一半修寺院，一半赠僧人。"我们从范仲淹的这个故事就能够看到范仲淹在金钱面前不为所动，别人需要才拿出来捐赠，体现了他高尚的道德境界。

4. 尊老敬贤"经典"时刻

2017年11月17日，习近平亲切会见参加全国精神文明建设表彰大会的600多名代表，同大家热情握手、亲切交谈。握手结束后，习近平回到队伍中间，准备同代表们合影。看到93岁的黄旭华和82岁的黄大发两位道德模范代表年事已高，站在代表们中间，习近平握住他们的手，微笑着问候说："你们这么大岁数，身体还不错。你们别站着了，到我边上坐下。"习近平拉着他们的手，请两位老人坐到自己身旁来，两人执意推辞，习近平一再邀请，说："来！挤挤就行了，就这样。"相机快门按下，记录下了这一感人瞬间。

"给老道德模范让座，这是尊老敬老的传统美德，这就叫人伦常情。"习近平这一番话，是言传，更是身教。

5. 亲情——"这样的好家风应世代相传"

2013 年的最后一天，当习近平的办公室首次曝光在公众眼前时，很多人注意到书架上错落摆放的四张照片：习近平推着坐轮椅的父亲习仲勋、习近平和母亲齐心牵手散步、习近平与彭丽媛合影，以及习近平骑自行车载着女儿的照片。

习近平的父亲习仲勋曾是党和国家领导人之一。2001 年 10 月 15 日，家人为习仲勋举办了 88 岁寿宴。全家人欢聚一堂，唯独时任福建省省长的习近平缺席，于是他抱愧给父亲写了一封祝寿信。信中写道，他"从父亲这里继承和吸取的高尚品质很多"，学父亲做人、做事，学父亲对信仰的执着追求，学父亲的赤子情怀，也学父亲的俭朴生活，"这样的好家风应世代相传"。

"慈母手中线，游子身上衣。临行密密缝，意恐迟迟归。谁言寸草心，报得三春晖。"2015 年的团拜会上这首家喻户晓的《游子吟》，总书记诵读得情真意切，尽显赤子情怀。

6. 修　身

（一）古诗词

1. 修其心治其身，而后可以为政于天下。——宋，王安石《洪范传》

【释义】君主要先修心之身，充实德行，而后才能理政治国平天下。

2. 其身正，不令而行；其身不正，虽令不从。——春秋，《论语》

【释义】自我品行端正了，即使不发布命令，老百姓也会去实行；若自身不端正，即使发布命令，老百姓也不会服从。

3. 吾日三省吾身："为人谋，而不忠乎？与朋友交，而不信乎？传不习乎？"——春秋，《论语》

【释义】我每天多次反省自己：替别人做事有没有尽心竭力？和朋友交往有没有诚信？老师传授的知识有没有按时温习？

4. 从善如登，从恶如崩。——春秋，左丘明《国语》

【释义】学习善良的品行就像登山一样艰难，学习恶劣的品行就像山崩塌一样容易。

5. 见善如不及，见不善如探汤。——春秋，《论语》

【释义】看到善的行为，就想到自己是否达到；看到不善的行为，就好像把手伸到开水中一样快速避开。

6. 见贤思齐焉，见不贤而内自省也。——春秋，《论语》

【释义】要取他人之长补自己之短，又要以他人过失为鉴，不重蹈覆辙。

7. 己欲立而立人，己欲达而达人。——春秋，《论语》

【释义】自己决定对人建立仁爱之心，别人才会对你仁爱，自己对别人豁达，别人才会对你豁达。

8. 益者三友：友直、友谅、友多闻。——春秋，《论语》

【释义】有益的朋友有三种，结交正直诚信的朋友，恕人大度的朋友，知识广博的朋友。

9. 非淡泊无以明志，非宁静无以致远。——西汉，刘安《淮南子·主术训》

【释义】不把眼前的名利看得清淡就不会有明确的志向，不能静下心来全神贯注学习就不能实现远大的目标。

10. 莫道桑榆晚，为霞尚满天。——唐，刘禹锡《酬乐天咏老见示》

【释义】桑榆是指太阳到了桑榆星附近，比喻晚年。不要说岁数已大，将落的太阳还能放出满天霞光。

11. 反听之谓聪，内视之谓明，自胜之谓强。——西汉，司马迁《史记·商君列传》

【释义】能听取别人的意见为聪，能自我反省的为明，能克制能战胜自己为强。

12. 祸莫大于不知足，咎莫大于欲得。——春秋，老子《道德经》

【释义】祸患没有比不知足更为严重的了，灾难没有比贪得无厌更为深重的了。

13. 爱子，教之以义方。——春秋，左丘明《左传》

【释义】父母爱护子女，就应当用人的正道加以引导。

14. 清心为治本，直道是深谋。——宋，包拯《书端州郡斋壁》

【释义】心地清纯办事公正是治理好政事的根本，正直高洁是立身的良谋。

15. 己所不欲，勿施于人。——春秋，《论语》

【释义】自己不愿意做的事情，就不要强加给他人。

（二）名言

★修身以不护短为第一长进。人能不护短，则长进者至矣。——吕坤

★一个人必须把他的全部力量用于努力改善自身，而不能把他的力量浪费在任何别的事情上。——〔俄国〕列夫·托尔斯泰

★要使人成为真正有教养的人，必须具备三个品质：渊博的知识、思维的习惯和高尚的情操。——〔俄国〕车尔尼雪夫斯基

★凡有良好教养的人都有一禁诫：勿发脾气。——〔美国〕爱

默生

★修养的本质如国人的性格，最终还是归结到道德情操这个问题上。——〔美国〕爱默生

★身不修则德不立。——武则天

★良好修养的人与其说表现在不与人争，不如说表现在热心助人。——〔英国〕理查德·斯蒂尔

★从来有学问而能担当大事业者，无不先从品行上立定脚跟。——徐世昌

★对于事实问题的健全的判断是一切德行的真正基础。——〔捷克〕夸美纽斯

★多行不义必自毙。——左丘明

★老吾老，以及人之老；幼吾幼，以及人之幼。——孟子

★勿以恶小而为之，勿以善小而不为。——陈寿

★人不知而不愠，不亦君子乎？——孔子

★君子求诸己，小人求诸人。——孔子

★君子坦荡荡，小人长戚戚。——孔子

★君子之交淡如水，小人之交甘若醴。——庄子

★毋意，毋必，毋固，毋我。——孔子

★小不忍，则乱大谋。——孔子

★知者不惑，仁者不忧，勇者不惧。——孔子

★静以修身，俭以养德。——诸葛亮

（三）金句

★做人做事第一位的是崇德修身。

★只有在立根固本上下功夫，才能防止歪风邪气近身附体。

★各级领导干部都要树立和发扬好的作风，既严以修身、严以用权、严以律己，又谋事要实、创业要实、做人要实。

★严以修身，就是要加强党性修养，坚定理想信念，提升道德境界，追求高尚情操，自觉远离低级趣味，自觉抵制歪风邪气。

★每一位领导干部都要把家风建设摆在重要位置，廉洁修身、廉洁齐家，在管好自己的同时，严格要求配偶、子女和身边工作人员。

★《论语》中就说，要"修己以敬""修己以安人""修己以安百姓"。古人所推崇的修身齐家、治国平天下，修身是第一位的。

（注：以上摘自习近平金句）

◆欲修其身者，先正其心。领导干部要始终保持"心定、脑清、念清、行稳"，自觉担当领导责任和示范责任，把自己摆进去、把思想摆进去、把工作摆进去，形成"头雁效应"。

◆璞玉须琢磨，清雅靠自修。人的思想就如同房子一样，不经常打扫就会积满灰尘。

◆改变是种修养。对于一个人来说，改变自己是自我修炼的过程，在这样的修炼中，道德淳化、心底无私、胸怀大爱。

◆灵性良心人人都有，经常凭灵性良心来克制自己，就是修养。

◆修养三点式：安静一点，慈善一点，沉稳一点。

◆树朽先朽于根，人毁先毁于心。

◆自修之道，莫难于养心；养心之难，又在慎独。

◆古人曰：人品，以正直为贵；心地，以善良为贵；修德，以布施为贵；行善，以孝顺为贵。

◆以铜为镜，可以正衣冠；以古为镜，可以知兴替；以人为镜，可以明得失。

◆人人好公，则天下太平；人人营私，则天下大乱。

◆海纳百川，有容乃大；壁立千仞，无欲则刚。

◆天行健，君子以自强不息。地势坤，君子以厚德载物。

◆善恶随人作，祸福自己招。

◆遇顺境，处之淡然；遇逆境，处之泰然。

◆"恶"，恐人知，便是大恶。"善"，欲人知，不是真善。

◆穷则独善其身，达则兼济天下。

◆太上有立德，其次有立功，其次有立言，虽久不废，此谓不朽。

◆躬自厚而薄责于人，则远怨矣。

▶▶▶链接：小故事

1. 学会低头

知名的美国政治家富兰克林，有一次去拜访长者，到长者住所时，因为房门太小了，头不小心撞在门框上，富兰克林痛得掉下眼泪。长者在一旁笑说："是不是很痛？此行你最大的收获应该就是这个吧。一个人想立足于世间，要过得平安顺利，就得要常常低头，放下身段，千万要记住这个痛的教训，将带给你不少的利益。"富兰克林牢牢记住长者的教训，从此把"低头、谦逊"列入生活准则。20岁时，他就创立了沉默、规律、节约、勤勉、诚实、正义、中庸、清洁、养生、平静、纯洁、决断、谦虚等著名的13训。

2. 每日"三省吾身"典范——曾国藩

曾国藩自我要求极严，每天黎明即起，"三省吾身"，坚持读经和诸子百家，几十年坚持不懈，对经、史、训诂等皆有深入研究。在熟读儒家经典的同时，曾国藩更是以圣人的标准要求自己，终生养成了三个好习惯：一是反省。曾国藩每一天都写日记，通过写日记进行修身，反思自己在为人处世等方面存在的不足。二是读书。曾国藩曾说"唯读书则可以变其气质"，他每一天必须坚持看历史书不下十页，饭后写字不下半小时。三是常写家书，在家书中讲述修身之要。

3. 晏子拒绝君王女，重义不弃糟糠妻

晏婴（晏子），历经齐国三朝，辅政长达54年。晏子身材矮小，其貌不扬，但聪明过人，能言善辩，廉洁无私，乐观豁达，而最为后世称道的，是他的高尚品德。他的结发妻子已满脸皱纹，一头白，但是晏子与她仍然相敬如宾，恩爱有加。

齐景公看到晏子数十年如一日，为齐国的内政外交作出了巨大贡献，对晏子既赏识又敬重，想把自己的一个女儿嫁给他。于是景公就找了个借口，到晏子家去喝酒。景公看见晏子的妻子，问道："这就是你的妻子吗？"晏子说："是的。"景公说："啊！这么老这么丑啊！我有一个女儿，既年轻又漂亮，就让她嫁给先生侍候你起居吧。"晏子离席，恭敬地回答说："我的妻子现在确实是又老又丑，但是我也见过她年轻漂亮时候的样子啊！我与她一起生活已经很久了，从她年轻漂亮的时候，直到变得又老又丑。她勇敢将终身托付于我，而我也接受了她的托付。君王想把女儿赐婚给我，但是我怎

么可以辜负我妻子的托付呢?"晏子拜了又拜,辞谢了君王的恩赐。晏子婉拒君王赐婚,不让糟糠之妻下堂,表现出君子风范,传为千古美谈!

4. 荀巨伯大义凛然化危机

汉代有个读书人荀巨伯。有一次,他的朋友生了大病,他千里迢迢去探望。但不幸的是,刚好有一伙胡人强盗到他朋友之处抢夺财物,其他乡民闻讯提前都逃跑了。他的朋友劝荀巨伯快走,荀巨伯却说:"我远道来探望、照顾你,如何可以舍你而去?这样败坏道义的事我做不出来。"荀巨伯走到屋外,对那些强盗说:"我的朋友有疾病,我不忍心抛下他,宁愿用我的性命来换取朋友的生命!"因为他很真诚,讲道义,不畏生死,结果强盗都为之感动。强盗头目就对同伙说:"我们皆是无义之人,怎么可以来抢夺这个有义的地方?"于是下令强盗们全部撤走。荀巨伯的大义凛然化解了这次灾祸。

7. 谦 虚

(一) 古诗词

1. 满招损，谦受益。——先秦，诸子《尚书·大禹谟》

【释义】骄傲自满会招致损害，为人谦虚则会得到益处。

2. 劳谦君子，万民服也。——西周，姬昌《周易》

【释义】有功劳而又谦逊的君子，将会有好的结果。勤劳而又谦和的领导人，民众都会对他心服口服。

3. 江海所以能为百谷王，以其善下之。——春秋，老子《道德经》

【释义】江海之所以能让百川峡谷所归附，是因为它能屈于百谷之下，并游走其间，故引其归附。

4. 亢龙有悔。——西周，姬昌《周易》

【释义】为居高位的人要戒骄，否则会失败而后悔。

5. 若升高，必自下；若陟遐，必自迩。——先秦，诸子《尚书》

【释义】如果升高，一定要从下面开始；如果行远，一定要从近处开始。

6. 谦尊而光，卑而不可逾，君子之终也。——战国，《易传·象传上·谦》

【释义】谦能使尊贵者更有光彩，让卑下者赢得尊重，故知君子应该始终保持谦虚的美德。

7. 谦虚其心，宏大其量。——明，王阳明《传习录》

【释义】使他的内心要谦虚不自满，使他的胸怀要宽宏大度、能够容人。

8. 知轻傲处，便是良知；除却轻傲，便是格物。——明，王阳明《传习录》

【释义】知道轻浮傲慢处，便是良知。除去轻浮傲慢，便是格物。

9. 未出土时先有节，已到凌云仍虚心。——宋，徐庭筠《咏竹》

【释义】还没有从土里生长出来的时候已经是一节一节的了，即使生长到很高的高度仍保持虚心谦卑的态度。

10. 虚心竹有低头叶，傲骨梅无仰面花。——清，郑燮《竹梅图的对联》

【释义】竹子内心谦逊才向人虚心低头，梅花高傲不屈从不仰面拍马逢迎。

（二）名言

★一知半解的人，多不谦虚；见多识广有本领的人，一定谦

虚。——谢觉哉

★虚心使人进步，骄傲使人落后，我们应当永远记住这个真理。——毛泽东

★我不配做一盏明灯，那么就让我来做一块木柴吧！——巴金

★在人生道路上能谦让三分，就能天宽地阔。——〔美国〕戴尔·卡耐基

★炫耀广博见识或渊博学识的人，是既没有见识也没有学问的人。——〔美国〕海明威

★谦逊是最高贵的克己功夫。——〔英国〕莎士比亚

★真正的谦虚是最崇高的美德，是美德之母。——〔英国〕丁尼生

★一切真正和伟大的东西，都是纯朴而谦逊的。——〔俄国〕别林斯基

★为人当以谦逊为荣，骄傲为耻。——〔法国〕蒙田

★谦虚对才华无奇的人来说只是一种诚实，对才华绝顶的人来说，是一种虚伪。——〔德国〕叔本华

★谦逊基于力量，高傲基于无能。——〔德国〕尼采

★感到自己渺小的时候，才是巨大收获的开头。——〔德国〕歌德

★智慧是宝石，如果用谦虚镶边，就会更加灿烂夺目。——〔苏联〕高尔基

★人生大病，只是一"傲"字。——王阳明

★当我们大为谦卑的时候，便是我们最近于伟大的时候。——

〔印度〕泰戈尔

★人不可有傲气，但不可无傲骨。——徐悲鸿

★气忌盛，新忌满，才忌露。——吕坤

★一个人的真正伟大之处就在于他能够认识到自己的渺小。——保罗

★谁穿上谦卑这件衣裳，谁就是最美最俊的人。——〔美国〕蒙哥马利

★无论在什么时候，永远不要以为自己已经知道了一切。——〔俄国〕巴甫洛夫

★人因为博学才谦逊，因为勇于牺牲才力量无比。——〔美国〕吉卜林

★不满足是向上的车轮。——鲁迅

★谦虚是不可缺少的品德。——〔法国〕孟德斯鸠

★不骄方能师人之长，而自成其学。——谭嗣同

★在人生的道路上能谦让三分，即能天宽地阔，消除一切困难，解除一切纠葛。——〔美国〕戴尔·卡耐基

★为人第一谦虚好，学问茫茫无尽期。——冯梦龙

★终身让人道，曾不失寸步。——曾国藩

★好说己长便是短，自知己短便是长。——申居郧

（三）金句

◆"虚心公听，言无逆逊，唯是之从"是执政党应有的胸襟。

◆干部要坚持立党为公、执政为民，虚心向群众学习，真心对群众负责，热心为群众服务，诚心接受群众监督。要拜人民为师、向人民学习。

◆全党在胜利面前必须保持清醒的头脑，务必保持谦虚、谨慎、不骄、不躁的作风，务必保持艰苦奋斗的优良作风。

◆文艺要虚心向人民学习、向生活学习，从人民的伟大实践和丰富多彩的生活中汲取营养，不断进行生活和艺术的积累，不断进行美的发现和美的创造。

（注：以上摘自习近平金句）

◆什么是骄傲者的标志？他从不称赞别人。

◆保持谦虚谨慎的态度，多向达者学习提升水平的"技术"，多向领导学习善于管理的"艺术"，多向群众学习解决问题的"法术"，如若不能及时认识到自己的不足，及时转变思路，就会在工作中受到诸多掣肘，停滞不前。

◆谦逊忍让是做人的基本准则。唯有谦逊忍让，用宽厚和善的态度，做事才能事半功倍。

◆要学透真理，必须先学会放下。有些人自我知见过盛，秉性刚强难以调服，以为谦让会使自己吃亏，所以从来不懂得让步。

◆谷子成熟了，就低下了头，若不低头，风会将之吹折，雨会将之腐朽，鸟儿也会将果实作为食物而果腹充饥。只有空空如也的秕子，才会昂着头招摇在风中。

◆"谦虚使人进步，骄傲使人落后。"无论什么时候把自己看低一些，总是好事，一方面有利于自己的进步，另一方面有利于与人相处。

◆每一个生命都是如此平凡，但你若把自己降到最低的位置，你就成了大海。

◆这不是我一个人的功劳，是大家一起努力的成果。

◆骄傲自负是愚人的特征。

◆成功一件事，千万不要等待着享受荣誉。

◆自满、自大和轻信，是人生的三大暗礁。

◆谦虚的人常思己过，骄傲的人只论人非。

◆谦和的态度，常会使人难以拒绝你的要求。这也是一个人无往不利的要诀。

◆人，切莫自以为是，地球离开了谁都会转，古往今来，恃才放肆的人都没有好下场。所以，即便再能干，也一定要保持谦虚谨慎，做好自己的事情，是金子总会发光。

◆谦虚是学习的朋友，自满是学习的敌人。

◆谦虚，如果是卑己而尊人，就非常要不得。谦虚应该建立自尊而尊人上面。

◆寒山问拾得说："如果世间有人无端地诽谤我、欺负我、侮辱我、耻笑我、轻视我、鄙贱我、恶厌我、欺骗我，我要怎么做才好呢？"
拾得回答道："你不妨忍着他、谦让他、任由他、避开他、耐烦他、尊敬他、不要理会他。再过几年，你且看他。"

◆虚心的人，常想己之短；骄傲的人，常夸己之长。

◆不要把我对你的谦让，当成我没脾气。

◆谦让是一种品质；要学会谦让，谦让是一种魅力。我们学会谦让，胸襟会变得更加宽广。谦让是一种永恒，正是因为这样，时间才充满着和谐。

◆要平凡，但不平庸。要敢说，但不空说。要谦让，但不迁就。要勇敢，但不蛮横。要虚心，但不虚荣。

◆谦让别人，是一种胸怀；欣赏别人，是一种境界；包容别人，是一种肚量；善待别人，是一种智慧；关心别人，是一种美德；理解别人，是一种涵养；学习别人，是一种谦卑。

◆不傲才以骄人，不以宠而作威。

◆将拒谏则英雄散，策不从则谋士叛。

◆成绩是谦虚者前进的阶梯，也是骄傲者后退的阶梯。

▶▶▶链接：小故事

1. 名人的谦虚

被人们称颂为"力学之父"的牛顿发现了万有引力定律，在热学上，他确定了冷却定律。在数学上，他提出了"流数法"，建立了二项定理，和莱布尼茨几乎同时创立了微积分学，开辟了数学上的一个新纪元。他是一位有多方面成就的伟大科学家，然而他非常谦逊。对于自己的成功，他谦虚地说："如果我见的比笛卡儿要远一点，那是因为我站在巨人的肩上的缘故。"他还对人说："我只像一个海滨玩耍的小孩子，有时很高兴地拾着一颗光滑美丽的石子儿，真理的大海还是没有发现。"扬名于世的音乐大师贝多芬，谦虚地说自己"只学会了几个音符"。科学巨匠爱因斯坦说自己"真像小孩一样的幼稚"。肖莱马逝世后，恩格斯在悼文中称他："是世界上最谦虚的人。"

2. 谦虚和自信是成功的"一鸟双翼"

李开复1961年出生于台湾，母亲在43岁高龄时生下他前，被医生数次劝阻。因为医生透露，如此高龄的产妇很可能生下白痴。但是母亲不顾一切劝阻生下了这个幺儿。

这个幺儿在母亲的极度宠爱下自由自在地成长着，喜欢做很多恶作剧，把家里所有的钟表调慢一小时以便晚上床睡觉，把邻居池塘里的水放干以证实邻居池塘里并没有100条鱼。对于这一切母亲都只是抱以宽容的一笑，但是母亲不允许孩子傲慢和目中无人。

当5岁的李开复得意洋洋地对邻居阿姨表示"上小学以后就没有见过99分"后，母亲不允许这样的狂放存在于孩子身上，有史以来第一次打了开复。母亲告诉他："不只要好好学习，还要改掉骄傲的毛病。自夸是要不得的。谦虚是中国人的美德。"这一次使得开复懂得了如何在谦虚和自信中保持平衡，而不会在自卑或自负中跌倒。

3. 诺贝尔的自传

诺贝尔是19世纪末的瑞典杰出化学家，一生贡献极大，但十分谦虚。一位瑞典出版商要出部瑞典名人集，来找诺贝尔。诺贝尔礼貌地回绝了。他说：我喜欢订阅这本有价值、有趣味的书，但请不要将我收入，我不知道我是否应得到这种名望，不过我厌恶过分的辞藻。诺贝尔的哥哥想编一部家族史，请他寄一份自传。

诺贝尔写道：阿道尔弗雷德诺贝尔他那可怜的生命，在呱呱坠地时，差点断送在一位仁慈的医生手里。主要的美德：保持指甲的干净，从不累及别人；主要的过错：终身不娶，脾气不佳，消化力差；仅有的一个希望：不要被人活埋；最大的罪恶：不敬财神；生平重要事：无。

哥哥反复劝说并提出代为整理，诺贝尔执意不从。他说：我不只是没有时间，最根本的原因是我不能写什么自传。在宇宙漩涡中，有恒河沙粒那么多的星球，而无足轻重的我们，有什么值得去写？诺贝尔一生不愿意宣扬自己。他惊人的业绩与他不平凡的谦虚分不开。

4. 六尺巷

清朝康熙年间有个大学士名叫张英。一天张英收到家信，说家人为了争三尺宽的宅基地，与邻居发生纠纷，家人修书一封要他用职权疏通关系，打赢这场官司。张英阅信后坦然一笑，挥笔回了一封信，附诗一首：千里修书只为墙，万里长城今犹在，不见当年秦始皇。家人接信后，让出三尺宅基地。邻居见了，也主动相让，结果成了六尺巷，这个化干戈为玉帛的故事流传至今。

8. 敬 慎

(一) 古诗词

1. 慎终如始，则无败事。——春秋，老子《道德经》

【释义】做事情如果到结束时仍如开始时那样慎重，就不会有失败的事了。告诫人们做事应谨慎小心，始终如一，才不致功败垂成。

2. 人之持身立事，常成于慎，而败于纵。——明，方孝孺《逊志斋集·慎斋箴》

【释义】人立身处世，往往因为自身谨慎而取得成功，由于放纵，而走向失败。

3. 战战兢兢，如临深渊，如履薄冰。——春秋，《诗经·小雅·小旻》

【释义】行事要小心谨慎，就好像紧邻着深渊和脚踩着薄冰。

4. 君子终日乾乾，夕惕若厉，无咎。——周，姬昌《周易·乾卦》

【释义】人们要是白天始终很勤奋，到晚上又能严格要求自己，很警惕，那就不会有什么过失。

5. 积善三年，知之者少；为恶一日，闻于天下。——唐，房玄龄《晋书·帝纪·第一章》

【释义】好事做了三年，知道的人不会有多少；可是坏事哪怕只做了一天，就会传遍各地。

6. 积善之家，必有余庆；积不善之家，必有余殃。——周，姬昌《周易》

【释义】积累善行的家庭，一定会有多到自己享用不了还能留给子孙享用的福德；不积累善行的人家，则会有多到自己遭受不了却还留给子孙遭受的祸患。

7. 傲不可长，欲不可纵，志不可满，乐不可极。——西汉，戴圣《礼记·曲礼上》

【释义】傲慢之心不可产生，欲望不可放纵无拘，志气不可自满，享乐不可无度。

8. 谨于言而慎于行。——西汉，戴圣《礼记·缁衣》

【释义】说话要严谨，行动要慎重。

9. 祸兮福之所倚，福兮祸之所伏。——春秋，老子《道德经》

【释义】福与祸其实是相互依存、互相转化的、祸福相伴的。坏事有可能引发好结果，而好事情也可能引发出坏的结果。

10. 君子慎始而无后忧。——宋，苏洵《上文丞相书》

【释义】有道德的人一开始就小心谨慎，因而以后就不会有什么忧虑。

（二）名言

★谨慎是勇敢的最大要素。——〔英国〕莎士比亚

★不要想到什么就说什么，凡事必须三思而后行。——〔英国〕莎士比亚

★谨慎的人才能稳操胜券。——〔英国〕斯梯尔

★一分谨慎能抵一磅金子。——〔英国〕斯摩莱特

★事前谨慎总比事后补救强。——〔美国〕爱·科克

★谨慎为智慧的长子。——〔法国〕雨果

★谨慎比大胆要有力量得多。——〔法国〕雨果

★在艰苦的日子里要坚强，在幸福的日子里要谨慎。——〔苏联〕高尔基

★人靠谨慎从损失中避免灾难，靠宽容从斗争和争吵中得到保护。——〔德国〕叔本华

★谨慎的行动要比合理的言论更重要。——〔罗马〕西塞罗

★小事不谨慎大事亦马虎。——〔古希腊〕赛门狄士

★机运永远战斗在谨慎者一边。——〔希腊〕欧里庇得斯

★缺乏谨慎的热情完全像一只随风漂流的船。——〔爱尔兰〕詹姆斯·乔伊斯

★真诚是玻璃，谨慎是钻石。——〔法国〕英洛亚

★在你下剪刀之前要量三次。——意大利名言

★永远谨慎乃是至高无上的价值。——〔美国〕马克·吐温《夏娃日记》

★一事不谨，即贻四海之忧；一念不慎，即贻百年之患。——清·康熙

★谨慎的人脑后有眼。——〔英国〕威·罗伯逊

★谨慎是安全之本。——英国名言

★谨慎是勇敢的一部分。——西班牙谚语

★举大事必慎其终始。——礼记

★没有谨慎的态度，智慧再多也无济于事。——德国谚语

★浅河要当深河渡。——日本谚语

★人们唯一的防御力量就是谨慎。——玉外纳

★慎重则必成，轻发则多败。——苏轼

★小船应当靠近海岸行驶。——美国谚语

★言行如走棋，一动思三步。——谚语

★加倍小心总是好的。——法国谚语

★当竞争与敌视同你比邻而居时，谨慎就会茁壮成长。——〔西班牙〕格拉西安

★大多数的科学家，对于最高级的形容词和夸张手法都是深恶痛绝的，伟大的人物一般都是谦虚谨慎的。——〔英国〕贝弗里奇

★出门要三稳：身稳，手稳，口稳。——谚语

★成事每在穷困日，败事多在得志时。——《小窗幽记·集灵篇》

（三）金句

★不获全胜决不轻言成功。

★越是在这个时候，越是要保持头脑清醒，越是要慎终如始，越是要再接再厉、善作善成。

★各级干部特别是领导干部必须增强必胜之心、责任之心、仁爱之心、谨慎之心。

★在私底下、无人时、细微处，更要如履薄冰、如临深渊，始终不放纵、不越轨、不逾矩。

★领导干部要有草摇叶响知鹿过、松风一起知虎来、一叶易色而知天下秋的见微知著能力，对潜在的风险有科学预判，知道风险在哪里，表现形式是什么，发展趋势会怎样，该斗争的就要斗争。

★坚持和发展中国特色社会主义要一以贯之，推进党的建设新的伟大工程要一以贯之，增强忧患意识、防范风险挑战要一以贯之。

★面对波谲云诡的国际形势、复杂敏感的周边环境、艰巨繁重的改革发展稳定任务，我们既要有防范风险的先手，也要有应对和化解风险挑战的高招；既要打好防范和抵御风险的有准备之战，也要打好化险为夷、转危为机的战略主动战。

（注：以上摘自习近平金句）

◆处处严，不学"南郭先生"。处处严格要求自己，规范、约束自己的行为，从小事做起，从点滴做起，谨小慎微，防微杜渐，从根本上消除"混日子"的思想。

◆不为物欲动心，不因小利失节，不被外界左右，于宁静中致远、淡泊中明志，成就精彩人生。

◆人生需要加减法。加法，就是要增加知识、增大内存、增长本领、增强后劲；减法，就是要远离诱惑、看淡名利、放弃奢望、安于平和。

◆一旦把握不好那看似微不足道的"一念之间"，就很容易打开思想的"潘多拉魔盒"，冲毁精神的"马其诺防线"，导致"一念之欲不能制，而祸流于滔天"。

◆"备豫不虞，为国常道。"越是取得成绩的时候，越是要有如履薄冰的谨慎，越是要有居安思危的忧患。

◆必须把防风险摆在突出位置，"图之于未萌，虑之于未有"，力争不出现重大风险或在出现重大风险时扛得住、过得去。

◆心存敬畏、如履薄冰，夙夜在公、殚精竭虑，待到责任尽完，对使命有所交代，方可以自我告慰，收获甘甜的喜悦。

◆人人常怀敬畏之心，一个单位就会自然生养出一种正气、庄严和崇高。

◆"备豫不虞，为国常道。"当前，我国正处于一个大有可为的历史机遇期，发展形势总体是好的，但前进道路不可能一帆风顺，越是取得成绩的时候，越是要有如履薄冰的谨慎，越是要有居安思危的忧患，绝不能犯战略性、颠覆性错误。

◆居安思危、日慎一日，方能善始善终。莫见乎隐，莫显乎微，故君子慎其独也。

◆居安思危，未雨绸缪是一种超前的危机意识。危机意识是清醒剂，能让人在危机来临之前保持清醒。

◆常怀敬畏之心，始终如履薄冰、如临深渊，对自己高标准、严要求，自觉防微杜渐，方能得其始终，全其声名。

◆低姿态体现为人做事的态度，体现为有容乃大的境界，体现为高风亮节的品行。

◆决定结果的正是我们在处理表面上微不足道、枯燥乏味，而且不用麻烦的细枝末节时所采取的谨慎小心的态度。

◆我们不能一有成绩，就像皮球一样，别人拍不得，轻轻一拍，就跳得老高。成绩越大，越要谦虚谨慎。

◆谨慎比其余任何智能使用得更频繁。日常生活中的草率事件使它发挥作用，对微小的事情产生影响。

◆没有清醒的头脑，再快的脚步也会走歪；没有谨慎的步伐，再平的道路也会跌倒。要留下人生足迹，就必须一步一个脚印；要少走人生弯路，就必须三思而行。

◆一个人要做到时时事事都能够谦虚谨慎并非易事，尤其是要做到如曾子所说的不耻下问，更是需要经过长期的自我修养才有可能达到的。

◆多思、多想、多听、多看、谨言、慎行，这么做的好处就是让自己少一点后悔。

◆从现在起，谨慎地选择我的生活，不再轻易让自己迷失在各种诱惑里，不再回头关心过去的种种是非。

◆一个人要获得成功，除了要严于律己外，还要谨慎行事。

◆以严谨细致履行财政干部职责，以勤奋敬业履行财政干部使命，以人格力量赢得党员干部信赖，以公道正派树立财政干部形象。

◆多读书以养胆气，少忧虑以养心气，戒发怒以养肝气，薄滋味以养胃气，惟谨慎以养神气，顺时令以养元气，须慷慨以养浩气，胸豁达以养正气，傲冰雪以养骨气，当忍让以养和气，应谦恭以养锐气，莫懈怠以养志气。

◆谨慎纯粹是一种心的质性，它是凭感觉而不是凭理智进行的，它所能达到的限度是相应地更广阔、更崇高的，使它能够觉察和避免根本不存在的任何危险。

▶▶▶链接：小故事

1. 慎易以避难，敬细以远大

为了准备人类第一次载人太空飞行，苏联宇航局从1960年3月开始招募宇航员，这期间训练了至少20名，最终选中了加加林。起决定作用的原因，就是在确定人选几周前的一个偶然事件。在尚未竣工的陈列厂内，受训的宇航员们第一次看到东方号宇宙飞船。主设计师科罗廖夫问谁愿意试坐，加加林报了名。在进入飞船前，加加林脱下了鞋子，只穿袜子进入还没有舱门的座舱。这一举动赢得了科罗廖夫的好感。他发现这名27岁的青年人如此珍爱他为之倾注心血的飞船，于是决定让加加林执行这次飞行。加加林脱鞋进舱这个细小的动作，赢得了"一步登天"的机遇。这也反映了加加林洁身自爱、尊重他人的品格。

"慎易以避难，敬细以远大。""图大者，当谨于微。"不欺小节，才能驶向成功与辉煌。

2. 敬慎之德，自安之道

刘向《说苑·敬慎》篇里有一个故事：孔子有一次见到用罗网捕鸟的人，他所捕获的鸟雀，全是黄口幼鸟，大鸟却一只都没有。他就问捕鸟的人原因。捕鸟人告诉他说：幼鸟跟从大鸟的话就捕不到，反之则易于捕到。孔子心有所触，回头对弟子们说：看到了吗？君子慎所从，在跟随什么样的人这个问题上见智慧。跟错了，就有被人网罗来做下酒菜的危险。黄口小鸟，只见饵料，刚愎自用，高估自己，往往黄雀捕蝉，不知罗网在后也。故敬慎之德，自安之道。

3. 老人的教诲

孙叔敖作楚国的令尹，一国的官吏和百姓都来祝贺。有一个老人，穿着麻布制的丧衣，戴着白色的丧帽，最后来吊丧。孙叔敖整理好衣帽出来接见了他，对老人说："楚王不了解我没有才能，让我担任令尹这样的高官，人们都来祝贺，只有您来吊丧，莫不是有什么话要指教吧?"老人说："是有话说。当了大官，对人骄傲，百姓就要离开他；职位高，又大权独揽，国君就会厌恶他；俸禄优厚，却不满足，祸患就可能加到他身上。"孙叔敖向老人拜了两拜说："我诚恳地接受您的指教，还想听听您其余的意见。"老人说："地位越高，态度越谦虚；官职越大，处事越小心谨慎；俸禄已很丰厚，就不应索取分外财物。您严格地遵守这三条，就能够把楚国治理好。"

4. 郭子仪的谨言慎行

唐朝大将郭子仪，曾在平定安史之乱中战功赫赫，得到肃宗的赞赏，尊为"尚父"，晋封为汾阳郡王，他"权倾天下而朝不忌，功盖一代而主不疑"，举国上下，享有崇高的威望和声誉，可他从不居功自傲，为人很谨慎，做事特别注意细节。

郭子仪做了大官之后，家中不仅妻妾成群，而且拜访他的人也多了，郭子仪很坦然，每次客人去他府上拜见时，他从不让身边的姬妾们回避，唯独对卢杞是个例外。这个卢杞貌相极其丑陋，脸为蓝色，很像阎罗殿里的小鬼，故邻里都将他看成阎王爷手下的那个蓝脸小鬼，当时任御史中丞。

一听说御使中丞卢杞来访，郭子仪马上就要身边的姬妾们躲起来。

郭子仪位极人臣，权倾天下，而一个御使中丞至多相当于现在的最高检察院的副检察长而已，无论职位或权力与郭子仪相比，都相去甚远。

要说是因官员来访，姬妾们在场不合礼仪，比卢杞官大的人多的是，郭子仪对他们尚可不避礼仪，为什么对这样一个四品衔的御史中丞要这么讲礼仪呢？

家人们都不理解，待这个卢杞走后，便问郭子仪为什么要单单回避这个卢杞？郭子仪长叹一口气道：此人不仅相貌极丑，而且心胸极为险恶，他来访时我若让你们在场，看到他的那副长相，你们当中有人难免会忍不住要笑出声来，这样一来就闯下大祸了，此人一旦掌权，我一族人的生命就难保了！

这个让郭子仪都畏惧三分的卢杞，后来果然当上了"一人之下，万人之上"的宰相，其险恶的内心也就暴露出来了，他就像一条疯狗，忌能妒贤，看谁不顺眼就一定要咬上一口，谁要跟他哪怕只有一小点过不去，他不把人整死就誓不罢休，唯独郭子仪一家例外。

5. 范蠡功高慎归

春秋末，范蠡为越国大夫，辅佐越王勾践，忠心效命，勤苦效力，为越王谋划 20 年，帮助勾践发愤图强，经过十年生聚、十年教训，越国国势日盛。公元前 482 年，乘吴王夫差在黄池大会诸侯之机，他建议勾践发兵攻吴，获大胜，俘吴太子友，数年之后灭吴，迫使夫差自杀，雪洗越国当年被吴灭亡的耻辱。继而他又助勾践北征，直副齐鲁，称霸中原。

此时范蠡觉得危险就在眼前，功高震主，君主只能共患难，不能同富贵，"兔死狗烹"，历史上的例子多了。于是他带上家属悄悄远去，改名陶朱公，归隐经商。与其同时辅佐越王的文种，不听劝告，留恋富贵，结果被勾践所杀。

9. 勇 敢

(一) 古诗词

1. 人生自古谁无死？留取丹心照汗青。——宋，文天祥《过零丁洋》

【释义】人生自古以来有谁能够长生不死？我要留一片爱国的丹心映照史册。

2. 壮志饥餐胡虏肉，笑谈渴饮匈奴血。——宋，岳飞《满江红·写怀》

【释义】我只想驾驭着一辆辆战车踏破贺兰山敌人营垒。壮志同仇饿吃敌军的肉，笑谈蔑敌渴饮敌军的血。

3. 会挽雕弓如满月，西北望，射天狼。——宋，苏轼《江城子·密州出猎》

【释义】我将使尽力气拉满雕弓就像满月一样，朝着西北瞄望，把代表西夏的天狼星射下来。

4. 但使龙城飞将在，不教胡马度阴山。——唐，王昌龄《出塞二首·其一》

【释义】倘若龙城的飞将卫青如今还在，绝不许匈奴南下牧马度过阴山。

5. 生当作人杰，死亦为鬼雄。——宋，李清照《夏日绝句》

【释义】活着就要当人中俊杰，死后也要做鬼中英雄。

6. 一腔热血勤珍重，洒去犹能化碧涛。——清，秋瑾《对酒》

【释义】革命者要充分爱惜自己的生命，抛洒鲜血做出惊天动地的事业。

7. 臣心一片磁针石，不指南方不肯休。——宋，文天祥《扬子江》

【释义】臣的心好似一块磁铁，不指向南方誓不罢休。

8. 千年史册耻无名，一片丹心报天子。——宋，陆游《金错刀行》

【释义】不能在流传千年的史册上留名，我感到羞耻；但一颗丹心始终想消灭胡虏，报效天子。

9. 亦余心之所善兮，虽九死其犹未悔——战国，屈原《离骚》

【释义】这些都是我内心之所珍爱，叫我死九次我也绝不改悔！

10. 我自横刀向天笑，去留肝胆两昆仑。——清，谭嗣同《狱中题壁》

【释义】我横刀而出，仰天大笑，因为去者和留者肝胆相照、光明磊落，有如昆仑山一样的雄伟气魄。

（二）名言

★无畏的人面前才有路。——〔日本〕有岛武郎

★对勇气的最大考验，就是看一个人能否做到败而不妥。——

〔英国〕英格索尔

★真的猛士，敢于直面惨淡的人生，敢于正视淋漓的鲜血。——鲁迅

★勇敢是与深思和决断为伍的。——俞吾金

★你若失去了财产——你只失去了一点儿，你若失去了荣誉——你就丢掉了许多，你若失去了勇敢——你就把一切都丢掉了！——〔英国〕歌德

★勇气产生在斗争中，勇气是在每天对困难的顽强抵抗中养成的——〔苏联〕奥斯特洛夫斯基

★怯弱是你最大的敌人，勇敢则是你最好的朋友。——〔美国〕莱昂纳德·弗兰克

★面对一切不平常的急难，只有勇敢和坚强才能拯救。——〔英国〕沙甫慈伯利

★勇敢就能扫除一切障碍。——〔苏联〕帕斯捷尔纳克

★勇气通往天堂，怯懦通往地狱。——〔古罗马〕塞内加

★若失去了勇敢，就把一切都失掉了！——〔美国〕歌德

★勇气减轻命运的打击。——〔古希腊〕德谟克利特

★勇敢是智慧和一定程度教养的必然结果。——〔俄罗斯〕列夫·托尔斯泰

★不要怕他，因为他也在怕你。——美国谚语

★勇气很有理由被当作人类德性之首，因为这种德性保证了所有其余德性。——〔英国〕丘吉尔

★勇气是衡量灵魂大小的标准。——〔美国〕卡耐基

★爱会让人拥有战斗的勇气。——佚名

★对付任何事情，首要的一步是：能够面对它！——〔美国〕哈伯德

★有勇气的人才有信心。——〔罗马〕西塞罗

★大胆点！使自己成为最出色的人物。——〔美国〕吉恩·金

★我崇拜勇气、坚忍和信心，因为它们一直助我应付我在尘世生活中所遇到的困境。——〔意大利〕但丁

★勇气是青年最漂亮的装饰。——〔西班牙〕赛马提斯

★如果你是勇士，你就是自己最好的朋友。——谚语

★勇敢者是到处有路可走的。——〔俄国〕陀思妥耶夫斯基

（三）金句

◆改革需要有敢破敢立的政治勇气。

◆看准了事情，就要拿出政治勇气来，坚定不移干。

◆中国将拿出更大勇气、更多举措破除深层次体制机制障碍，推进国家治理体系和治理能力现代化。

◆不忘初心、牢记使命，说到底是要解决党内存在的违背初心和使命的各种问题，关键是要有正视问题的自觉和刀刃向内的勇气。

◆无论什么时候，问题总是客观存在的，我们要以"君子检身，常若有过"的态度来检视发现自身不足，做到知耻而后勇。

◆要把开拓创新作为一种常态，敢破敢立、敢闯敢试，义无反顾地把改革开放不断推向前进。

（注：以上摘自习近平金句）

◆勇气是控制恐惧心理，而不是心里毫无恐惧。

◆狭路相逢勇者胜。纵观中外战争所有猛将，都具备三个共同特质：一是"浑身是胆"，敢上刀山、敢下火海；二是"浑身是劲"，攻城略地、无往不胜；三是"浑身是威"，万军莫敌、万夫莫当。

◆我们要拿出勇气，坚持改革开放的正确方向，敢于啃硬骨头，敢于涉险滩，既勇于冲破思想观念的障碍，又勇于突破利益固化的藩篱，做到改革不停顿、开放不止步。

◆增强血性，须敢于牺牲。能够牺牲安逸、勇于担当任事，能够牺牲官位、横身许党报国，能够牺牲生命、敢于冲锋陷阵。

◆民不畏死，奈何以死惧之。

◆勇敢的人，不是不落泪的人，而是愿意含着眼泪继续奔跑的人。

◆人生不怕败北，怕的是，连尝试一下的勇气都没有。

◆宁愿做过了后悔，也不要错过了后悔。

◆创造机会的人是勇者，等待机会的人是愚者。

◆当你迷失在黑暗中，除了前行别无他法。

◆倘若失去了勇敢，你的生命等于交给了敌人。

◆勇敢也可以说是我们中国人的一种乐观的人生态度。翻开历史日记，我们可以看到古代的人也是那么勇敢，为追求正义、追求和平、追求科学，可以不顾一切，甚至付出生命的代价，勇往直前。

◆勇气是战胜困难的急先锋、前行官。只有有了勇气，才可能披荆斩棘，走到成功。只有有了勇气，人不同于动物的思想、智慧、感情和精神才能达到淋漓尽致的表现。

◆只有选择勇敢才会去尝试，只有去尝试才能会做，只有会做才能成功。

◆勇敢征服一切：它甚至能给血肉之躯增添力量。

◆如果没有勇气远离海岸线，长时间在海上孤寂地漂流，那么你绝不可能发现新大陆。

◆勇敢如刀剑有刃，如火之有薪，如山瀑有高度，如海浪有风。

◆勇气是人类最重要的一种特质，倘若有了勇气，人类其他的特质自然也就具备了。

◆生命中最值得荣耀的，不是没有失败，而是在每次失败后都能勇敢地站起来。

◆勇敢的成功是暴风雨过后的成功，要待到日近中天，阳光普照，成功才会沉甸甸地挂在收获者的臂膀上。

◆不懂得害怕的人不能算勇敢，因为勇敢指的是面对一切风云变幻坚强不屈的能力。

◆要坚强，要勇敢，不要让绝望和庸俗的忧愁压倒你，要保持伟大的灵魂在经受苦难时的豁达与平静。

◆勇敢，是一种精神：不惧困难，不怕强敌，一往无前地去夺取胜利；勇敢，是一种品质：不怕天不畏地，不怕权不惧势，坚定不移地捍卫真理。

◆勇气如同温暖的阳光，让因自私而日渐麻木的人心得到温暖。勇气如同甘甜的河流，让因磨难而千沟万壑的心灵得到滋润。勇气如同清新的空气，让因瓶颈而心灰意冷的内心得到活力。

◆勇气就像一艘小船，带领我们从狭隘的地方，驶向无限宽阔的海洋，勇气像我们生活中必不可少的水，让我们痛快畅饮。

◆做任何事都需要十足的勇气，没有勇气就克服不了困难，没有勇气就改正不了错误，没有勇气就取得不了成功。在我们的学习、生活、工作中，勇气是至关重要的。

◆当雄鹰在天空飞翔时，它告诉人们：勇气和胆量、眼光和行动，是最重要的成功元素。

◆勇敢产生在斗争中，勇气是在每天对困难的顽强抵抗中养成的。我们青年的箴言就是勇敢、顽强、坚定，就是排除一切障碍。

▶▶▶链接：小故事

1. 韩信忍辱胯下

韩信年轻的时候，家里贫穷，只得四处流浪。一天，他来到市上，被一个屠户的儿子看见了，就挑衅地说："你这么大的个子，腰里还佩着剑。你有本事，就用你的剑把我杀了；若没有这个胆量，就从我胯下钻过去!"韩信看看这个无赖，摇了摇头，叹口气，就俯下身子，从这个无赖胯下爬了过去。围观的人大笑不已，骂韩信是胆小鬼。

后来，韩信在刘邦手下当了大将军，辅佐刘邦指挥军队南征北战，东讨西伐，最后打败了项羽，封为齐王，后改为楚王。

韩信忍辱胯下，绝不是怯懦，他忍小辱是为了成大志，是不愿因一时的血气之争逞一时的"小勇"，而放弃远大的抱负，放弃超乎常人的大勇。后来在千军万马之中，他出生入死，指挥若定，破赵之役，置之死地而后生；垓下决战，设下十面埋伏，置项羽于死地。这才是真正的勇敢。

2. 金陵奇女子

说到金陵女子大学，就不得不说一位叫魏特琳的传奇美国女子，在血雨腥风中以无比的爱心、极大的勇气、镇定的态度、果断的决策，营救了近万名中国妇女与儿童。这位外表娇弱的女士内心蕴藏的巨大能量到底从何而来？她的成长历程，或许能给当今的父母带来震撼与启示……

在张艺谋的力作《金陵十三钗》中，一名来自西方的神父，在教堂中藏匿日军铁蹄下的中国人。其真实人物原型是当时金陵女子文理学院教务长魏特琳，被南京百姓称为"天使"。

南京沦陷前期，魏特琳四次郑重拒绝美国大使馆要她离开南京的请求，她说："我认为我不能离开……就像在危险之中，男人们不应弃船而去，女人也不应丢弃她们的孩子一样！"危难关头，这个弱女子表现出极大的正义感和勇气，与她坚不可摧的信仰紧密相关。

魏特琳作为南京大屠杀的重要见证人，她在日记中写道："我认为战争是民族的罪行，是违反在天地万物心灵深处创世精神的一种罪过，但我们可以把自己的力量奉献给那些无辜受害者，以及献给那些家庭被烧、被抢，或是那些在战争时期被大炮、飞机炸伤的人，帮助他们康复。"

3. 桑兰的故事

桑兰，出生于 1981 年 2 月，浙江宁波人，原国家女子体操队队员，曾在全国性运动会上获得跳马冠军。到今天为止，坚强的桑兰已经笑着度过了 6 年的轮椅时光。1998 年 7 月 21 日晚在纽约友好运动会上意外受伤之后，默默无闻的桑兰成了全世界最受关注的人。这确实是个意外。当时桑兰正在进行跳马比赛的赛前热身，在她起跳的那一瞬间，外队一教练"马"前探头干扰了她，导致她动作变形，从高空栽到地上，而且是头先着地。遭受如此重大的变故后却表现出难得的坚毅，她的主治医生说："桑兰表现得非常勇敢，她从未抱怨什么，对她我能找到表达的词就是'勇气'。"就算是知道自己再也站不起来之后，她也绝不后悔练体操，她说："我对自己有信心，我永远不会放弃希望。"

几年来，桑兰用她的坚强意志力和行动印证着自己的诺言，在北大学习、加盟星空卫视主持节目、担任申奥大使、参加雅典奥运北京接力……她充满力量的笑容总能给人希望！

4. 在缺陷面前不退缩

美国总统罗斯福是一个有缺陷的人，小时候是一个脆弱胆小的学生，在学校课堂里总显露一种惊惧的表情，呼吸就好像喘大气一样。如果被叫起来背诵，立即会双腿发抖，嘴唇也颤动不已，回答起来含含糊糊、吞吞吐吐，然后颓然地坐下来。由于牙齿的暴露使他更没有一个好的面孔。

像他这样一个小孩，自我的感觉一定很敏感，常会回避同学间的任何活动，不喜欢交朋友，成为一个只知自怜的人！然而，罗斯福虽然有这方面的缺陷，但却有着奋斗的精神——一种任何人都可具有的奋斗精神。事实上，缺陷促使他更加努力奋斗。他没有因为同伴对他的嘲笑而减低勇气。他喘气的习惯变成了一种坚定的嘶声。他用坚强的意志，咬紧自己的牙床使嘴唇不颤动而克服他的惧怕。

没有一个人能比罗斯福更了解自己，他清楚自己身体上的种种缺陷。他从来不欺骗自己，认为自己是勇敢、强壮或好看的。他用行动来证明自己可以克服先天的障碍而得到成功。

凡是他能克服的缺点他便克服，不能克服的他便加以利用。通过演讲，他学会了如何利用一种假声，掩饰他那无人不知的暴牙，以及他的打桩工人的姿态。虽然他的演讲中并不具有任何惊人之处，但他不因自己的声音和姿态而遭失败。他没有洪亮的声音或是优美的姿态，他也不像有些人那样具有惊人的辞令，然而在当时他却是最有力量的演说家之一。

由于罗斯福没有在缺陷面前退缩和消沉，而是充分、全面、勇敢地认识自己，在意识到自我缺陷的同时，能正确地评价自己，在顽强之中抗争。他不因缺憾而气馁，甚至将它加以利用，变为资本，变为扶梯而登上名誉巅峰。

10. 气 节

（一）古诗词

1. 大丈夫宁为玉碎，不为瓦全。——唐，李白药《北齐书·元景安传》

【释义】宁做玉器被打碎，不做瓦器而保全。比喻宁愿为正义事业牺牲，不愿丧失气节，苟且偷生。

2. 富贵不能淫，贫贱不能移，威武不能屈。——战国，《孟子·滕文公下》

【释义】富贵不能使我骄奢淫逸，贫贱不能使我改移节操，威武不能使我屈服意志。

3. 粉身碎骨浑不怕，要留清白在人间。——明，于谦《石灰吟》

【释义】即使粉身碎骨也完全不害怕，只要留下清清白白在人间。

4. 不为五斗米折腰。——魏晋，《晋书·陶潜传》

【释义】岂能为五斗米向乡里小人折腰？意思是我怎能为了县令

的五斗薪俸，就低声下气去向这些小人贿赂献殷勤。

5. 非淡泊无以明志，非宁静无以致远。——三国，诸葛亮《诫子书》

【释义】不清心寡欲就不能使自己的志向明确坚定，不安定清静就不能实现远大理想。

6. 不以物喜，不以己悲。——宋，范仲淹《岳阳楼记》

【释义】不因外物的好坏和自己的得失而或喜或悲。

7. 不戚戚于贫贱，不汲汲于富贵。——魏晋，陶渊明《五柳先生传》

【释义】不因为贫贱而感到忧愁，不急切于追求富贵。

8. 名节重泰山，利欲轻鸿毛。——明，于谦《无题》

【释义】把名节看得像泰山一样重，把利欲看得像鸿毛一样轻。

9. 芝兰生于深林，不以无人而不芳；君子修道立德，不畏穷困而改节。——《孔子家语·在厄》

【释义】兰花生长在冷清偏远的山谷之中，却不因缺少他人的观赏而停止芬芳开放；品德高尚的人修养身心培养道德，不会因穷苦的境遇而改变自己高尚的品节。

10. 安能摧眉折腰事权贵，使我不得开心颜。——唐，李白《梦游天姥吟留别》

【释义】怎么能够低三下四地去侍奉那些权贵之人，让我自己一点都不开心。表现了诗人的傲气和不屈，也流露着对权贵的蔑视。

（二）名言

★在命运的颠沛中，很容易看出一个人的气节。——〔英国〕莎士比亚

★我堂堂中国军人，沙场捐躯，死亦光荣，岂能求一时苟安，丧失民族气节，为人耻笑。——刘茂恩

★患难可以试验一个人的品格，非常的境遇方可以显出非常的气节。——〔英国〕莎士比亚

★我们有理由相信，具有良知、气节和深刻思考力的真正知识分子，在无论怎样的威权面前，都能挺住思想的脊梁。——黄桂元

★丈夫之高华，只在于功名气节。鄙夫只炫耀，但求诸服饰起居。——《格言联璧》

★渴不饮盗泉水，热不息恶木阴。——陆机

★石可破也，而不可夺坚，丹可磨也，而不可夺赤。——《吕氏春秋·诚廉》

★人不可有傲气，但不可无傲骨。——徐悲鸿

★忍辱偷生的人，绝不会受人尊重。——〔法国〕高乃依

★如果没有气节，世界上恋爱、友情、美德都不存在。——〔英国〕阿狄生

★丧失人格的诗人比没有诗才而硬要写诗的人更可鄙，更低劣，更有罪。——〔法国〕雨果

★跪在地上爬，老是要低头哈腰。——〔苏联〕高尔基

★有天下之大节者，然后可以任天下之大事也。——吕陶

★有欲则不刚，刚者不屈于欲。——杨时

★士无气节，则国势奄奄以就尽。——薛瑄

★一身轻似叶，所重全名节。——李玉

★事不论大小，只论是非。学者须令事事合理，一事不可忽略。故曰：浩然之气。——汤斌

★委曲求全的苟活不是真正的生。——郭沫若

★一个读书人最珍贵的东西是他的一点气节。——老舍

★君子可招而不可诱，可弃而不可慢。——王通

★志意修则骄富贵，道义重则轻王公。——余靖

★一个人不管男女，不管老幼，不管何种职业，堂堂血肉之躯，生长在天地间，应该有一股凛然正气。——朱伯儒

★良将不怯死以苟免，烈士不毁节以求生。——陈寿

★丹可磨而不可夺其色，兰可燔而不可灭其馨，玉可碎而不可改其白，金可销而不可易其刚。——刘昼

★镜破不改光，兰死不改香。——孟郊

★男儿死耳，不可为不义屈！——韩愈

★猛石可裂不可卷，义士可杀不可羞。——李朝威

★男儿自有守，可杀不可苟。——梅尧臣

★宁以义死，不苟幸生，而视之如归。——欧阳修

★铁可折，玉可碎，海可枯。不论穷达生死，直节贯殊

途。——汪莘

（三）金句

◆我认为，高尚的气节是每一个领导者所应有的品质。没有气节，就没有了脊梁骨。

◆在原则性问题上要讲气节，在一些非原则性问题上要讲策略。

◆纵观人类历史，凡有成就者，必有高风亮节。

◆中国人民向世界展示了天下兴亡、匹夫有责的爱国情怀，视死如归、宁死不屈的民族气节，不畏强暴、血战到底的英雄气概，百折不挠、坚忍不拔的必胜信念。

（注：以上摘自习近平金句）

◆她对儿子说，你一定要记住，摔倒了，也要奋勇向上，不能当孬种。

◆尊严使人在平凡中创造伟大，尊严使贫穷者变为富翁，尊严使平庸者变成智慧人，尊严使人在绝望中创造希望。尊严是每个人心中的太阳，驱除黑暗，带来光明。

◆这个世界，总有你不喜欢的人，也总有人不喜欢你。这都很正常。刻意去讨人喜欢，折损的，只能是自我的尊严。不要用无数次的折腰，去换得一个漠然的低眉。

◆中国的文人，历来重气节。一个画家如果不爱民族，不爱祖国，就是丧失民族气节。画的价值，重在人格。

◆菊花有其独特的观赏价值，人们欣赏它那千姿百态的花朵、姹紫嫣红的色彩和清隽高雅的香气，尤其在百花纷纷枯萎的秋冬季节，菊花傲霜怒放，它不畏寒霜欺凌的气节，也正是中华民族不屈不挠精神的体现。

◆文天祥这一次出使，一反以前南宋使节的奴颜婢膝，苟且偷生的态度，捍卫了民族的尊严，表现了宁死不屈的高尚民族气节，谱写了一曲流芳千古的民族正气之歌。

◆面对匈奴的威逼、利诱，苏武没有选择投降。他被流放到北海，寒冷恶劣环境中的他不可能没有痛苦，但他从未改变自己身为汉朝人的忠贞。于是，十几年后，大汉的丹青上书写下了民族不屈的坚贞气节。

◆梅花和别的花不同，别的花在春天才开，但梅花开在严冬。愈是寒冷，愈是风欺雪压，它开得愈是精神，它是中华民族最有骨气的花。几千年来，它那迎雪吐艳、凌雪飘香、铁骨冰心的崇高品质和坚贞气节鼓励了一代又一代的人。

◆为什么一个民族没有气节了，你们还趾高气扬？

◆菊花有其独特的观赏价值，人们欣赏它那千姿百态的花朵、姹紫嫣红的色彩和清隽高雅的香气，尤其在百花纷纷枯萎的秋冬季节，菊花傲霜怒放，它不畏寒霜欺凌的气节，也正是中华民族不屈不挠精神的体现。

◆然我辈为中华之儿女，中华之未来，中华之风骨，岂可坐而待毙之！诗，文化也；礼，通德也；民族之气，气节也。

◆丈夫之高华，只在于功名气节。鄙夫只炫耀，但求诸服饰起居。

◆我们有理由相信，具有良知、气节和深刻思考力的真正知识分子，在无论怎样的权威面前，都能挺住思想的脊梁。

◆我堂堂中国军人，沙场捐躯，死亦光荣，岂能求一时苟安，丧失民族气节，为人耻笑。

◆气节是一种人生准则，一种道德修养，体现在历史发展的各个阶段和人生的各个方面。

◆守节者，诚信无欺，见利思义，将节操看得比生命还重要，更不要说生命之外的金钱、财富与虚名了。"富贵不淫，贫贱不移，威武不屈"是守节者的行为标准。

◆有一种人，见利忘义，先己后人，凡事首先考虑的是个人的得失，考虑的是生命的保全。只要生命不受危害，只要个人能捞取好处，灵魂就可以出卖，至于气节，他们往往看得很淡很轻，这种人我们称之为失节者。

◆普通的时候，平常的日子，也许不易区分出气节的高下，然而在逆境中，在危难中，在权钱的诱惑面前，一个人的气节就高低分明了。刘胡兰宁可死在敌人的铡刀下，也不背革命，也不出卖同志，受到世人永远的景仰；汪精卫卖国求荣，甘心做日本人的走狗、汉奸，则受到世人永远的唾弃。

◆良将不怯死以苟免，烈士不毁节以求生。

◆气节而不学问者有之，未有学问而不气节者有之，若学问而不气节，这一种人为世教之害不浅。

◆在治学态度上，也要有气节，即坚持真理，明辨是非，不能因趋附权势，追逐风气，而随时改变自己的观点。

◆有政治气节就有一种清正气场，腐蚀近不了身、诱惑入不了心。

◆政治灰尘和腐败微生物面前，有强大的政治气节就能造就铁打的堡垒。

▶▶▶链接：小故事

1. 朱自清用死护尊严

朱自清是清华大学教授，著名的文学家。抗日战争结束后，美国政府一方面支持蒋介石发动内战，一方面又利用签订条约的办法在中国获取了许多特权，还加紧武装战败国日本，对中国重新造成威胁。当时社会上物价飞涨，物品奇缺，很多人在饥饿和死亡线上挣扎。人民对美国和国民政府十分不满，反抗的呼声越来越高。美国为了支持蒋介石，就运来一些面粉，说要"救济"中国人，好让中国人"感谢"美国，不反对它。

朱自清看透了美国的用心，认为美国的救济是对中国人的侮辱。他和一些学者一起，在一份宣言上庄重地签上了自己的名字。那份宣言表示，坚决拒绝美国的"援助"，不领美国的面粉。当时，朱自清正患严重的胃病，身体非常瘦弱，体重还不到40公斤，经常呕吐，甚至整夜不能入睡。拒领救济面粉意味着每月生活费要减少600万法币，生活更加困难。可是为了维护中国的尊严，他坚决拒绝那些别有用心的"赏赐"。他在日记中写道："坚信我的签名之举是正确的。因为反对美国武装日本的政策，要采取直接的行动，就不应逃避自己的责任。"

两个月后，朱自清因贫病交加，不幸去世。他宁肯挨饿而死，也不肯领带侮辱性的"救济"，表现了一个中国人应有的尊严。

2. 梅兰芳的民族气节

一九三七年，日军入侵中国，梅先生不愿意给他们唱戏，四处躲避。但是，无论躲到哪里，日本人都会逼迫他为"皇军"演出。为了表达不给侵略者演戏的决心，梅兰芳毅然作出决定：蓄须罢演！

即便如此，日本人还是不断骚扰。一天，侵略军要开庆祝会，命令梅兰芳必须剃掉胡须上台表演，否则就以军法论处。

普通演出都不参加，庆祝会演出梅兰芳当然更不会去了。于是，梅先生找到一位医生朋友，请他为自己注射了伤寒杆菌。不久，梅先生就发起了高烧，这场大病险些夺走了他的性命，但也帮他摆脱了敌人的纠缠。

梅兰芳不屈的民族气节令人钦佩！

3. 凌然正气的文天祥

文天祥是我国历史上优秀的爱国诗人和将领。南宋德佑二年（1276 年）任右丞相。1278 年元兵进犯，奋力抗元，后兵败被俘，掳至大都，囚禁在兵马司土牢达四年。敌人用软硬兼施的方法对付他，先是给他高官厚禄、金银财宝、锦衣玉食对他进行诱惑让他投降。文天祥拒绝了，然后敌人就对他进行百般拷打、严刑逼供。文天祥毫不动摇，誓死不降，敌人看到对他无计可施就把他杀害了，年仅四十七岁。在狱中，文天祥留下了千古名句："人生自古谁无死，留取丹心照汗青。"表现了他凛然正气的民族气节。

后人评价他："名相烈士，合为一传，三千年间，人不两见""事业虽无所成，大节亦已无愧"。肯定他主要不是名相，而是以名相能为烈士。

4. 不为五斗米折腰

东晋大诗人陶潜，字元亮，是大司马陶侃的曾孙。他少年时心怀高尚，知识渊博善于做文章，洒脱大方不拘谨，自得于真性情。因为考虑亲人年迈，家里贫穷，开始做了州祭酒的小官，但是他不能忍受官吏这个职务，没几天就自己回家了。

州里聘用他为主簿，他不去，自己种田来养活自己，于是得了身体虚弱的病，只好又做镇军、建威参军的小官。陶潜向来简朴自爱，不谄媚长官，就对亲戚朋友说："想做个文官，来挣些补贴家用的钱。"管这些事的人听说了，就任用他为彭泽令。

这是陶潜最后一次做官，已过"不惑之年"（四十一岁），在朋友的劝说下，又出任彭泽县令。有一次，县里派督邮来了解情况。有人告诉陶潜说：那是上面派下来的人，应当穿戴整齐、恭恭敬敬地去迎接。

陶潜听后长长叹了一口气："我不愿为了小小县令的五斗薪俸，就低声下气去向这些家伙献殷勤。"说完，就辞掉官职，回家去了。陶渊明当彭泽县令，不过八十多天。他这次弃职而去，便永远脱离了官场。

5. 苏武的气节

苏武（公元前140年～公元前60年），字子卿。杜陵（今中国中西部陕西西安）人，是西汉尽忠守节的著名人物。汉武帝天汉元年，即公元前100年，他以中郎将之职奉命出使匈奴。由于匈奴的缑王谋划劫持单于母亲阏氏归顺汉朝，而汉朝的副使张胜牵涉在内，苏武也受牵连。

匈奴单于为了逼迫苏武投降，开始时将他幽禁在大窖中，苏武饥渴难忍，就吃雪和旃毛维生，但绝不投降。单于又把他弄到北海（今苏联贝加尔湖），苏武更是不为所动，依旧手持汉朝符节，以牧羊为生，表现了顽强的毅力和不屈的气节。后来，昭帝即位后，汉朝和匈奴和亲，汉朝要匈奴送还苏武等使臣，但单于却谎称苏武等人已经死去。

后来，有汉朝使者到了匈奴地区，终于得知苏武依然健在，于是说，汉朝的天子在上林苑中射到一只大雁，雁的脚上系着帛书，帛书中清楚地写着苏武在北方的沼泽之中。单于只好把苏武等九人送还。

苏武在匈奴的时间很长，前后共有十九年。

11. 细 节

（一）古诗词

1. 千里之堤，毁于蚁穴。——战国，《韩非子·喻老》

【释义】千里长的大堤，因为蝼蚁的小洞而崩溃。

2. 差之毫厘，谬以千里。——春秋，《论语·先进》

【释义】开始时虽然相差很微小，但结果会造成很大的错误。

3. 天下难事，必作于易；天下大事，必作于细。——春秋，老子《道德经》

【释义】天下所有的难事，必须从易事做起；天下所有的大事，必须从小处着手。

4. 慎易以避难，敬细以远大。——战国，《韩非子·喻老》

【释义】谨慎地对待容易的事以避开困难，郑重地对待细小的漏洞以远离大的灾祸。

5. 夫祸患常积于忽微，而智勇多困于所溺。——宋，欧阳修《伶官传序》

【释义】祸患常常是由一点一滴极小的不良细节积累而酿成的，纵使是聪明有才能的和英勇果敢的人也多半沉溺于某种不良的嗜好中，受其迷惑而结果陷于困穷。

6. 致广大而尽精微。——秦汉，《中庸》

【释义】达到宽广博大的境界的同时又深入到细微之处。

7. 不矜细行，必累大德。——《尚书》

【释义】不注意小节方面的修养，到头来就会牵累大节亏损。

8. 泰山不让土壤，故能成其大；河海不择细流，故能就其深。——秦，李斯《谏逐客书》

【释义】泰山不舍弃任何土壤，所以能那样高大；河海不排斥任何细流，所以能那样深广。

9. 合抱之木，生于毫末；九尺之台，起于累土；千里之行，始于足下。——春秋，老子《道德经》

【释义】合抱粗的大树，生长于细小的幼苗；九层的高台，筑起于一筐一筐的泥土；千里的远行，须从脚下开始。

10. 其安易持，其未兆易谋，其脆易泮，其微易散。——春秋，老子《道德经》

【释义】事物处于安定状态时容易把握，问题未露征兆时容易谋求解决，事物处于脆弱状态时容易消融化解，事变刚刚萌芽时容易得到处理。

（二）名言

★要成就一件大事业，必须从小事做起。——列宁

★大礼不辞小让，细节决定成败。——汪中求

★把每一件简单的事做好就是不简单；把每一件平凡的事做好就是不平凡。——张瑞敏

★在中国，想做大事的人很多，但愿意把小事做细的人很少。我们必须改变心浮气躁、浅尝辄止的毛病，提倡注重细节、把小事做细。——卢瑞华

★细节在于观察，成功在于积累。——〔美国〕爱默生

★小事成就大事，细节成就完美。——〔美国〕戴维·帕卡德

★最值得畏惧的对手从来不关注你，只专注自己业务的每个细节。——〔美国〕亨利福特

★魔鬼在细节。——〔美国〕凡·法罗

★成大业若烹小鲜，做大事必重细节。——孔子

★我们的成功表明，我们的竞争者的管理层对下层的介入未能坚持下去，他们缺乏对细节的深层关注。——〔美国〕特纳

★我强调细节的重要性。如果你想经营出色，就必须使每一项最基本的工作都尽善尽美。——〔美国〕克洛克

★不放过细节。无视细节的企业，它的发展必定在粗糙的砾石中停滞。——〔日本〕松下幸之助

★一个企业家要有明确的经营理念和对细节无限的爱。——〔意大利〕布鲁诺·蒂茨

★奥秘全在细微处。——〔法国〕格茨·维尔纳

★在艺术的境界里，细节就是上帝。——〔意大利〕米开朗琪罗

★没有细节就不可能有艺术作品。真实的细节描写是塑造人物，达到典型化的重要手段。——李准

（三）金句

◆于细微处见精神，于细微处也见品德。

◆"不矜细行，终累大德。"各级干部要从我做起、从小事做起，带头坚守正道、弘扬正气，努力营造良好从政环境。

◆"群众利益无小事。"群众的一桩桩"小事"，是构成国家、集体"大事"的"细胞"，小的"细胞"健康，大的"肌体"才会充满生机与活力。

◆小事小节是一面镜子，能够反映人品，反映作风。小事小节中有党性，有原则，有人格。

◆小事当慎，小节当拘，确是对领导干部的金玉良言。

◆各级领导干部要注重加强自身修养，慎小事，拘小节，防微杜渐，两袖清风，筑牢思想道德和党纪国法两道防线。

（注：以上摘自习近平金句）

◆要坚持"精心、精细、精致"的工匠精神，把各项工作都抓具体、抓细致、抓扎实，做到干一件、成一件，件件是精品。

◆要以时不我待的紧迫感和责任意识，把全部心思向发展聚焦，把全部精力向一线聚焦，把全部状态向高效聚焦，把全部时间向实干聚焦，奋战每一天，打好每一仗，一抓到底、一干到底，做到最好、做到极致。

◆千丈之堤，以蝼蚁之穴溃；百尺之室，以突隙之烟焚。

◆补牢于亡羊之前，就不会亡羊；补短于打仗之前，就不会败仗。倘若对自己的问题视而不见，最终丢丑不说，这些问题和短板还很可能成为溃千丈之堤的蚁穴、焚百尺之室的突隙，在战场上就是薄弱的链条、致命的七寸，很可能成为造成"多米诺骨牌"效应的第一块骨牌。

◆一针不补，十针难缝。

◆专注细节，是要不断追求"好上加好"，努力达到至臻完美的境界。

◆涵养工匠精神，容不得浮躁，容不得唯利是图，容不得急功近利的"速成"，要学会耐得住寂寞，坐得住冷板凳，下得了苦功夫，生出一种宁静致远、潜心于事的定力。

◆"水滴汇成溪，稻穗集成束"，意思是说小水滴能汇集成溪流，稻穗能堆聚集成束。这句印度谚语和中国的成语"千里之行，始于足下"意思是相通的，都强调重视从小事做起。

◆"要让时针走得准，必须控制好秒针的运行。"军队管理者要注重培养"细节精神"，保持认真负责的工作态度，养成一丝不苟的良好习惯，营造精益求精的文化氛围，学会"一手拿着望远镜，一手拿着显微镜"。

◆古语有云，"致广大而尽精微"。"不忘初心、牢记使命"主题教育抓好落实，呼唤我们在思想认识上"致广大"、在担当干事上"尽精微"。

◆要多积尺寸之功。小事小节是一面镜子，小事小节中有党性、有原则、有人格。要牢记"堤溃蚁孔，气泄针芒"的古训，坚持从小事小节上加强修养，从一点一滴中完善自己，严以修身，正心明道，防微杜渐，时刻保持人民公仆本色。

◆"天下大事，必作于细。"任何大事都是由一个一个细小的环节组合而成，没有具体细节、小事的积累，就不会有大事的成功，正所谓"九层之台，起于累土；千里之行，始于足下""不积跬步，无以至千里；不积小流，无以成江海"。

◆要以精益求精的标准争创一流。树立质量意识、精品意识、工匠精神，谋划思路要精确、采取措施要精准、推进工作要精细，做到一年更比一年好。

◆精准要严字当头。没有规矩，不成方圆。精准施策首先要精准定规，哪些事能做，哪些事不能做；哪些事要马上做，哪些事要慢慢做；哪些事要统筹做，哪些事要专门做，这些都要做到心中有数、胸有成竹。

◆精准要聚焦问题。"问题是时代的声音，人心是最大的政治。"推进工作必须坚持问题导向，倾听人民呼声。要知道梨子的滋味就得亲口尝一尝，要摸清矛盾问题就"必须大兴调查研究之风"。

◆精准要注重实效。所谓实效，就是实实在在的效果、成效，是需要真抓实干、埋头苦干才能取得的，而不是虚报浮夸的数字、华而不实的"经验"、敲锣打鼓的"形式"。

◆于细微之处见精神，于细节之间显水平。

◆细节入手，拿出"按着葫芦抠籽"的劲头，一个细节一个细节地抠，坚持质量、进度、品质相统一，严把建设质量关、材料环保关、安全生产关。

◆要大事细办，以如履薄冰的谨慎态度，认真处理好每一个细节，防止因1%的疏忽而导致100%的失败。要轻事重办，不能因为小事而不为、事杂而乱为、事急而盲为、事难而怕为。

◆精细精准，不能习惯于"大概""可能"，满足于"差不多"

"还凑合"，做事要严肃认真，下足绣花功夫，坚持高标准、严要求，追求高质量、好效果。

◆古人云："勿轻小事，小隙沉舟；勿轻小物，小虫毒身。"西哲也有语云："雪崩时，没有一片雪花觉得自己有责任。"一个普通人的不良行为看似微不足道，但很多人的不良行为聚合到一起，就是一种歪风和祸患。

◆成大业若烹小鲜，做大事必重细节。

◆细节是一种创造，细节是一种功力，细节表现修养，细节体现艺术，细节隐藏机会，细节凝结效率，细节产生效益，细节是一种征兆。

◆要想比别人更优秀，只有在每一件小事上比功夫。

◆1％的错误会带来100％的失败。

◆细节体现艺术，也只有细节的表现力最强。

◆一个不经意的细节，往往能够反映出一个人深层次的修养。

◆永远向竞争对手学习，学习每一个先进的"细节"。

◆做事不贪大，做人不计小。

◆实际情况往往是这样的：想法是好的，但却没有人愿意和能够把每一件小事做透。

◆人生没有彩排，每一个细节都是现场直播。

◆注意细节其实是一种功夫，这种功夫是靠日积月累培养出来的。谈到日积月累，就不能不涉及习惯，因为人的行为都是受习惯影响的，在习惯中培养功夫、培养素质。

◆做企业，赢在细节，输在格局。

◆什么是不简单？把每一件简单的事情做好就是不简单；什么是不平凡？把每一件平凡的事情做好就是不平凡。

◆考虑到细节、注重细节的人，不仅认真对待工作，将小事做细，而且注重在做事的细节中找到机会，从而使自己走向成功之路。

◆性格决定命运，气度决定格局，细节决定成败，态度决定一切，思路决定出路，高度决定深度。

▶▶▶链接：小故事

1. 德国人煮鸡蛋的方法

一个中国人和德国人每天早上早餐都是一杯牛奶和一个鸡蛋，中国人把鸡蛋往锅里一放，然后出去洗漱或干点儿别的，等再回来鸡蛋就煮好了。但是德国人会用一个差不多刚好装得下一个鸡蛋的专门容器，下面焊一个托盘，然后加满水，1分钟水就开了，3分钟就关火。关火之后他们利用余热再煮三分钟，把鸡蛋煮到刚刚达到营养价值最高的状态。接下来用凉水泡三分钟，使这个鸡蛋很好打开。跟中国人相比，他们节约了4/5的水、2/3的热，同时还使鸡蛋达到了最佳的营养状态。

而且，在超市里，鸡蛋出售时会附赠一份说明书，进行宣传这种煮鸡蛋的方法。

同样的结果，不同的方式方法能够带来不一样的效果。故事里的德国人在煮鸡蛋的过程中摸索出一套非常经济实用的煮蛋程序和控制方法，并严格执行，结果每次用水、耗热最少，鸡蛋营养还最大。而中国人只求鸡蛋煮熟，没有注意观察并认真总结煮的学问，在煮的方式方法中较德国人有明显的"水"和"热"的浪费现象，并且破坏了鸡蛋的营养价值。

这个故事对我们有很大的启发，德国人煮鸡蛋的精打细算很值得我们学习。

2. 庖丁解牛

厨师给梁惠王宰牛，技术高超得令梁惠王很是惊讶，问他是怎样达到这样的水平：手所触及之处，肩膀所依靠之处，脚所踩到之处方，膝盖所顶之处，全都哗哗作响，进刀时豁豁地，没有不和音律的。

厨师回答梁惠王说，他靠的是精神，而不是靠眼睛与牛进行接触，19年杀牛的经历，他的刀刃仍然像刚从磨刀石上磨出来的一样锋利，他按照牛的身体本来的构建，用很薄的刀刃插入有空隙的骨节，一旦碰到筋骨交错很难下刀的地方，他就小心翼翼地提高注意力，动作缓慢下来，动起刀来非常轻。就是这样，豁啦一声，牛的骨和肉一下子就解开了。这个故事其实告诉我们的是一个道理，即做任何事都要心到、神到，如此才能达到登峰造极、出神入化的境界。

3. 注意细节的周总理

有一次在北京饭店举行涉外宴会，周恩来问工作人员："今晚的饺子是什么馅儿的？"一位工作人员答道："好像是三鲜馅吧！"周恩来马上严肃地追问："什么叫好像？究竟是还是不是？客人中如果有人对海鲜过敏，出了问题谁负责？"周恩来在外交中非常注重细节，索马里有语言却没有文字，官方用意大利文，当地的普通百姓却懂索马里语。周恩来访问索马里，在摩加迪沙的群众大会上发表讲话时，先翻译成英文，再翻译成意大利文，之后再翻译成索马里当地的语言。把小事做好，才能干成大事。尼克松总统曾这样评价周恩来总理：对于周恩来来说，任何大事都是从注意小事、注意细节入手的，他的所作所为都是围绕这一观点进行的。他既能亲自照料每棵树，也能够看到整片森林。

4. 细节见品质

东京一家贸易公司有一位小姐专门负责为客商购买车票。她常给德国一家大公司的商务经理购买来往于东京、大阪之间的火车票。不久，这位经理发现一件趣事，每次去大阪时，坐位总在右窗口，返回东京时又总在左窗边。经理询问小姐其中的缘故。小姐笑答道："车去大阪时，富士山在您右边；返回东京时，富士山已到了您的左边。我想外国人都喜欢富士山的壮丽景色，所以我替您买了不同的车票。"就是这种不起眼的细心事，使这位德国经理十分感动，促使他把对这家日本公司的贸易额由 400 万马克提高到 1200 万马克。他认为，在这样一个微不足道的小事上，这家公司的职员都能够想得这么周到，那么跟他们做生意还有什么不放心的呢？

5. 细节决定兴亡

古英格兰有一首著名的民谣："少了一枚铁钉，掉了一只马掌，掉了一只马掌，丢了一匹战马，丢了一匹战马，败了一场战役，败了一场战役，丢了一个国家。"这是发生在英国查理三世的故事。查理准备与里奇蒙德决一死战，查理让一个马夫去给自己的战马钉马掌，铁匠钉到第四个马掌时，差一个钉子，铁匠便偷偷敷衍了事，不久，查理和对方交上了火，大战中忽然一只马掌掉了，国王被掀翻在地，王国随之易主。

百分之一的错误导致了百分之百的失败，一钉损一马，一马失社稷，你是否听到一个远去的王朝风中的悲鸣——细节决定兴亡！

三、劝学之道

12. 学 习

（一）古诗词

1. 立身以立学为先，立学以读书为本。——宋，欧阳修《欧阳文忠公文集》

【释义】修养品行应以学习为首要任务，学习应以读书为根本。

2. 学而不思则罔，思而不学则殆。——春秋，《论语·为政》

【释义】只是学习，却不思考就会惘然无知；只是思考，却不学习，终究一无所得，徒使人精神疲惫。

3. 非学无以广才，非志无以成学。——三国，诸葛亮《诫子书》

【释义】如果不刻苦学习就不能增长自己的才干；如果没有坚定不移的意志就难以学有所成。

4. 吾生也有涯，而知也无涯。——战国，庄周《庄子·养生主》

【释义】人的生命是有限的，但知识是无限的。

5. 博学之，审问之，慎思之，明辨之，笃行之。——春秋至秦汉，《礼记·中庸》

【释义】广泛地学习各种知识，详细地向别人询问，缜密地进行思考，明确地分辨是非，踏踏实实地去践行。

6. 学而不化，非学也。——宋，杨万里《庸言》

【释义】学习却不能够融会贯通，不是有意义的学习。

7. 好学而不贰。——春秋，左丘明《左传·昭公十三年》

【释义】爱好学习而不三心二意。

8. 富贵必从勤苦得，男儿须读五车书。——唐，杜甫《柏学士茅屋》。

【释义】自古以来荣华富贵必定从勤苦中得到，有识之男应当如柏学士一样去博览群书，以求功名。

9. 知之者不如好之者，好之者不如乐之者。——春秋，《论语·雍也》

【释义】懂得学习的人不如喜爱学习的人，而喜爱学习的人不如以学习为乐的人。

10. 读书破万卷，下笔如有神。——唐，杜甫《奉赠韦左丞丈二十二韵》

【释义】博览群书，把书读透，这样落实到笔下，运用起来就会得心应手。

11. 书读百遍，其义自见。——晋，陈寿《三国志·魏志·董遇传》

【释义】读书上百遍，书意自然领会。

12. 腹有诗书气自华。——宋，苏轼《和董传留别》

【释义】比喻只要饱读诗书，学有所成，气质才华自然横溢，高雅光彩。

13. 子曰：吾尝终日不食，终夜不寝，以思，无益，不如学也。——春秋战国，《论语》

【释义】孔子说，我曾经整天不吃、整夜不睡地去思索，没有益处，还不如去学习。

（二）名言

★读书不要贪多，而是要多加思索，这样的读书使我获益不少。——〔法国〕卢梭

★书籍若不常翻阅，则等于木片。——〔英国〕莎士比亚

★书籍里珍藏着过去时代的灵魂。——〔苏格兰〕卡莱尔

★书籍是培植智慧的工具。——〔捷克〕考门斯基

★书籍是在时代的波涛中航行的思想之船，它小心翼翼地把珍贵的货物送给一代又一代。——〔英国〕培根

★生活里没有书籍，就好像没有阳光。——〔英国〕莎士比亚

★每一本书在我面前打开了一扇窗户，书籍是青年人不可分离的生命伴侣和导师。——〔苏联〕高尔基

★书籍是造就灵魂的工具。——〔法国〕雨果

★人离开了书，如同离开空气一样不能生活。——〔乌克兰〕科罗廖夫

★一个爱书的人，他必定不至于缺少一个忠实的朋友，一个良好的老师，一个可爱的伴侣，一个温情的安慰者。——〔美国〕

巴罗

★好书是伟大心灵的宝贵血脉。——〔英国〕弥尔顿

★不读书的人，思想就会停止。——〔法国〕狄德罗

★读一本好书，就是和许多高尚的人谈话。——〔法国〕笛卡儿

★我认为我身上的一切好东西，都是书籍所给予我的。——〔苏联〕高尔基

★热爱书吧！这是知识的泉源！——〔苏联〕高尔基

★好的书籍是最贵重的珍宝。——〔俄国〕别林斯基

★书籍是最有耐心、最能忍耐和最令人愉快的伙伴。在任何艰难困苦的时刻，它都不会抛弃你。——〔美国〕史美尔斯

★书籍就像一盏神灯，它照亮人们最遥远、最黯淡的生活道路。——〔苏联拉脱维亚〕乌皮特

★和书籍生活在一起，永远不会叹气。——〔法国〕罗曼·罗兰

★书是人类进步的阶梯。——〔苏联〕高尔基

★我读书奉行九个字，就是"读书好，好读书，读好书"。——冰心

★读书要四到：一是眼到，二是口到，三是心到，四是手到。——胡适

★读书是学习，摘抄是整理，写作是创造。——胡适

★我扑在书籍上，像饥饿的人扑在面包上一样。——〔苏联〕高尔基

★阅读是一项高尚的心智锻炼。——〔美国〕梭罗

★为中华崛起而读书。——周恩来

★喜欢读书，就等于把生活中寂寞的辰光换成巨大享受的时刻。——〔法国〕孟德斯鸠

★你的问题主要在于读书不多而想得太多。——杨绛

★饭可以一日不吃，觉可以一日不睡，书不可以一日不读。——毛泽东

★我一生最大的嗜好，除了革命之外就是读书。我一天不读书，就不能生活。——孙中山

★何为第一等事？当读书做圣贤耳。——王阳明

★读书欲精不欲博，用心欲专不欲杂。——〔爱尔兰〕培根

★三日不读书，便觉语言无味。——朱舜水

★和书籍生活在一起，永远不叹气。——〔法国〕罗曼·罗兰

★书籍是全世界的营养品，生活里没有书籍，就好像大地没有阳光，智慧里没有书籍，如鸟儿没有翅膀。——〔英国〕莎士比亚

★读书使人心明眼亮。——〔法国〕伏尔泰

★读一本好书是一种巨大的享乐。——〔苏联〕高尔基

★没有任何家具像书籍那样令人陶醉。——〔英国〕西德尼·史密斯

★情况是在不断地变化，要使自己的思想适应新的情况，就得学习。——毛泽东

★愈学习，愈发现自己无知。——〔法国〕笛卡儿

★学习这件事不在乎有没有人教你，最重要的是在于自己有没有觉悟和恒心。——〔英国〕法拉第

★青年是黄金时代，要学习、学习、再学习。——周恩来

★学习是终身职业。在学习的道路上，谁想停下来就要落伍。——钱伟长

★我认为努力学习直到生命的最后一刻是件美好的事。——〔法国〕卢梭

★学习之事，必须潜心研究，日积月累然后有所成就。——林语堂

★自学在一个人知识积累的过程中占有很重要的比重。——廖沫沙

★我们要像海绵一样吸收有用的知识。——〔苏联〕加里宁

★一个人对自己的无知认识得越清楚，他的学问就越大。——〔法国〕库萨尼古拉

★世界很大，但书最大，因为书让我们长大，让世界变小。——麦家

★一部经典的文学作品，往往兼具箴言、寓言和预言的特性，值得我们陪伴一生。——苏童

（三）金句

◆梦想从学习开始，事业靠本领成就。

◆中国共产党人依靠学习走到今天，也必然要依靠学习走向未来。

◆中国要永远做一个学习大国。

◆为学之要贵在勤奋、贵在钻研、贵在有恒。

◆学习上的落后，是最大的落后、最根本的落后。未来社会唯一可持续的竞争优势就是学习能力。

◆学史可以看成败、鉴得失、知兴替；学诗可以情飞扬、志高昂、人灵秀；学伦理可以知廉耻、懂荣辱、辨是非。

◆读书已成了我的一种生活方式。读书可以让人保持思想活力，让人得到智慧启发，让人滋养浩然之气。

◆要勤于学习、敏于求知，注重把所学知识内化于心，形成自己的见解，既要专攻博览，又要关心国家、关心人民、关心世界，学会担当社会责任。

◆"知之者不如好之者，好之者不如乐之者。"领导干部应该把学习作为一种追求、一种爱好、一种健康的生活方式，做到好学、乐学。有了学习的浓厚兴趣，就可以变"要我学"为"我要学"，变"学一阵"为"学一生"。

◆要坚持学而信、学而思、学而行，把学习成果转化为不可撼动的理想信念，转化为正确的世界观、人生观、价值观，用理想之光照亮奋斗之路，用信仰之力开创美好未来。

（注：以上摘自习近平金句）

◆当今世界，知识信息快速更新，学习稍有懈怠，就会落伍。有人说，每个人的世界都是一个圆，学习是半径，半径越大，拥有的世界就越广阔。

◆好书能够为人生"渡劫"，尤其是那些经典名著。

◆读历史，可以增加历史厚重感，从中发现规律、掌握规律。

品国学，可以从中华优秀传统文化中感悟前人修身、干事、为官的智慧和力量。

◆你的气质里，藏着你走过的路和读过的书。

◆过去我们讲，"书读百遍，其义自见"，但现在我觉得，书读百遍，不如实践，关键还是要注重向实践学习。

◆阅读是成本最低而又性价比最高的事情。它让我们开阔视野，生出智慧，智慧是永恒的财富，它引导人通向幸福与成功，而且永不匮乏。

◆书香长相伴，书卷气弥漫。书香之"香"，一定不是"胭脂飘香""文玩沉香"。

◆雨果说过："书籍是朋友，虽然没有热情，但是非常忠实。"

◆西方哲人培根讲过："读史使人明智，读诗使人灵秀，数学使人周密，自然哲学使人精邃，伦理使人庄重，逻辑修辞使人善辩。"

◆人之气质，由于天生，本难改变，惟读书则可以变其气质。

◆士人读书，第一要有志，第二要有识，第三要有恒。有志，则断不甘为下流。有识，则知学问无尽，不敢以一得自足；如河伯之观海，如井蛙之窥天，皆无见识也。有恒，则断无不成之事，此三者缺一不可。

◆世界著名钢琴家鲁宾斯坦有句名言："评价一座城市，主要看它拥有多少书店。"一个不爱读书的城市，必定是一个人文缺失的城市。

◆世上最幸福的事情莫过于读书，读书也是一种福利，党员干部要带头每月读一本书，举办一次讲座，使书香之气绕梁不绝、千年不散。

◆万般皆下品，唯有读书高。

◆读书是为了摆脱庸俗，与往圣先贤神交。

◆读书可以让人保持思想活力，让人得到智慧启发，让人滋养浩然之气。

◆读书致用倒还在其次，读书的至境在于养心，在于悟道，在于达到对人性的了悟与同情，达到对宇宙的洞察与皈依。

◆越是置身于官场是非之中，越是需要读书来涤虑养心。不管做多大的官，不读书便不过是一介俗吏。

◆书香轻拂沁心灵，诗行轻滑渗血液。青春时所读之书，垂暮时依然会回想，仿佛就在身边发生。

◆鸟欲高飞先振翅，人求上进先读书。

◆一个读书的女人，是优雅、特别的女人。腹有诗书气自华才是女人最吸引人的地方，是一辈子"青春永驻"的奥秘。

◆阅读是一种无形的精神训练，打开一本书，就好像打开一扇窗口，不仅可以开阔眼界，人的胸襟、气度和精神境界都会随之提升。

◆如果读书只是死记硬背、不会思考的人，知识掌握得再多，也是死板和僵化的。就像俗话说的，"抱着西瓜只说圆，捧着桂花只说香"，不过是一个书呆子而已。

◆涵养"书卷多情似故人，晨昏忧乐每相亲"的阅读气质，追寻"衣带渐宽终不悔，为伊消得人憔悴"的读书境界。

◆人本来是渺小的，但是因为他会读书、会思考，所以他才成为宇宙的精华、万物的灵长。

◆人不读书，则尘俗生其间。照镜子则面目可憎，对人则语言无味。

◆读书是投入最低、见效最快、效果最持久的一种方式。

◆读书多了，容颜自然改变。

◆当今时代，"知识老人"对勤奋读书的人一向慷慨无私，而对华而不实的人只给皮毛，对无所用心的懒汉更是一毛不拔。

◆一个人怎样才算养成了读书的癖好呢？即读书已经成为生活的基本需要，不读书就会感到欠缺和不安。

◆青少年时期是养成读书爱好的关键时期，一旦养成就终身受用，仿佛有了一个不会枯竭的快乐源泉，也有了一个不会背叛的忠实朋友。

◆在所有的书中，从最好的书开始读起，一直去读那些最好的书，当然就没有时间去读较差的书了。

◆真正的阅读必须有灵魂的参与。

◆腹有诗书气自华，最是书香能致远。胸中藏着诗书的人，自然而然也会与人不同，谈吐儒雅，气质非凡。

◆把学习当作自己的刚性需求、人生爱好和生活方式。

◆一个人若是无才，可以通过勤奋学习和实践弥补，学到手的本事不会自己跑掉；若是无德，方向跑偏了，越有才越危险，而且改造起来实属不易。

◆树立"不学习无以立"的意识，坚持向书本学习、向实践学习、向群众学习、向领导学习，边学边用，边用边学，在学习与工作的良性互动中不断增强本领，超越自我，不能把两者对立起来，搞成"两张皮"。

◆学历只能证明过去，学习才能成就未来。

◆要树立"没有终点，只有起点""只有学得精彩、才能干得出彩"的理念，以时不我待的精神投入学习、丰富知识、增长见识。

◆读原著、学原文、悟原理，是实打实、最有效的途径；原原本本学、反反复复学，如切如磋、如琢如磨是最管用的方法。

◆学贵有恒，学须崇实。

◆是学习，让中国共产党人掌握了马克思主义这一"看家本领"；是学习，不断形成并强化着我们党的"共同愿景"和"集体意志"；是学习，让我们党能够主动应对发展起来后不断出现的新情况、新问题。

◆理论学习是铸魂之基，是强能之要，是履职之需。对领导干部来讲，理论学习既是重大政治任务，也是重要政治责任，必须提高认识站位、强化行动自觉，主动抓紧跟上，自觉做到真学真研、真懂真信、真用真做。

◆在时间上跟进、视野上跟进、认识上跟进、情感上跟进，紧跟总书记思想脉搏和"脚步""足迹"，多思多想，变"要我学"为"我要学"，变"学一阵"为"学一生"。

◆砥砺"吾生也有涯，而知无涯"的学习态度，永葆"入山问樵，入水问渔"的求知精神，到改革发展的大海中去挑战"暗礁""旋涡""识水性"，一刻不停地提升本领。

◆仅仅学习知识是不够的，更多的应是学会如何学习。

◆一个党员干部如果不爱学习，思想就会缺少灵气，讲话就会缺少底气，行动就会缺少朝气，工作就会缺少锐气。

◆不学习，理想就是建立在沙滩上，经不住风浪的考验；不学习，就难以走出"今天复制昨天、今年复制去年"的怪圈；不学习，理智就会让位于快感，使人走向平庸和无聊。

◆要主动加强学习，走进新时代，不能"穿新鞋走老路"，进一步增强知识恐慌、本领恐慌的紧迫感，强化自主学习，有效提升改革创新、解决突出问题等各方面的综合素养。

◆学习是文明传承之途、人生成长之梯、政党巩固之基、国家兴盛之要。

◆学然后知不足。在求知中，涉猎越广，钻研越深，越能领会到世界之广大，学问之无边。

◆学者非必为仕，而仕者必为学。

◆少而好学，如日出之阳；壮而好学，如日中之光；老而好学，如秉烛之明。

◆人生任何问题都可以用成功来解决！成功的任何问题可以用成长来解决！成长的任何问题可以用学习来解决！学习的任何问题只有自己来解决！

◆未来比的不是你的学历、能力，而是你的学习力！开阔眼界，提升心界，才能拥有世界！阻碍你成功的最大障碍是你的内心世界！

◆妈妈们，不要再以带孩子为名，而放弃自己的学习和梦想！一个没有学习、没有成长的妈妈，何来智慧去引领孩子的未来？

◆能力不会从天上掉下来，领导干部要勤于学、敏于思，坚持博学之、审问之、慎思之、明辨之、笃行之，以学益智，以学修身，以学增才。

◆学习不仅是一种需要，更是一种责任。

◆掌上千秋史，胸中百万兵。

◆古语有云："玉不琢，不成器；人不学，不知义。"

◆革命导师马克思告诫我们："与其用华丽的外衣装饰自己，不如用知识武装自己。"知识不会自己钻进我们的头脑，能力不会一蹴而就，梦想不会一朝实现，成功的路径唯有学习。

◆知之真切笃实处即是行，行之明觉精察处即是知。

◆如果离开了具体的事物去做学问，就会成了空中楼阁。

◆学习的关键，端在"诚敬"二字。

◆学贵有恒，学须崇实。党员干部要坚持不懈、如饥似渴地学习党的创新理论，学习马克思主义中国化最新成果，强读强记、常学常新，往深里走、往实里走、往心里走。

◆要突出重点学，围绕加强党的政治建设的总体要求、基本途径、组织保障等重点内容，深刻领会贯穿其中的鲜明立场、观点、方法，不断增强政治认同，增进政治智慧。

◆把零星的时间"焊接"起来，以永不满足的态度去对待学习，不断用新知识充实自己、丰富自己，用知识的力量抵御精神的空虚、意志的消沉。

◆只有把学习作为一种追求、一种爱好、一种积极的生活方式，立足本职岗位，坚持向书本学、向实践学，甘于拜人民为师，不断提高业务素养，才能掌握"几把刷子"、成为行家里手。

◆刀不磨会生锈，人不学会落后。

◆关系是泥饭碗，易碎；学历是铁饭碗，易锈；能力是金饭碗，易升值。提高能力，拥有金饭碗，重在学习。

◆勤学如春起之苗，不见其增，日有所长；辍学如磨刀之石，不见其损，日有所亏。

◆学习上没有捷径可走，只有下笨功夫。

◆在这个知识爆炸的时代，科技进步日新月异，知识创新速度加快，如果不学习，知识就会很快老化，思想就会不断僵化，能力就会逐步退化。

◆我们都要牢固确立"学习为本""终身学习"的理念，把学习当成一种生活态度、一种精神追求、一种工作责任，孜孜不倦地学习，持之以恒地钻研，锲而不舍地探索，在追求学习中不断增强综合素质。

◆学习一定要坚持到底，学习的最大敌人，不是别人而是自己。

◆广学是一个人站得高的基础，深思是一个人看得深的源泉。年轻干部要树立善于学习就是善于进步的观念，把学习作为首要任务，心无旁骛、如饥似渴地求知问学，把成长的基石打深打牢。

◆只有把学习作为自己的刚性需求、人生爱好和生活方式，坚持在学中干、在干中学，才能真正干在实处、走在前列。

◆要树立终生学习的理念，把学习内化为一种自觉追求、一种内在需要、一种时代责任、一种兴趣爱好，活到老、学到老、改造到老，做到以学润德、以学增智、以学创业，实现自我净化、自我完善、自我革新、自我提高。

◆与其花费大量时间去结交别人，不如下功夫去提升自己。

◆毛泽东对人说："三天不学习，赶不上刘少奇。"而刘少奇则说："一天不用功，赶不上毛泽东。"

◆一个人的存量知识很重要，但更重要的是要有学习能力，因为任何的存量知识，都是我们用来调动其他未知知识的一种黏着物。

▶▶▶**链接：小故事**

1. 嗜书如命的毛泽东

毛泽东的读书习惯在青少年时期开始养成，他一生与书、与图书馆结下不解之缘。在毛泽东身上，读万卷书与行万里路总是紧紧结合在一起，这成为毛泽东一步步成长，直到成为伟人必不可少的条件。可以说，是读书和实践哺育了毛泽东的成长，同时养育了他的豪气。

毛主席一生特别爱读书。他青年时期曾在繁华的马路旁、昏暗的路灯下看书，甚至躲在厕所里看书。新中国成立后，他总是挤出时间来读书，在他的住所里，床上、办公桌上、休息间里，甚至卫生间里都放着书，一有空闲他就看书。

每当沉浸在书中的时候，毛主席就忘了吃饭，工作人员催促他，他总是笑着说："还有一点儿，看完再吃。"在游泳下水之前热身的几分钟里，有时他还要看几句名人的诗词。游泳上来后，他顾不上休息，就又捧起了书本。连上厕所的几分钟时间，他也从不浪费掉。

从行军打仗到新中国成立后去外地出差，毛主席都带着一大堆书。途中列车震荡颠簸，他全然不顾，阅读不辍。到了外地，同在北京一样，床上、办公桌上、茶几上、饭桌上都摆放着书，一有空闲他就看起来。有一年夏天，他出差到武汉。在大"火炉"里，他每天晚上坚持看书，汗水不断地顺着脸颊往下淌。他风趣地对工作人员说："读书学习也要付出一定的代价，流下汗水，才能学到知识！"

毛主席晚年虽重病在身，但仍不忘阅读。一次，他发烧到39度多，医生不准他看书。他难过地说："我一辈子爱读书，现在你们不让我看书，叫我躺在这里，整天就是吃饭、睡觉，你们不知道我是多么难受啊！"工作人员不得已，只好把拿走的书又放在他身边，他这才高兴地笑了。1975年，他的眼睛做手术后，视力有所恢复，又开始了大量阅读，有时竟然一天读上十几个小时，甚至躺在床上量血压时仍手不释卷。据毛主席身边的护士说，直到逝世前，他都在读书。

2. 日积月累

我国晋代大诗人陶渊明辞去彭泽县令退居田园后过着自耕自种、饮酒赋诗的恬淡的生活。相传，一天，有个少年前来向他求教，说："陶先生，我十分敬佩你渊博的学识，很想知道你少年时读书的妙法，敬请传授，晚辈不胜感激。"

陶渊明听后，大笑道："天下哪里有学习妙法？只有笨法，全靠下苦功夫，勤学则进，辍学则退！"

陶渊明见少年并不懂他的意思，便拉着他的手来到种的稻田旁，指着一根苗说："你蹲在这儿，仔细看看，告诉我它是否在长高。"

那少年遵嘱注视了很久，仍不见禾苗往上长，便站起来对陶渊明说："没见长啊！"

陶渊明反问到："真的没见长吗？那么，矮小的禾苗是怎样变得这么高的呢？"

陶渊明见少年低头不语，便进一步引导说："其实，它时刻都在生长，只是我们肉眼看不到罢了。读书学习也是一样的道理，知识是一点一滴积累的，有时连自己也不易觉察到，但只要勤学不辍，就会积少成多。"

接着，陶渊明又指着溪边的一块磨刀石问少年："那块磨刀石为何像马鞍一样是凹面的呢？""那是磨成这样的。"少年随口答道。

"那它究竟是哪一天磨成这样的呢？"

少年摇摇头。

陶渊明说："这是我们大家天天在上面磨刀、磨镰，日积月累，年复一年，才成为这样的，学习也是如此，如果不坚持读书，每天都会有所亏欠啊！"

少年恍然大悟，连忙又向陶渊明行了个大礼说："多谢先生指教，学生再也不去求什么妙法了，请先生为我留几句话，我当时时刻刻记在心上。"

陶渊明欣然提笔写道：勤学如春起之苗，不见其增，日有所长；辍学如磨刀之石，不见其损，日有所亏。

3. 以辣驱寒为读书

鲁迅先生少年时，在江南水师学堂读书，第一学期成绩优异，学校奖给他一枚金质奖章。他立即拿到南京鼓楼街头卖掉，然后买了几本书，又买了一串红辣椒。每当晚上寒冷时，夜读难耐，他便摘下一颗辣椒，放在嘴里嚼着，直辣得额头冒汗。他就用这种办法驱寒坚持读书。由于苦读书，后来终于成为我国著名的文学家。

4. 孟母之教

孟子年幼时，他的母亲非常注重对他的教育。有一次，孟子由于贪玩而没有上学，他母亲知道后，非常生气，当即拿起剪刀，割断正在织布的织线。

孟子孝敬母亲，看到母亲如此生气，既害怕又难过。孟母看到儿子有悔改之意，就语重心长地对儿子说：你废弃学业像我剪断布线，一个人要专心读书，才会有知识，如果现在不用功读书，将来就一事无成。

从此以后，孟子发奋苦读，终于成为大学者。

5. 不在年高

春秋时代，晋国的国君平公有一天对一个名叫师旷的著名乐师说："我已经是70岁的人了，再想学习恐怕太晚了吧？"

师旷是一个聪明人，他故意问："晚了，那为什么不赶快把蜡烛点起来？"

晋平公认为师旷很不礼貌，生气地说："我跟你讲正经事，你怎么能开玩笑？"

师旷就认真地对他说："我听人家说过，少年时期就刻苦好学的人，好像早晨的太阳，前途无量；壮年时期开始刻苦学习的人，好像是烈日当空，虽然只有半天，可是锐气正盛；老年时期才开始刻苦学习的人，好像是蜡烛的光，虽然远远比不上太阳，但是比在黑暗中瞎碰乱撞，可要好上多少倍啊！"

晋平公听了，连连点头称是。

6. 凿壁偷光

匡衡勤奋好学，但家中没有蜡烛照明。邻家有灯烛，但光亮照不到他家，匡衡就把墙壁凿了一个洞引来邻家的光亮，让光亮照在书上来读。同乡有个大户人家叫文不识的，是个有钱的人，家中有很多书。匡衡就到他家去做雇工，又不要报酬。主人感到很奇怪，问他为什么这样，他说："我希望能得到你家的书，通读一遍。"主人听了，深为感叹，就把书借给他读。后来匡衡成了大学问家。

7. 成功人士的爱好

有一个小老板，有次被朋友带去和一个大老板吃饭。他谁也不认识，也没指望能在饭局插上话。

席间，大老板偶然讲起了胡雪岩，在座的人都一脸懵，只有这个小老板接了话茬，和大老板相谈甚欢。原来小老板平时喜欢读书，尤其喜欢读名人传记。

当晚，大、小老板谈成了一笔大生意。之后，大老板也给了小老板很多帮助。现在小老板的生意已经不小了。

投资界元老查理·芒格说过："我这辈子遇到的聪明人没有一个不是每天读书的，没有，一个都没有。"

如芒格所言，各行各业的杰出人士很多都是读书爱好者。马云、王石、任正非，都能从书中提炼出各自独有的智慧。比如，任正非最爱读曾国藩，还自创出一套有效的企业、员工管理办法。又如董卿所说："你在读书上花的每一分钟，都会给自己带来回报。"

13. 思 考

（一）古诗词

1. 业精于勤，荒于嬉；行成于思，毁于随。——唐，韩愈《进学解》

【释义】学业因勤奋而精进，因嬉戏散漫而荒废；德行由于深思反省而日渐有成，因放任自流而败坏。

2. 三思而后行。——春秋，《论语·公冶长》

【释义】凡事都要再三思考而后行动。

3. 学而不思则罔，思而不学则殆。——春秋，《论语十则》

【释义】学习而不思考，人会被知识的表象所蒙蔽；思考而不学习，则会因为疑惑而一无所得。

4. 为学之道，必本与思。思则得之，不思则不得也。——宋，晁说之《晁氏客语》

【释义】正确的学习方法，必须以思想为根本，思考了才能得到真知，不思考就得不到真知。

5. 不深思则不能造于道，不深思而得者，其得易失。——宋，

程颐《河南程氏遗书卷二十五》

【释义】不深思就不能领悟"道"的境界，不经过深思，即使有得，也容易失去。

6. 思则睿，睿则圣。——宋，周敦颐《通书思》

【释义】思考就能聪慧，聪慧就能成为圣明的人。

7. 图之于未萌，虑之于未有。——唐，柳泽《旧唐书·柳亨传》

【释义】在祸患没有萌发之前就预先提防，在灾祸没有到来之时就未雨绸缪。

8. 旧书不厌百回读，熟读精思子自知。——宋，苏轼《送安敦秀才失解西归》

【释义】一本书可以不厌其烦地读上好多遍，读的遍数多了，深入思考了，自然了解书中的意思。

9. 读书之法，在循序而渐进，熟读而精思。——宋，朱熹《读书之要》

【释义】读书的方法就是要慢慢来、一点一点进行。多读几遍，遇到问题多思考。

（二）名言

★思考是人类最大的乐趣。——〔德国〕布莱希特

★我的成就，应当归功于有力的思索。——〔英国〕牛顿

★学习知识要善于思考、思考、再思考，我就是靠这个学习方法成为科学家的。——〔美国〕爱因斯坦

★独立思考能力，对于从事科学研究或其他任何工作，都是十分必要的。——华罗庚

★不下决心培养思考的人，便失去了生活中的最大乐趣。——〔法国〕法郎士

★一个能思考的人，才真是一个力量无穷的人。——〔法国〕巴尔扎克

★读书不思考，等于吃饭而不消化。——〔德国〕波尔克

★要提倡独立思考。——卢嘉锡

★一个人年轻的时候不学会思索，他将一无所获。——〔美国〕爱迪生

★人是为思索而降生。所以人一刻也不能不思索。——〔法国〕巴斯卡

★读书是易事，思索是难事，但两者缺一，便全无用处。——〔美国〕富兰克林

★不会思想的人是白痴，不肯思想的人是懒汉，不敢思想的人是奴才。——〔德国〕尼采

★书读得越多而不假思索，你就会觉得你知道得很多；而当你读书而思考得越多的时候，你会越清楚地看到，你知道得还很少。——〔苏联〕伏尔泰

★思考可以构成一座桥，让我们通向新知识。——〔德国〕普郎克

★仔细考虑一天，胜过蛮干十年。——〔法国〕雨果

★思考时，必须对思考的对象发生"兴趣"，不断刺激它，并且

要持之久远不懈怠。——〔德国〕叔本华

★我们可以由读书搜集知识，但必须利用思考把糠和麦子分开。——富斯德

★冷静思考的能力，是一切智慧的开端，是一切善良的源泉。——〔奥地利〕弗洛伊德

★学习必须和思考交替进行。一天到晚读书，却不注意消化，这种学习，效率是不会高的。——秦牧

★思索的时间长，笔尖上便能滴出血和泪来。——老舍

★思索吧，思索能引人入胜。——〔俄罗斯〕车尔尼雪夫斯基

★读书只能供给知识的材料，如要融会贯通，应靠思考之力。——〔英国〕洛克

★一分钟的思考抵得过一小时的唠叨。——〔英国〕托马斯·胡德

★阴险的友谊虽然允许你得到一些微不足道的小惠，却要剥夺你的珍宝——独立思考和对真理纯洁的爱！——〔俄国〕别林斯基

★读书使人充实，思考使人深邃，交谈使人清醒。——〔美国〕富兰克林

★沉思就是劳动，思考就是行动。——〔法国〕雨果

★世上最艰难的工作是什么？思想。凡是值得思想的事情，没有不是人思考过的；我们必须做的只是试图重新加以思考而已。——〔德国〕歌德

★积极思考造成积极人生，消极思考造成消极人生。——佚名

★人生最终的价值在于觉醒和思考的能力，而不只在于生

存。——〔古希腊〕亚里士多德

★世上有两种力量：利剑和思想；从长而论，利剑总是败在思想手下。——〔法国〕拿破仑

★习惯支配着那些不善于思考的人们——〔英国〕华兹华斯

★善于思考的人思想急速转变，不会思考的人晕头转向。——〔苏联〕克柳夫斯基

★人不过是芦苇，性质极脆丽，但人是能思考的芦苇。——佚名

★别让你的舌头抢先于你的思考。——〔古希腊〕德谟克里特

★独立思考和独立判断的一般能力，应当始终放在首位。——〔美国〕爱因斯坦

★人生最终的价值在于觉醒和思考的，而不只在于生存。——〔古希腊〕亚里士多德

★善辩的天赋是一种把智者仅仅思考的思想说出的才能。——〔英国〕哈代

（三）金句

◆青年时期是培养和训练科学思维方法和思维能力的关键时期，无论在学校还是在社会，都要把学习同思考、观察同思考、实践同思考紧密结合起来。

◆改革开放以来，我们党开始以全新的角度思考国家治理体系问题，强调领导制度、组织制度问题更带有根本性、全局性、稳定性和长期性。

◆既勤学书本知识，又多学课外知识，还要勤于思考，多想想，多问问，这样就能培养自己的创造精神。

◆读书要用"巧力"，读得巧，读得实，读得深，懂得取舍，注重思考，不做书呆子。

◆能不能多一点学习、多一点思考，少一点无谓的应酬、少一点形式主义的东西，这也是转变工作作风的重要内容。

◆正所谓"学而不思则罔，思而不学则殆"。你脑子里装着问题了，想解决问题了，想把问题解决好了，就会去学习，就会自觉去学习。

◆"为学之道，必本于思。""不深思则不能造于道，不深思而得者，其得易失。"

◆要善于思考，深入发掘好材料的内涵，梳理和阐发好材料中蕴含的隽永的精神和深刻的道理，运用丰富的新闻语言、形式、方法、技巧创作出精品力作来。

◆要加强宏观思考和顶层设计，更加注重改革的系统性、整体性、协同性，同时也要继续鼓励大胆试验、大胆突破，不断把改革开放引向深入。

◆要学会思考、善于分析、正确抉择，做到稳重自持、从容自信、坚定自励。

（注：以上摘自习近平金句）

◆人生最终的价值在于觉醒和思考的能力，而不只在于生存。

◆冲动是魔鬼。三思而后行。

◆"远飞者当换其新羽，善筑者先清其旧基。"善于思考的人不仅会用好自己的大脑，还会很好地利用外脑丰富大脑，认真汲取他人的、现实的和历史的经验，善于向书本学习，向实践学习，向群众学习，做到理论精通、知识融通、信息贯通，集中民意、集思广益，从而丰富自己的智慧，掌握干事创业的过硬本领，实现自我迭代升华。

◆岁月的沧桑和温暖、命运的坎坷与幸运，构成了生活。如何才能让理想成为一种生活方式？英国哲学家史蒂文斯的话给我以启发："思考当下并感知空间。"

◆"思考是勤奋的一部分，人最大的懒惰是思想懒惰。"身处这个时代，有太多声音萦绕耳边。要在花繁柳茂中拨开、雨骤风狂里站定，不仅需要"独上高楼，望尽天涯路"的眼界，也需要"衣带渐宽终不悔，为伊消得人憔悴"的思考。

◆想法决定做法，做法决定活法。你与高手之间，差的只是思维方式的不同。

◆面对同一个世界，同一个问题，你我思考的角度不同，采取的反应不同，最终的结果，也大相径庭。

◆书本理论是高尚的。第一代学者吸收了周围的世界进行思考，用自己的心灵重新进行安排，再把它表现出来。进去时是生活，出来时是真理；进去时是瞬息的行为，出来时是永恒的思想；进去时是活生生的思想。

◆只有努力学习，才能取得好成绩；只有勤于思考，才能发现大自然的奥秘；只有学会感恩，才能受到他人欢迎。

◆敏于观察，勤于思考，善于综合，勇于创新。

◆智慧不是你平时耍耍小聪明，智慧是一个人善于观察和发现、勤于动脑去思考的结晶。

◆政客考虑下一次选举，政治家思虑下一个时代。

◆只有乐于敢于改变自我，才能创造性地进行思考。

◆思想能使万物变成有用的东西。

◆一个能思想的人，才真正是一个力量无边的人。

◆有头脑的人应当事先看清事情的结果，然后才去做那件事。

◆最好在行动前先思考，不要行动后才考虑。

▶▶▶链接：小故事

1. 学会换位思考

古希腊哲学导师柏拉图的三个弟子曾求教老师，怎样才能找到理想的伴侣。苏格拉底没有直接回答，却带徒弟们来到一片麦田，让他们在麦田行进过程中，每人选摘一支最大的麦穗，不能走回头路，且只能摘一支。其中两个弟子一个刚走几步便摘了自认为是最大的麦穗，结果发现后面还有更大的；第二个弟子一直左顾右盼，东挑西拣，一直到了终点才发现，前面几个最大的麦穗已经错过了。第三个弟子吸取前两位教训，当他走了1/3时，即分出大、中、小三类麦穗，再走1/3时验证是否正确，等到最后1/3时，他选择了属于大类中的一支美丽的麦穗。

关于这个理论有太多的结论和评论。其实，从麦穗理论里面我们更应该学会思考，学会换位思考。当我们手握麦穗在麦田里寻找下一个更大的麦穗时，难道我们不也是别人手中的麦穗？我们也被某个人攥在手里，站在麦陇上，左顾右盼，那双寻找幸福的眼睛，迷失在一片金黄之中，唯恐自己失去了最大的麦穗，到最后，只有仓促采摘。

2．电梯里的凳子

小区里，有很多骑电瓶车上下班的住户。平时，一些电瓶车车主图方便，常把电瓶车推进电梯带上楼，可这么一来，一到上下班高峰时，电梯里就挤得不成样子，也产生了安全隐患。一些住户实在看不惯，就向小区物业服务中心投诉，物业接到举报后，也曾劝说那些电瓶车车主，可有些人非但不理，还无理取闹、我行我素，问题没有得到解决。几天后，住户们坐电梯时发现，电梯正对门的那面墙上加装了一排长凳，凳子并不宽，也就三十多厘米，但这样一来，电瓶车就无法卡进电梯了。这下，上下楼的住户们累了可以坐在凳子上歇歇脚，同时，困扰物业很长时间的老大难问题也得到彻底解决。有时多用一点智慧，可以少费一些口舌。

3．灯的摆动

伽利略1564年生于意大利的比萨城，就在著名的比萨斜塔旁边。他的父亲是个破产贵族。当伽利略来到人世时，他的家庭已经很穷了。17岁那一年，伽利略考进了比萨大学。在大学里，伽利略不仅努力学习，而且喜欢向老师提出问题。哪怕是人们司空见惯、习以为常的一些现象，他也要打破砂锅问到底，弄个一清二楚。

有一次，他站在比萨的天主教堂里，眼睛盯着天花板，一动也不动。他在干什么呢？原来，他用右手按左手的脉搏，看着天花板上来回摇摆的灯。他发现，这灯的摆动虽然是越来越弱，以至每一次摆动的距离渐渐缩短，但是，每一次摇摆需要的时间却是一样的。于是，伽利略做了一个适当长度的摆锤，测量了脉搏的速度和均匀度。从这里，他找到了摆的规律。钟就是根据他发现的这个规律制造出来的。

4．瞎子打灯笼

一个盲人到亲戚家做客，天黑后，他的亲戚好心为他点了个灯笼，说："天晚了，路黑，你打个灯笼回家吧！"盲人火冒三丈地说："你明明知道我是瞎子，还给我打个灯笼照路，不是嘲笑我吗？"

他的亲戚说："你犯了局限思考的错误了。你在路上走，许多人也在路上走，你打着灯笼，别人可以看到你，就不会把你撞到了。"

盲人一想，对呀！故事告诫我们，局限思考是从自己的角度思考，整体思考是你把自己放到整个环境中去考虑。系统地思考问题，就会发现，你的行为会对别人产生互动。

5. 水漩涡的启发

就拿洗澡来说，是一件非常普通的事情。洗完澡，把浴缸的塞子一拔，水哗哗地流走……然而，美国麻省理工学院机械工程系的系主任谢皮罗教授，却敏锐地注意到：每次放掉洗澡水时，水的漩涡总是向左旋的，也就是逆时针的！这是为什么呢？谢皮罗紧紧抓住这个问号不放。他设计了一个碟形容器，里面灌满水，每当拔掉碟底的塞子，碟里的水也总是形成逆时针旋转的漩涡。这证明放洗澡水时漩涡朝左并非偶然，而是一种有规律的现象。1962年，谢皮罗发表了论文，认为这漩涡与地球自转有关。如果地球停止自转的话，拔掉澡盆的塞子，不会产生漩涡。由于地球不停地自西向东旋转，而美国处于北半球，便使洗澡水朝逆时针方向旋转。谢皮罗认为，北半球的台风都是逆时针方向旋转，其道理与洗澡水的漩涡是一样的。他断言，如果在南半球则恰好相反，洗澡水将按顺时针形成漩涡；在赤道，则不会形成漩涡！谢皮罗的论文发表之后，引起各国科学家的莫大兴趣，纷纷在各地进行实验，结果证明谢皮罗的论断完全正确。谢皮罗教授从洗澡水的漩涡，联想到地球的自转问题，再联想到台风的方向问题，并做出了合乎逻辑的推理，这正是他目光敏锐、善于思索的体现。

14. 惜 时

（一）古诗词

1. 劝君莫惜金缕衣，劝君惜取少年时。——唐，杜秋娘《金缕衣》

【释义】我劝你不要顾惜华贵的金缕衣，我劝你一定要珍惜青春少年时光。

2. 一寸光阴一寸金，寸金难买寸光阴。——明，《增广贤文》

【释义】一寸光阴和一寸长的黄金一样昂贵，而一寸长的黄金却难以买到一寸光阴。

3. 莫等闲，白了少年头，空悲切。——宋，岳飞《满江红·写怀》

【释义】莫虚度年华白了少年头，只有独自悔恨悲悲切切。

4. 少壮不努力，老大徒伤悲。——汉，佚名《汉乐府·长歌行》

【释义】年轻力壮的时候不奋发图强，到了老年再悲伤也没用了。

5. 子在川上曰："逝者如斯夫，不舍昼夜。"——春秋，《论语·子罕》

【释义】形容时间像流水一样不停地流逝，一去不复返，感慨人生世事变化之快，亦有惜时之意在其中。

6. 三更灯火五更鸡，正是男儿读书时。黑发不知勤学早，白首方悔读书迟。——唐，颜真卿《劝学》

【释义】勤奋学习的人在三更半夜时还在工作、学习，三更时灯还亮着，熄灯躺下稍稍歇息不久，五更的鸡叫就又起床忙碌了。年轻时不知道勤奋学习，年老时读书就晚了。

7. 盛年不重来，一日难再晨。及时当勉励，岁月不待人。——魏晋，陶渊明《杂诗》

【释义】精力充沛的年岁不会再重新来过，就像一天之中只能有一个早晨。年纪正轻的时候，要勉励自己及时努力。否则，岁月一去不回，它是不会停下来等人的。

8. 花有重开日，人无再少年。——宋，陈著《续侄溥赏酴醿劝酒二首·其一》

【释义】花有重开的时候，人不能返回到少年时代，指应珍惜少年时代。

9. 少年辛苦终身事，莫向光阴惰寸功。——唐，杜荀鹤《题弟侄堂》

【释义】年轻时勤奋努力必将终身受益，岁月匆匆，切莫懒惰，虚度光阴。

10. 明日复明日，明日何其多。——明，钱福《明日歌》

【释义】明天又一个明天，明天何等的多。劝勉了世人要珍惜当下，不要随意浪费时间。

11. 夕阳无限好，只是近黄昏。——唐，李商隐《乐游原/登乐游原》

【释义】夕阳啊无限美好，只不过已是黄昏。

12. 少年易老学难成，一寸光阴不可轻。——宋，朱熹《劝学诗/偶成》

【释义】青春的日子十分容易逝去，学问却很难获得成功，所以每一寸光阴都要珍惜，不能轻易放过。

（二）名言

★最浪费不起的是时间。——〔瑞典〕丁肇中

★余平生所做文章，多乃在三上：马上、枕上、厕上也。——欧阳修

◆岁月不居，时节如流。——孔融

★时间，就像海绵里的水，只要愿意挤，总还是有的。——鲁迅

★浪费了时间就是牺牲了生命。——李大钊

★一万年太久，只争朝夕。——毛泽东

★时间就是金钱，效率就是生命。——袁庚

★不教一日闲过。——齐白石

★任何一种对时间的点滴浪费，都无异于一种慢性自杀。——茅以升

★快快开始生活吧！要把每一天当作一生来度过。——〔古罗马〕赛涅卡

★不要懒懒散散地虚度生命。——〔德国〕贝多芬

★永远不要把你今天可以做的事情留到明天做。拖延是偷光阴的贼。抓住他吧！——〔英国〕狄更斯

★最聪明的人是最不愿意浪费时间的人。——〔意大利〕但丁

★浪费别人的时间是谋财害命，浪费自己的时间则是慢性自杀。——鲁迅

★别把时间消磨在你的梳妆上了。——〔印度〕泰戈尔

★别浪费时间，因为生命是用时间铸成的。——〔美国〕富兰克林

★我荒废了时间，时间便把我荒废了！——〔英国〕莎士比亚

★时间是由分秒积成的，善于利用零星时间的人，才会做出更大的成绩来。——华罗庚

★世界上最快而又最慢，最长而又最短，最平凡而又最珍贵，最容易被忽视而又最令人后悔的就是时间。——〔苏联〕高尔基

★用"分"来计算时间的人，比用"时"计算时间的人，时间多五十九倍。——〔俄罗斯〕雷巴科夫

★明天是勤劳最危险的敌人。任何时候都不要把今天应该完成的某一部分工作拖到明天。——〔前苏联〕苏霍姆林斯基

★赢得时间的人就是赢得了一切。——〔英国〕迪斯累里

★谁虚度年华，青春就要褪色，生命就会抛弃他们。——〔法国〕雨果

★一个"今天"胜过两个"明天"。——〔美国〕富兰克林

★时间应分配得精密，使每年、每月、每天和每小时都有它的特殊任务。——〔捷克〕夸美纽斯

★抛弃时间的人，时间也抛弃他。——〔英国〕莎士比亚

★岁月无情不等人。——〔美国〕马克·吐温

★没有比时间更容易虚掷、更值得珍惜的事，倘若没有时间，我们在世上将一事无成。——〔俄罗斯〕门捷列夫

（三）金句

◆时间不等人！历史不等人！时间属于奋进者！历史属于奋进者！为了实现中华民族伟大复兴的中国梦，我们必须同时间赛跑、同历史并进。

◆一个领导干部，在位的时间是有限的，在一个地方工作的时间更有限。我们每一个领导干部都要以"只争朝夕"的精神，倍加珍惜在位的时间，充分利用这有限的时间，多为群众办实事、办好事。

◆省下点时间，多读点书，多思考点问题，油腻的食物少吃一点，对身体还有好处。

◆广大青年抓学习，既要惜时如金、孜孜不倦，下一番心无旁骛、静谧自怡的功夫，又要突出主干、择其精要，努力做到又博又专、愈博愈专。

◆中华民族有着5000多年的文明历史，在几千年的历史进程中为人类文明进步作出了不可磨灭的贡献。但是，近代以后，中华民族被各种内忧外患耽误的时间太久了，因此中国人民始终有着超乎

寻常的紧迫感、时代感。

（注：以上摘自习近平金句）

◆以"今天再晚也是早，明天再早也是晚""三步并作两步走、一年干成两年活""按下快进键，挂上高速档"的奔跑姿态和拼搏精神，克服了一个又一个困难，战胜了一个又一个挑战，取得了一个又一个胜利。

◆对未来最大的慷慨，是把一切献给现在。

◆时间是最伟大的书写者。岁月不居，时节如流。

◆时间是忠实的见证者，一分耕耘，必有一分收获。

◆不为昨天的事后悔，不为明天的事担忧，好好地活在今天。

◆后悔昨天，其实是对自己的一种残忍，你也许没有注意到，在你后悔的时候，今天的美好时光正悄悄地从你身边溜走。

◆世上最快而又最慢、最长而又最短、最平凡而又最珍贵、最容易被人忽视而又最令人后悔的，就是时间。我们的光阴足够蹚路，却不够浪费。把握不住现在，就会像鲁迅说的："因为失掉了现在，也就没有了未来。"

◆"一万年太久，只争朝夕。"事业只有干出来的精彩，没有等出来的辉煌。激发"时不我待、只争朝夕"的紧迫感，方能争分夺秒、一往无前；提振"一日不为、三日不安"的责任心，方能马不停蹄、乘风破浪。

◆一日无二晨，时间不重临。如期实现这一宏伟目标，时间紧迫、责任重大，使命在肩、刻不容缓，不能有任何喘口气、歇歇脚的念头，不能有打好一仗就一劳永逸的想法。

◆哲人有言："记住吧，只有一个时间是最重要的，那就是现在！它所以重要，就是因为它是我们有所作为的时间。"

◆只争朝夕，才能抓住机遇；争分夺秒，方能赢得未来。

◆时光如白驹过隙，却总能在特殊的年份镌刻永恒。

◆人们常说，永远跑不赢的是时间。的确如此，但是如果你改变参照物，就会有机会获胜。如果你把时间作为对手，永远都没有胜算；如果你把"别人的时间"作为参照物，则会很容易超越。

◆我们无法改变过去，但可以改变现在，我们无法预知明天，但可以把握今天。

◆时间是最公平的裁判，如果你认真生活，时间一定给你奖赏；如果你浑浑噩噩地度日，总有一天你会发现，自己的理想早已化为泡影，消散不见。

◆历史的画卷，应是在时不我待的砥砺中铺展；精彩的华章，当是在只争朝夕的实干中书写。

◆新时代是紧锣密鼓干出来的，不是慢慢悠悠等出来的。只有时不我待，才能"让时间成为积极的存在"；唯有只争朝夕，才能让"诗和远方"更加可期。

◆希望青年朋友们珍惜似水年华，以梦为马、砥砺前行，吾尽吾心、不负韶光，真诚地祝愿你们走在青春里、遍地花开好，阅尽千帆后、归来心不老。

◆珍惜时光，不负韶华，用汗涔涔的奋斗轨迹去换取沉甸甸的工作业绩。

◆时间从来都像贼，不经意间偷走你所有在意的，最好的办法就是跟着这个贼走，且行且珍惜。

◆有钱难买少年时，失落光阴无处寻。

◆守财奴说金钱是命根，勤奋者看时间是生命。

◆流水源泉千年在，光阴一去不回来。

◆永远珍惜时间的人才能得到财富。

◆长江一去无回浪，人老何曾再少年。

◆最珍贵的财富是时间，最大的浪费是虚度流年。

◆记得少年骑竹马，转身便是白头翁。

◆时间抓起来就是黄金，抓不起来就是流水。

◆花开按时令，读书趁年轻。

◆百岁光阴如捻指，人生七十古来稀。

◆自来水是压出来的，时间是挤出来的。

◆你热爱生命吗？那么别浪费时间，因为时间是组成生命的材料。

◆人生最大的幸福，莫过于连一分钟都无法休息。

◆得到时间就是得到一切。

◆零碎的时间实在可以成就大事业。

◆你若需要时间，还得自己把它造出来。

◆时间是一笔贷款，即使再守信用的借贷者也还不起。

◆对时间的价值没有深切认识的人，绝不会坚韧勤勉。

◆时间乃是万物中最宝贵的东西，但如果浪费了，那就是最大的浪费。

◆对活者的人来说，是没有明天的；死了的人则没有今天。

◆人若是把一生的光阴虚度，便是抛下黄金未买一物。

◆时间就是性命，无端地空耗别人的时间，其实无异于谋财害命。

◆黄金时代是在我们的前面，而不在我们的后面。

◆向今天献出自己的人，没有哪一个昨天是给浪费掉的。

◆庸人费心将是消磨时光，能人费尽心计利用时间。

◆时间一点一滴凋谢，犹如蜡烛漫漫燃尽。

◆我总是感觉到时间的巨轮在我背后奔驰，日益迫近。

◆在今天和明天之间，有一段很长的时间；趁你还有精神的时候，学习迅速办事。

▶▶▶链接：小故事

1. "三余"读书

三国时，有个名叫董遇的人，是个大学者，常常有读书人来请教他。他常说，书读百遍，其义自见；要多多利用"三余"时间来读书。什么是"三余"呢？"三余"就是三种空闲时间。冬天，没有多少农活，这是一年里的空闲时间；夜间，不便下地劳动，这是一天里的空闲时间；雨天，不方便下地干活，也是一种空闲时间。后人用"三余"泛指空闲时间，多用来指读书，有珍惜时间的意思。

2. 爱迪生高效办事

爱迪生一生只上过三个月的小学，他的学问是靠母亲的教导和自修得来的。他的成功，应该归功于母亲自小对他的谅解与耐心地教导，才使原来被人认为是低能儿的爱迪生，长大后成为举世闻名的"发明大王"。爱迪生从小就对很多事物感到好奇，而且喜欢亲自去试验一下，直到明白了其中的道理为止。长大以后，他就根据自己这方面的兴趣，一心一意做研究和发明的工作。他在新泽西州建立了一个实验室，一生共发明了电灯、电报机、留声机、电影机、磁力析矿机、压碎机等等总计两千余种东西。爱迪生的强烈研究精神，使他对改进人类的生活方式，作出了重大的贡献。

"浪费，最大的浪费莫过于浪费时间了。"爱迪生常对助手说。"人生太短暂了，要多想办法，用极少的时间办更多的事情。"一天，爱迪生在实验室里工作，他递给助手一个没上灯口的空玻璃灯泡，说："你量量灯泡的容量。"他又低头工作了。过了好半天，他问："容量多少？"他没听见回答，转头看见助手拿着软尺在测量灯泡的周长、斜度，并拿了测得的数字，伏在桌上计算。他说："时间，时间，怎么费那么多的时间呢？"爱迪生走过来，拿起那个空灯泡，向里面斟满了水，交给助手，说："里面的水倒在量杯里，马上告诉我它的容量。"助手立刻读出了数字。爱迪生说："这是多么容易的测量方法啊，它又准确，又节省时间，你怎么想不到呢？还去算，那岂不是白白地浪费时间吗？"助手的脸红了。爱迪生喃喃地说："人生太短暂了，太短暂了，要节省时间，多做事情啊！"

3. 三年不窥园——董仲舒

董仲舒专心攻读，孜孜不倦。他的书房后虽然有一个花园，但他专心致志读书学习，三年时间没有进园观赏一眼，董仲舒如此专心致志地钻研学问，使他成为西汉著名的思想家。

4. 鲁迅惜时

鲁迅的成功，有一个重要的秘诀，就是珍惜时间。鲁迅十二岁在绍兴城读私塾的时候，父亲正患着重病，两个弟弟年纪尚幼，鲁迅不仅经常上当铺，跑药店，还得帮助母亲做家务。为免影响学业，他必须作好精确的时间安排。此后，鲁迅几乎每天都在挤时间。他说过："时间，就像海绵里的水，只要你挤，总是有的。"鲁迅读书的兴趣十分广泛，又喜欢写作，他对于民间艺术，特别是传说、绘画，也深切爱好。正因为他广泛涉猎，多方面学习，所以时间对他来说，实在非常重要。他一生多病，工作条件和生活环境都不好，但他每天都要工作到深夜才肯罢休。

因此，鲁迅最讨厌那些成天东家跑跑，西家坐坐，说长道短的人，在他忙于工作的时候，如果有人来找他聊天或闲扯，即使是很要好的朋友，他也会毫不客气地对人家说："唉，你又来了，就没有别的事做吗？"

5. 富兰克林规划时间

美国政治家、科学家富兰克林为自己制订了一张作息时间表。五点起床，规划一天事务，并自问："我这一天要做什么事？"上午八点至十一点，下午二点至五点，工作；中午十二点至一点，阅读，吃午饭；晚六点至九点，用晚饭，娱乐，考查一天的工作，并自问："我今天做了什么事？"朋友劝富兰克林说："天天如此，是不是过于辛苦……""你热爱生命吗？"富兰克林摆摆手，打断朋友的话说："那么别浪费时间，因为时间是组成生命的材料。"

15. 专　注

（一）古诗词

1. 学贵专，不以泛滥为贤。——宋，程颐《为家君作试汉州学策问》

【释义】学习贵在专一，不能把到处涉猎当作高明之举。

2. 不广求，故得；不杂学，故明。——隋，王通《中说·魏相》

【释义】不贪多务广，所以就能有收获；不混杂着学习，所以就能心明眼亮。说明学习不能贪多，不能杂混。

3. 读书不觉已春深，一寸光阴一寸金。——唐，王贞白《白鹿洞二首·其一》

【释义】专心读书，不知不觉春天过完了，每一寸时间就像一寸黄金珍贵。

4. 无专精则不能成，无涉猎则不能通也。——清，梁启超《读书分月课程》

【释义】读书不专心精读一门就不能成就，不博览群书就不能旁通。

5. 夫道不欲杂，杂则多，多则扰，扰则忧，忧而不救。——战国，庄子《庄子·人间世》

【释义】推行大道是不宜掺杂的，杂乱了就会事绪繁多，事绪繁多就会心生扰乱，心生扰乱就会产生忧患，忧患多了也就自身难保。

6. 曾经沧海难为水，除却巫山不是云。——唐，元稹《离思五首》

【释义】曾经领略过苍茫的大海，就觉得别处的水相形见绌；曾经领略过巫山的云霭，就觉得别处的云黯然失色。后世多用来形容对某件事情或事物的专心致志。

7. 使弈秋诲二人弈，其一人专心致志，唯弈秋之为听；一人虽听之，一心以为有鸿鹄将至，思援弓缴而射之——先秦，《孟子·告子》

【释义】弈秋教两名学生下棋。其中一个学生专心致志听从弈秋的教诲。另一个学生，虽然也在听讲，但心里却想着天鹅即将飞来，想着如何牵引弓箭把它射下。

8. 阳明子曰："学贵专。"先生曰："然。予少而好弈，食忘味，寝忘寐，目无改观，耳无改听，盖一年而诎乡之人，三年而国中莫有予当者，学贵专哉！"——明，王阳明《送宗伯乔白岩序》

【释义】阳明先生说："学贵专。"乔先生说："对。我少年时喜欢下棋，于是食不知味，睡不着觉，眼睛不看别的，耳朵不听别的，由此而在一年内压倒全城的人，三年中国内没有可以和我对抗的，学果真是贵专的啊！"

(二) 名言

★与其花许多时间和精力去凿许多浅井，不如花同样的时间和

精力去凿一口深井。——〔法国〕罗曼·罗兰

★学习如果想有成效，就必须专心。——谷超豪

★人要有专注的东西，人一辈子走下去挑战会更多，你天天换，我就怕了你。——马云

★性痴，则其志凝；故书痴者文必工，艺痴者技必良。世之落拓而无成者，皆自谓不痴者也。——蒲松龄

★一个人做事不专，这样弄一点，那样弄一点，既要翻译，又要作小说，还要作批评，并且也要作诗，这怎么弄得好呢？——鲁迅

★只要专注于某一项事业，那就一定会做出使自己吃惊的成绩来。——〔美国〕马克·吐温

★读书欲精不欲博，用心欲专不欲杂。——〔爱尔兰〕培根

★一个高中文科的学生，与其囫囵吞枣或走马观花地读二部诗集，不如仔仔细细地背诵三百首诗。——朱自清

★学会"专注"，要静得下心、沉得住气，坐得了冷板凳，努力从人类社会一切文明成果中汲取营养和力量。——周其凤

★目标实现，第一要专注，第二要重复。——陈安之

★聪明人会把凡是分散精力的要求置之度外，只专心致志地去学一门，学一门就要把它学好。——〔德国〕歌德

★加紧学习，抓住中心，宁精勿杂，宁专勿多。——周恩来

★精通一科，神须专注，行有余力，乃可他顾。——董必武

★读书不必求多，而要求精。这是历来读书人的共同经验。——邓拓

★专注、热爱、全心贯注于你所期望的事物上，必有收获。——〔美国〕爱默生

★任凭怎样脆弱的人，只要把全部的精力倾注在唯一的目的上，必能使之有所成就。——〔古罗马〕西塞罗

★惟有专心致志，把心力集中在学问上，才能事半功倍。——蔡元培

★玩耍的时候，尽情玩耍；工作的时候，不要儿戏。——〔美国〕西奥多·罗斯福

★科学是非常爱妒忌的，科学只把最高的恩典赐给专心致志地献身于科学的人。——〔德国〕费尔巴哈

★必须记住，我们学习的时间是有限的，我们应该力求把我们所有的时间用去做有益的事情。——〔英国〕斯宾塞

★把专注力集中在你要达成的目标上，而非你所恐惧的事情上。——〔美国〕安东尼·罗宾

★把你的精力集中到一个焦点上试试，就像透镜一样。——〔法国〕法布尔

★把所有的精力都集中在实现一定的目标上，除此之外，没有什么能让你的人生充满力量。——〔美国〕尼杜·库比恩

★力量的秘密在于专注。——〔美国〕爱默生

（三）金句

◆要沉下心来干工作，心无旁骛钻业务，干一行、爱一行、精一行。

◆大家要安下心来，心无旁骛、专心致志地看书学习，深入进行研讨。

◆党和国家要把抓好扶贫开发工作作为重大任务，贫困地区各级领导干部更要心无旁骛、聚精会神抓好这项工作，团结带领广大群众通过顽强奋斗早日改变面貌。

◆巡视工作聚焦全面从严治党，发现问题、形成震慑，倒逼改革、促进发展，发挥了尖兵和利剑作用。

◆聚焦、聚神、聚力抓落实，做到紧之又紧、细之又细、实之又实。

（注：以上摘自习近平金句）

◆工贵其久，业贵其专。

◆心无旁骛，才能行稳致远。

◆人生中最重要的事情是专心致志，全神贯注于正在做的事情。

◆每天专注于做某一件事情，每天做一个小小的、简单的改变，每天进步一点点，就绝对可以转变你的人生品质。

◆只要你持续一贯地专注于一件事情，将自己百分之百投入进去，每天做一些改善，就会收到奇效。

◆"蚓无爪牙之利，筋骨之强，上食埃土，下饮黄泉，用心一也。"走好新时代的长征路，我们必须坚守初心、保持定力，脚踏实地、埋头苦干。

◆在实践中培养专业精神、丰富专业知识、提高专业能力，坚持干什么学什么、缺什么补什么、做什么钻什么，有针对性弥补精神软肋、知识弱项、能力短板、经验盲区，才能使自己真正成为专家。

◆广度之外，同样需要深度。书不多，反能精读以致"韦编三绝"；诱惑少，所以心无旁骛不断钻研。将有限的注意力资源用到最有效的地方，才会有"铁杵磨成针"的成就。

◆守住匠心，意味着要对所选择的行业秉持赤子之心，摒弃浮躁，静心沉淀，把工匠精神融入生产的每一个环节，用专注淬炼出卓越品质，用心血浇灌出匠心情怀，把精湛的技艺转化为现实生产力。

◆"不一则不专，不专则不能。"让我们多一些专心致志，少一些心浮气躁；多一些持之以恒，少一些朝三暮四；多一些善始善终，少一些虎头蛇尾。

◆行业千万种，从业者至少都应该有一颗基本的"匠心"。这颗匠心，不仅是对规律的尊重，对创造的敬畏，更是一种一丝不苟、追求卓越的精神。

◆个人水平的高低、事业成就的大小，并非取决于"场屋驰声二十年"之类的熬资历、求美誉，而是要看"确曾拨断几条弦"的功力积淀。只有专心、专注、专一，静心沉潜、久久为功，才能把事业做到极致，才能让生命更加充盈。

◆要弘扬工匠精神，干一行爱一行、钻一行精一行，矢志创新、精益求精、追求完美，自觉做到多学习、多思考、多钻研，才能根深叶茂。

◆"只有更好，没有最好"，工匠精神，是一种高标准的职业素养，是一种追求卓越的专业态度，是优良制造的魂之所在。

◆人生不在于做多少事，而在于把重要的事专注做，用心做，做到极致。

◆伟人之所以伟大，成功者之所以成功，是因为他们把全部力量都集中在了一个点上。

◆你的天赋才能与世界需求交叉的地方，那就是你的使命所在，那里有你的热情，你的心声。

◆花苞很多，都不开的话，就要剪掉一些，让它专注开一朵花。很像人，一定要放弃掉一些，让自己最珍惜的东西得以绽放。

◆专注是做事成功的关键，是健康心灵的特质。

◆最弱的人，集中其精力于单一目标，也能有所成就；反之，最强的人，分心于太多事务，可能一无所成。

◆一个人对一件事情只有专注投入才会带来乐趣。对于一件事情无论你过去对它有什么成见，觉得它多么枯燥，一旦你专注投入进去，它立刻就变得活生生起来！而一个人最美丽的状态就是进入这种状态。

◆如果你专注于你想要的，如果你认知你所拥有的都是过去的一个创造物，而可以轻易地改变，你的未来可以是你选择的任何样子。

◆复杂的事情要简单做。简单的事情要认真做。认真的事情要重复做。重复的事情要创造性地做。

◆学会"专注"，要静得下心、沉得住气，坐得了冷板凳，努力从人类社会一切文明成果中汲取营养和力量。

◆专注、专心、专一的工作态度，精准、精致、精心的工作意识。

▶▶▶链接：小故事

1. 专注一件事

有一次，数学家陈景润在走路时撞到树上，非但没察觉到自己走错了路，反倒以为是撞着别人了，一连说了几声："对不起，对不起!"后来抬头一看，原来是一棵大树，不由地会心一笑。原来，他正全神贯注地思考着数学问题。陈景润在数学领域研究效率高，取得巨大成功，与他出色的注意品质紧密相关。

2. 错把手表当鸡蛋煮

牛顿把手表当鸡蛋煮。牛顿的天赋并没有明显的超人之处，然而他学习特别勤奋，学习和研究都专心致志，简直到了入迷的地步。他常常一连几个星期都留在实验室里，直到实验完成。有一次，他迷着搞实验，竟把手表当鸡蛋放到锅里去煮。又有一次，牛顿的朋友来看他，他把饭菜摆到桌上后，又一头钻进了实验室。这个朋友等得不耐烦了，就先吃起来，吃过后没有告辞就走了。牛顿做完实验后出来，一看桌上的盘碟，自言自语地笑着说："我还以为没吃饭呢，原来已经吃过了!"说着又走进实验室去了。

3. 细节与专注

在荷兰，有一个刚初中毕业的青年农民，来到一个小镇，找到了一份替镇政府看门的工作。他在这个门卫的岗位上一直工作了60多年，他一生没有离开过这个小镇，也没有再换过工作。也许是工作太清闲，他又太年轻，他得打发时间。他选择了又费时又费工的打磨镜片当自己的业余爱好。就这样。他磨呀磨，一磨就是60年。他是那样的专注和细致，锲而不舍，他的技术已经超过专业技师了，他磨出的复合镜片的放大倍数，比他们的都要高。借着他研磨的镜片，他终于发现了当时科技尚未知晓的另一个广阔的世界——微生物世界。

从此，他声名大振，只有初中文化的他，被授予了在他看来是高深莫测的巴黎科学院院士的头衔，就连英国女王都到小镇拜会过他。创造这个奇迹的小人物，就是科学史上鼎鼎大名的、活了90岁的荷兰科学家万·列文虎。

4. 专注的小姑娘

波兰有个叫玛妮雅的小姑娘，学习非常专心。不管周围怎么吵闹，都分散不了她的注意力。一次，玛妮雅在做功课，她姐姐和同学在她面前唱歌、跳舞、做游戏。玛妮雅就像没看见一样，在一旁专心地看书。姐姐和同学想试探她一下。她们悄悄地在玛妮雅身后搭起几张凳子，只要玛妮雅一动，凳子就会倒下来。时间一分一秒地过去了，玛妮雅读完了一本书，凳子仍然竖在那儿。从此姐姐和同学再也不逗她了，而且像玛妮雅一样专心读书，认真学习。玛妮雅长大以后，成为一个伟大的科学家。她就是居里夫人。

5. "棋童杯"赛冠军

俱乐部正在进行围棋比赛，一位教练被观众中的一个儿童所吸引——这个小孩在棋盘旁整整站了一上午，注意力高度集中，目不转睛地盯着棋盘。看来，孩子入迷了。

第二天，这个小孩又来了，又专心致志地看了一上午。一个孩子有这样好的注意品质，确实难能可贵，一个好苗子被教练发现了。6岁的上海儿童常昊就这样被招收进了围棋队。3年后，常昊获全国"棋童杯"赛冠军；还曾在被让四子的情况下，战胜过日本棋圣。常昊之所以有这样的进步，原因之一就是因为他的注意力高度集中和长时间稳定。

四、为政之道

16. 爱 国

（一）古诗词

1. 一心中国梦，万古下泉诗。——宋，郑思肖《德祐二年岁旦二首》

【释义】一心一意，甚至在梦中，也想着大宋的统一、复兴，即使命归九泉，也留下诗篇，表达永远爱国的赤心。

2. 苟利国家生死以，岂因祸福避趋之。——清，林则徐《赴戍登程口占示家人》

【释义】只要对国家有利，即使牺牲自己的生命也心甘情愿，怎么能因为有福祉就追求，有祸患就避开呢？

3. 愿得此身长报国，何须生入玉门关。——唐，戴叔伦《塞上曲》

【释义】作为子民我愿以此身终生报效国家，大丈夫建功立业何须活着返回家园。

4. 位卑未敢忘忧国。——宋，陆游《病起书怀》

【释义】虽然官位卑微，我却从未忘记忧国忧民的责任。

5. 先天下之忧而忧，后天下之乐而乐。——宋，范仲淹《岳阳楼记》

【释义】在天下人忧虑之前忧劳国事，在天下人乐享太平之后才享受生活。

6. 捐躯赴国难，视死忽如归。——三国，曹植《白马篇》

【释义】抱着为国家正义而死的决心去奔赴困难，把死亡看得像回家一样。表现了一种为国捐躯、视死如归的爱国精神和崇高思想。

7. 报国之心，死而后已。——宋·苏轼《杭州召还乞郡状》

【释义】报效祖国的决心终身不变，直至生命结束。

8. 僵卧孤村不自哀，尚思为国戍轮台。——宋，陆游《十一月四日风雨大作》

【释义】我直挺挺躺在孤寂荒凉的乡村里，没有为自己的处境感到悲凉，心中还想着替国家防卫边疆。

9. 一寸丹心图报国，两行清泪为思亲。——明，于谦《立春日感怀》

【释义】把所有的心思都扑在了报效国家上，常常流出思念亲人的泪水。

（二）名言

★爱国主义永远是可敬的，永远是高贵的。它有权昂起头来，傲视世界各国，毫无愧色。——〔美国〕马克·吐温

★人不仅为自己而生，也为祖国活着。——〔古希腊〕柏拉图

★为国家效死，死重于泰山。我死则国生，我生则国死，生死之间，在乎自择！——孙中山

★死多么美啊，当我们为了祖国，为了祖国的自由而献出了自己！——〔古巴〕何塞·马蒂

★爱国是文明人的首要美德。——〔法国〕拿破仑

★我们要把心灵美丽的激情献给祖国。——〔俄国〕普希金

★我们不是希望培养出有道德的人吗？让我们从激发他们的爱国心开始。——〔法国〕卢梭

★人类最高的道德是什么？那就是爱国心。——〔法国〕拿破仑

★别问国家能为你做些什么，先问问你自己能为国家做什么。——〔美国〕肯尼迪

★我唯一的遗憾是，我只有一个生命奉献给祖国。——〔美国〕内森·黑尔

★祖国是人民的共同父母。——〔古罗马〕西塞罗

★凡是不爱自己国家的人，什么都不会爱。——〔英国〕拜伦

★国家是大家的，爱国是每个人的本分。——陶行知

★祖国更重于生命，是我们的母亲，我们的土地。——〔智利〕聂鲁达

★祖国，我永远忠于你，为你献身，用我的琴声永远为你歌唱和战斗。——〔波兰〕肖邦

★履行对于祖国的天职，这是人最神圣的东西。——〔前苏联〕苏霍姆林斯基

★千百万个家庭，就是千百万条细根，从这里滋润着一颗永恒的大树，它的名字叫祖国。——〔前苏联〕苏霍姆林斯基

★为国捐躯，虽死犹荣。——〔古希腊〕荷马

★爱祖国高于一切。——〔波兰〕肖邦

★假如我还能生存，那我生存一天就要为中国呼喊一天。——方志敏

★我不是为了钱，而是为了祖国的荣誉在跑。——王军霞

★为什么我的眼里常含泪水？因为我对这土地爱得深沉。——艾青

★为了抉择真理，为了国家民族，我要回国去！——华罗庚

★与其忍辱生，毋宁报国死。——何香凝

★祖国如有难，汝应作前锋。——陈毅

★一个人只要热爱自己的祖国，有一颗爱国之心，就什么事情都能解决，什么苦楚、什么冤屈都受得了。——冰心

★爱国主义就是千百年来固定下来地对自己祖国的一种最深厚的感情。——〔苏联〕列宁

★一个没有祖国的人，像一个没有家的孩子，永远都是孤独的。——〔新加坡〕尤金

（三）金句

◆爱国主义是中华民族的民族心、民族魂。

◆爱国，是人世间最深层、最持久的情感，是一个人立德之源、

立功之本。

◆祖国的命运和党的命运、社会主义的命运是密不可分的。只有坚持爱国和爱党、爱社会主义相统一，爱国主义才是鲜活的、真实的。

◆爱国主义始终是把中华民族坚强团结在一起的精神力量，改革创新始终是鞭策我们在改革开放中与时俱进的精神力量。

◆只要高举爱国主义的伟大旗帜，中国人民和中华民族就能在改造中国、改造世界的拼搏中迸发出排山倒海的历史伟力！

（注：以上摘自习近平金句）

◆爱国主义精神是凝心聚力的兴国之魂、强国之魂。

◆一寸赤心惟报国。

◆闲居非吾志，甘心赴国忧。

◆报国行赴难，古来皆共然。

◆以国家之务为己任。

◆大丈夫处世，当扫除天下，安事一室乎。

◆爱国之心实为一国之命脉。

◆乡愁是一湾浅浅的海峡，我在这头，大陆在那头。

◆每个人应该遵守生之法则，把个人的命运联系在民族的命运上，将个人的生存放在群体的生存里。

◆虚荣的人注视着自己的名字，光荣的人注视着祖国的事业。

◆爱国主义始终是把中华民族坚强团结在一起的精神力量。

◆我们对祖国的义务永远都不会终结，直至我们的生命尽头。

◆爱国是最深沉的情感，奋斗就是最长情的告白。所有为国家、为民族躬身奋斗的身影，组合起来就是人世间的最美画卷。

◆爱国，是人世间最深层、最持久的感情，是一个人立德之源、立功之本。

◆五四运动，孕育了以爱国、进步、民主、科学为主要内容的伟大五四精神，其核心是爱国主义。

◆对每一个中国人来说，爱国是本分，也是职责，是心之所系、情之所归。对新时代中国青年来说，热爱祖国是立身之本、成才之基。

◆亲爱的祖国，感谢您的哺育与呵护，让我们可以，在这火红绽放的年代，尽情阅数广袤无垠的风景，恣意谱写欢歌笑语的乐章，幸福寻找人生岁月的美丽。

◆热爱祖国，这是一种最纯洁、最敏锐、最高尚、最强烈、最温柔、最有情、最温存、最严酷的感情。一个真正热爱祖国的人，在各个方面都是一个真正的人。

◆祖国的山对我们总是有情的。我们对它们每唱一首歌，它们都总是作出同样响亮而又热情的回响。

◆为祖国而死，那是最美的命运！

▶▶▶链接：小故事

1. 爱国英雄杨靖宇

杨靖宇 21 岁参加革命，1940 初，他被日军围困，身负重伤，啃不动树皮，只能将棉衣里的棉花和着冰雪吞下去充饥。日军劝降不成，便放乱枪，年仅 35 岁的杨靖宇壮烈牺牲。残忍的日军剖开他的遗体，当看到他的胃里只有野草和棉絮时，这些被杨靖宇带领的抗日联军弄得焦头烂额的侵略者全呆住了。在冰天雪地的长白山密林中，支撑着杨靖宇与敌人战斗的力量是对祖国的一腔热爱之情。

2. 华罗庚回国

数学家华罗庚早年在美国很受学术界器重。有人想和他签订合同，把他留在美国，给予优厚的待遇，但当他得知新中国成立的消息后，立即决定回国。途经香港时，他发表了一封给留美学生的公开信，满怀热情地呼吁他们："为了国家民族，我们应当回去！"

3. 吉鸿昌：我是中国人

1931年9月21日，吉鸿昌将军被蒋介石逼迫下野，到国外"考察实业"。船到美国，吉鸿昌就接二连三地遭到意想不到的刺激，如那里的头等旅馆不接待中国人，对日本人却奉若神明。有一次，吉鸿昌要往国内邮寄衣物，邮局职员竟说世界上已经不存在中国了，吉鸿昌异常愤怒，刚要发作，陪同的使馆参赞劝道："你为什么不说自己是日本人呢？只要说自己是日本人就可受到礼遇。"吉鸿昌当即怒斥："你觉得当中国人丢脸吗，可我觉得当中国人光荣！"为抗议帝国主义者对中国人的歧视，维护民族尊严，他找来一块木牌，用英文仔细地在上面写上："I am a Chinese!（我是一个中国人!）"并将其挂在胸前，走在美国的大街上，让每个人都能看到。

4. 屈原为爱国而投汨罗江

战国时代，楚秦争夺霸权，诗人屈原很受楚王器重，然而屈原的主张遭到上官大夫靳尚为首的守旧派的反对，不断在楚怀王的面前诋毁屈原，楚怀王渐渐疏远了屈原，有着远大抱负的屈原倍感痛心，他怀着难以抑制的忧郁悲愤，写出了《离骚》《天向》等不朽诗篇。

公元前229年，秦国攻占了楚国八座城池，接着又派使臣请楚怀王去秦国议和。屈原看破了秦王的阴谋，冒死进宫陈述利害，楚怀王不但不听，反而将屈原逐出郢都。楚怀王如期赴会，一到秦国就被囚禁起来，楚怀王悔恨交加，忧郁成疾，三年后客死于秦国。楚顷衰王即位不久，秦王又派兵攻打楚国，顷衰王仓惶撤离京城，秦兵攻占郢城。屈原在流放途中，接连听到楚怀王客死和郢城被攻破的噩耗后，万念俱灰，仰天长叹一声，投入了滚滚激流的汩罗江。

江上的渔夫和岸上的百姓听说屈原大夫投江自尽，都纷纷来到江上，奋力打捞屈原的尸体，又拿来了粽子、鸡蛋投入江中，有郎中还把雄黄酒倒入江中，以便药昏蛟龙水兽，使屈原大夫的尸体免遭伤害。从此，每年五月初一——屈原投江殉难日，楚国人民都到江上划龙舟，投粽子，以此来纪念伟大的爱国诗人，端午节的风俗就这样流传下来。

5. 爱国华侨陈嘉庚

1874年10月21日，陈嘉庚诞生在福建同安区集美镇的一个普通商人家庭。他早年随父去南洋经营工商业，先后开办了30多个工厂，100多个商店，垦殖了橡胶和菠萝园10000多英亩，雇佣职工达到几万人，可谓家资万贯，但身居海外的他却念念不忘祖国。

早在青年时期，陈嘉庚就决心献身报国，救民于水火。1910年，他加入同盟会，剪去长辫，置身于辛亥革命的浪潮中。他先后为孙中山的革命活动募捐20多万元。辛亥革命失败后，陈嘉庚认为只有提高国民素质，才能挽救劳苦大众于水火，因此他大力兴办教育。他在家乡集美陆续办起中小学、师范、商业、水产、航海、农业等许多学校。1921年，他又创办了厦门大学，这是当时福建省唯一的大学。仅1921年到1937年这16年中，他就负担了厦门大学的开办费和经营费达400万元。他逝世前在国内存款共300多万元，全部捐献给国家，用作发展教育事业。他一生为教育事业捐献的钱有相当一部分是在他经济困难的时候资助的，当他办的公司已经被迫停业的情况下，他仍向银行借款，来维持学校的生存。毛泽东曾赞誉他是"华侨旗帜、民族光辉"。

6. 民族英雄文天祥

南宋民族英雄文天祥，兵败被俘，坐了三年土牢，多次严词拒绝了敌人的劝降。一天，元世祖忽必烈亲自来到土牢里劝降，许以丞相之职，他毫不动摇，反而斩钉截铁地说："唯有以死报国，我一无所求！"

临刑前，监斩官凑近说："文将军，你现在改变主意，不但可免一死，还依然可当丞相。"文天祥怒喝道："死就死，还说什么鬼话！"于是，文天祥面向南方，慷慨就义了。文天祥生前，留下一首扣人心弦的《正气歌》。

17. 敬　民

（一）古诗词

1. 天地之大，黎元为先。——唐，房玄龄《晋宣帝总论》

【释义】天地虽然广袤无垠，只有黎民百姓才是国家的根本。

2. 安得广厦千万间，大庇天下寒士俱欢颜。——唐，杜甫《茅屋为秋风所破歌》

【释义】如何能得到千万间宽敞高大的房子，普遍地遮护天下贫寒的读书人，让他们开颜欢笑！

3. 衙斋卧听萧萧竹，疑是民间疾苦声。些小吾曹州县吏，一枝一叶总关情。——清，郑燮《潍县署中画竹呈年伯包大中丞括》

【释义】在一个凄风冷雨的夜晚，我在县衙书斋内休息，听见窗外风吹竹之声，我立即联想到百姓啼饥号寒的疾苦。我们只是小小的州县官，百姓的冷暖安危时刻牵动着我们的心。

4. 心中为念农桑苦，耳里如闻饥冻声。——唐，白居易《新制绫袄成感而有咏》

【释义】心里难忘农民耕种苦，好像听到饥民受冻不绝声。

5. 但愿苍生俱饱暖，不辞辛苦出山林。——明，于谦《咏煤炭》

【释义】只是希望天下人，都能吃饱又穿暖。不辞辛劳与艰苦，走出荒僻之山林。

6. 一官来此几经春，不愧苍天不负民。——明，胡守安《任满谒城隍》

【释义】在一个地方做官能有几年时间，就应该不辜负苍天和百姓。

7. 德莫高于爱民，行莫贱于害民。——春秋，晏婴《晏子春秋》

【释义】没有比爱护百姓更高尚的品德，没有比祸害百姓更卑贱的行为。

8. 民惟邦本，本固邦宁。——先秦，《尚书·五子之歌》

【释义】人民才是国家的根基，根基牢固，国家才能安定。

9. 治国有常，而利民为本。——战国，文子《淮南子·氾论训》

【释义】治国有常规，而以利民为根本。

10. 利民之事，丝发必兴；厉民之事，毫末必去。——清，万斯大《周官辨非》

【释义】圣人治理天下所用之道，凡是于民有利的事情，再小也要推行；于民有害的事，再小也必须革除。

11. 民之所好好之，民之所恶恶之。——春秋末年，曾子《礼记·大学》。

【释义】老百姓所喜欢的就大力提倡、发扬，老百姓所厌恶的就予以抵制、杜绝，这才是老百姓的父母官应该做的。

12. 治政之要在于安民，安民之道在于察其疾苦。——明，张居正《请蠲积逋以安民生疏》

【释义】安民之道，实现国家安定的关键，就在于使百姓安居乐业；而要让百姓安居乐业，就必须体察他们的疾苦。

（二）名言

★圣人常无心，以百姓心为心。——老子

★国以民为本，社稷亦为民而立。——朱熹

★老把自己当珍珠，就时常有怕被埋没的痛苦。把自己当泥土吧！让众人把你踩成路。——孔繁森

★人生的真正成就在于为大众谋福利。——〔印度〕泰戈尔

★在我的一生当中，我已经把自己献给了非洲人民争取生存权利的斗争……我希望为这个理想而活，并去实现它。但是如果需要，我亦准备为这个理想献出生命。——〔南非〕曼德拉

★在任何地点，任何时代，为公益作出最大牺牲的人，都是人们会称为最道德的人。——〔法国〕伏尔泰

★热爱人民是最必要的品德，只有真心实意地爱人民，才能耐心地解决各种问题。——〔印度〕甘地

★尘世中的什么财宝最可贵？做有益于人类的事情。——〔阿拉伯〕《一千零一夜》

★关心公益应当是每个有相当教养的人所共同的。——〔俄国〕

托尔斯泰

★贤明的人首先关心的是大家的利益，然后才是个人的利益。——〔法国〕卢梭

★谁为时代的伟大目标服务，并把自己的一生献给了为人类兄弟而进行的斗争，谁才是不朽的。——〔俄罗斯〕涅克拉索夫

★个人崇高的天命是服务，而不是统治，也不是以别的任何方式把自己强加于别人。——〔美国〕爱因斯坦

★一切为自己着想，只为自己利益而活着的人绝不会幸福。若要为自己而活，首先必须为别人而活。——〔古罗马〕塞内加

★当你为人们服务时，你自己的生活也会轻松。——〔俄国〕布琼尼

★我们来到世上不是为自己聚敛财物，而是为了民众利益。——〔法国〕蒙田

★我希望对理想主义和各国人民的友爱有所助益。——〔瑞典〕诺贝尔

（三）金句

◆人心是最大的政治。

◆人民对美好生活的向往，就是我们的奋斗目标。

◆牢记群众是真正的英雄，任何时候都不能忘记为了谁、依靠谁、我是谁。

◆老百姓关心什么、期盼什么，改革就要抓住什么、推进什么，通过改革给人民群众带来更多获得感。

◆中国梦归根到底是人民的梦，必须紧紧依靠人民来实现，必须不断为人民造福。

◆群众拥护不拥护是我们检验工作的重要标准。党中央制定的政策好不好，要看乡亲们是哭还是笑。要是笑，就说明政策好。要是有人哭，我们就要注意，需要改正的就要改正，需要完善的就要完善。

◆老百姓是我们的衣食父母，我们必须牢记全心全意为人民服务的宗旨，党和政府的一切方针政策都要以是否符合最广大人民群众的利益为最高标准。

◆要时刻牢记自己是人民的公仆，时刻将人民群众的衣食冷暖放在心上，把"人民拥护不拥护、人民赞成不赞成、人民高兴不高兴、人民答应不答应"作为想问题、干事业的出发点和落脚点，像爱自己的父母那样爱老百姓，为老百姓谋利益，带着老百姓奔好日子。

◆我们党来自于人民，党的根基和血脉在人民。为人民而生，因人民而兴，始终同人民在一起，为人民利益而奋斗，是我们党立党兴党强党的根本出发点和落脚点。

◆对困难群众，我们要格外关注、格外关爱、格外关心，千方百计帮助他们排忧解难，把群众的安危冷暖时刻放在心上，把党和政府的温暖送到千家万户。

（注：以上摘自习近平金句）

◆努力让人民过上更好的生活是党和政府的工作方向。

◆古时候讲，食君之禄，忠君之事。现在就是要服务人民。多想想我们干的事情是不是党和人民需要我们干的？要一心一意为老百姓做事，心里装着困难群众，多做雪中送炭的工作。

◆治国理政，只有亲身征询于田野，虚心问计于百姓，才能把握群众所思所想所盼，凝聚民心民智民力，开创改革发展新局面。

◆时代是出卷人，我们是答卷人，人民是阅卷人。我们党是代表最广大人民利益的党，人民拥护不拥护、赞成不赞成、高兴不高兴、答应不答应，是检验我们一切工作成败得失的根本标准。

◆"利民之事，丝发必兴；厉民之事，毫末必去。"对共产党人而言，衡量利弊得失不凭主观臆断，更不以自我为圆心，而是以百姓之心为心，把人民利益摆到最高位置。

◆不仅要扑下身子、放下架子、迈开步子、走出院子，而且要身到心至，善于和群众打成一片。

◆集体的事让群众举手，群众的事让群众动手，转变作风让干群握手。

◆人民是历史的创造者，群众是真正的英雄。

◆"知屋漏者在宇下，知政失者在草野。"屋是否漏雨，在屋下的人最清楚，政策是否有过失，老百姓最有体会。

◆一个政党，一个政权，其前途和命运最终取决于人心向背。

◆我们要珍惜人民给予的权力，用好人民给予的权力，自觉让人民监督权力，紧紧依靠人民创造历史伟业。

◆当好群众致富的"参谋员"、为民解困的"服务员"、化解矛盾风险的"消防员"。

◆心贴心交流，解决"一层纸"问题；送服务上门，解决"一厘米"问题；急群众所急，解决"一分钟"问题。

◆眼勤，多看百姓脸色；嘴勤，多问民间疾苦；手勤，多做惠民实事；腿勤，多跑田间地头。

◆检验我们一切工作的成效，最终都要看人民是否真正得到了实惠，人民生活是否真正得到了改善，人民权益是否真正得到了保障。

◆要自觉把群众当作主考官和阅卷人，欢迎他们对我们的工作"挑刺""拍砖""找茬"，尤其是要特别珍视"不同意见"中的"真理颗粒"，真正把群众的监督变成自查反省的"镜子"、砥砺奋进的"鞭子"。

◆从群众最关心的问题抓起，从群众最希望办的事情做起，从群众最不满意的地方改起，越是群众的操心事、烦心事、揪心事，越是要当成心上事、要紧事，马上去做，认真去做。

◆要学会换位思考、将心比心，带着感情、怀着亲情地倾听群众意见，帮助群众解决问题。只有这样，才能拆掉党和群众的"隔心墙"，架起干部和群众的"连心桥"，也才能让老百姓真切地感受到党和政府的温暖。

◆不断增强群众观念和群众感情，不因社会环境改变而淡化，不因生活条件改善而疏远，不因时移世迁而偏移，坚决纠治那种把干群"鱼水"关系异化为"蛙水"关系的做法。

◆坚持以百姓心为心，把实现好、维护好、发展好最广大人民根本利益作为推进改革的出发点和落脚点，让发展成果更多更公平惠及全体人民。

◆群众利益无小事。群众的一桩桩"小事"，是构成国家、集体大事的"细胞"。小的"细胞"健康，大的"肌体"才会充满生机与活力。

◆心无百姓莫为官。党员干部要做生产发展的带头人，要做新风尚的示范人，要做和谐的引领人，要做群众的贴心人。

◆赢得群众信任，关键在于一个"诚"字。

◆有一句话说得好，叫"站起来当伞，为人民遮风挡雨；俯下身作牛，为人民鞠躬尽瘁。"我们要把为人民造福当作最大的政绩。

◆要坚持以人民为中心的发展思想，使人民获得感、幸福感、安全感更加充实、更有保障、更可持续。

◆我们党为人民而生，因人民而兴，党的一切工作、一切奋斗，都是为了实现好、维护好、发展好最广大人民根本利益。没有一种初心，比"全心全意为人民服务"更高尚；没有一种使命，比"满足人民对美好生活的向往"更伟大。

◆密切联系群众是党的优良传统，脱离群众是党面临的最大危险。必须把群众满不满意、答应不答应、高兴不高兴作为衡量工作得失的标准，同群众"一块苦、一块干、一块过"，厚植干群鱼水关系，确保群众始终拥护党、跟随党，听党话、跟党走。

◆忠实履行职责，不负人民重托。

◆要把老百姓的安危冷暖时刻放在心上，以造福人民为最大政绩，想群众之所想，急群众之所急，让人民生活更加幸福美满。

◆人民既是历史的创造者，也是历史的见证者，既是历史的"剧中人"，也是历史的"剧作者"。

◆保持党同群众的血肉联系，深入生产车间、田间地头，沉到一线与群众"拉家常""坐炕头"，把群众的操心事、烦心事看在眼里、记在心上，解决后"不邀功""不表功"，群众心里的"那杆秤"就会有党和政府的分量，就会跟着党干事创业。

◆人民群众是力量源泉。人民是历史的真正创造者，是共和国的坚实根基，是我们党执政的最大底气。

◆始终以百姓心为心，把群众的安危冷暖挂在心上，把群众期盼的事变成政府要干的事，使政府在干的事成为群众支持的事，使政府干成的事成为惠及群众的事，不断满足人民群众对美好生活的向往。

◆只要坚持全心全意为人民服务的根本宗旨，把远大理想与正在做的事情结合起来，在解决一个又一个问题中推动发展，就一定能够承担起"举旗帜、聚民心、育新人、兴文化、展形象"的使命任务。

◆要在"深"字上下功夫见成效。拿出更多的时间和精力深入到群众中间开展调查研究，真诚倾听群众呼声，真实了解群众诉求，紧扣民情民意民诉，用心用情为群众办一批实事、解决一批难题。

◆要在"细"字上下功夫见成效。立足于做小事，从老百姓最急最盼的事情做起，从老百姓最烦最怨的问题改起，能解决的立即办，不能立即解决的分批办，以"小切口"推动群众生活条件大改善，真正让群众有实实在在的获得感。

◆要在"实"字上下功夫见成效。要发扬"钉钉子"精神，对已经确定的各项民生工程和民生实事，坚持一件事情接着一件事情办，持之以恒、锲而不舍地把关乎老百姓切实利益的民生工作做出扎扎实实的成效，真正让群众看到变化、得到实惠。

◆从范仲淹的"先天下之忧而忧，后天下之乐而乐"，到郑板桥的"些小吾曹州县吏，一枝一叶总关情"；从杜甫的"安得广厦千万间，大庇天下寒士俱欢颜"，到于谦的"但愿苍生俱温饱，不辞辛苦出深林"，都充分说明心无百姓莫为"官"。

◆要站稳人民立场。"国以民为本，社稷亦为民而立。"习近平总书记指出："人民立场是中国共产党的根本政治立场，是马克思主义政党区别于其他政党的显著标志。"

◆要拜人民为师。"知屋漏者在宇下，知政失者在草野。"实践证明，群众具有无穷智慧和创造力，向群众多学习一点，距科学决策就近一步，离工作失误就远一些。

◆要始终依靠人民。群众就是打不断的"补给线"，摧不垮的"根据地"。始终和人民群众在一起，就拥有了必胜的斗争意志，拥有了不竭的力量源泉。

◆在办好惠及群众的长远大事上下功夫，切实做到不急功近利、只顾眼前，更不能寅吃卯粮、涸泽而渔，不因"一代人的政绩"，留下"几代人的包袱。"

◆常用民意"标尺"量作风上的"短"，常翻民生"账本"查工作上的"虚"，自觉做到真心融入知民情、真抓实干顺民意、真情实意解民忧，努力用自己的"辛勤指数"换取群众的"幸福指数"。

◆继续发扬"但使众生皆得饱，不辞羸病卧残阳"的孺子牛精神，保持"衙斋卧听萧萧竹，疑是民间疾苦声"的警醒，才能打破"围城""玻璃门"和"无形墙"，才会始终同人民群众保持血肉联系。

◆人民立场是党的根本政治立场，全心全意为人民服务是中国共产党区别于其他政党的根本标志。领导干部提高政治能力，就要饱含对人民的赤子之心，"常怀忧患之思，常念人民之托"。

◆脚入三尺泥土，方知民心温度。

◆人民的炕头有温度，群众的窝头有嚼头。

◆"利民之事，丝发必兴。"群众之事无小事，但把事情做到群众的心坎里，需要坚持"以百姓心为心"。思考更用心，服务更走心，群众才会更暖心。

◆党和国家事业发展的一切成就，归功于人民。只要我们紧紧依靠人民，就没有战胜不了的艰难险阻，就没有成就不了的宏图大业。

◆善为群众办大事，敢为群众办难事，甘为群众办小事，真为群众办好事。

◆对所有困难群众，我们都要关爱，让他们从内心感受到温暖。

◆多为群众着想，少为个人打算。多为群众说话，少为自己辩解。多为群众分忧，少为前程担忧。多为群众办事，少为私事缠绕。多为群众造福，少为私利奔波。

◆离开了人民，我们就会一事无成。要牢记群众是真正的英雄，任何时候都不能忘记为了谁、依靠谁、我是谁，真正同人民结合起来。

◆干部要把人民放在心中最高位置。同人民风雨同舟、血脉相通、生死与共，是我们党战胜一切困难和风险的根本保证。

◆人民是创作的源头活水，只有扎根人民，创作才能获得取之不尽、用之不竭的源泉。

◆为人民创作、为人民立言，就要反映人民生活，表达人民心声，把握群众思想脉搏，始终把人民的冷暖和幸福放在心中，把人民的喜怒哀乐倾注在自己的笔端。

◆"问渠那得清如许？为有源头活水来。"人民是历史的创造者，也是历史的见证者，是文学艺术创造、哲学社会科学研究的源头活水。

◆增强宗旨意识，时刻牢记"我是谁、为了谁、依靠谁"，走好群众路线，做好群众工作，维护好群众利益。

◆根往下扎，枝往上长，是植物生长的规律，也是干部成长的规律。大凡有所作为者，无不是脚下有根，扎根基层、扎根群众，拜人民群众为师，涵养德才兼备的底气，积蓄向上的后劲。

◆一切成就都归功于人民，一切荣耀都归属于人民。新征程上，不管乱云飞渡、风吹浪打，都必须紧紧依靠人民。始终坚持以人民为中心，尊重人民主体地位，倾听人民呼声，汇集人民智慧，回应人民期待。

◆一枝一叶总关情，最是"小事"显担当。事关农民切身利益的事，就算再小，也要办好。办好这些乡村民生事儿，真的不能只盯着上项目、建设施，更要下功夫管理好、维护好。只有熨帖了面子，又缝好了里子，才能真正获得农民的点赞。

◆同人民风雨同舟、血脉相通、生死与共，是我们党战胜一切困难和风险的根本保证。离开了人民，我们就会一事无成。

◆处处叩问民生、每每触动民心，正是因为小切口、小指标，能测出群众获得感，能反映治理大气候。

◆新征程上，不管乱云飞渡、风吹浪打，都必须紧紧依靠人民。

◆要有"踏遍千山万水，说尽千言万语，吃尽千辛万苦，历经千难万险"的精神，想方设法把部署的工作干好，千方百计把有利于人民的事办成办好。

◆从"不负人民"的铮铮誓言到"不忘初心"的铿锵实践，尽显人民领袖爱人民的崇高风范。

◆为什么人、靠什么人的问题，是检验一个政党、一个政权性质的试金石。干部要坚持立党为公、执政为民，虚心向群众学习，真心对群众负责，热心为群众服务，诚心接受群众监督。

◆脚下沾有多少泥土，心中就沉淀多少真情。

◆金杯银杯不如老百姓的口碑，金奖银奖不如老百姓的夸奖。

◆心系群众抓落实，谋划推出更多有"温度""力度"和"满意度"的改革措施，让群众不断感受实实在在的改革红利。

◆如果组织和人民不给你舞台、平台，你再有能力，再有本事，恐怕也很难有所作为。作为党员干部，一定要牢记权力来源于人民，要多一些"民本位"意识，少一些"官本位"思想。

◆拜人民为师，向人民学习，放下架子、扑下身子，接地气、通下情。

▶▶▶链接：小故事

1. 文景之治

孝文帝在位二十四年，重德治，兴礼仪，爱民如子，注重发展农业，到了播种的时候，亲自带领大臣到乡下耕地、播种，调动了农民的积极性，使西汉社会稳定，人丁兴旺，经济得到恢复和发展。他身为皇帝非常虚心，而且知错就改，在位期间，没有建新宫室，把省下的钱用来照顾孤儿和老人，他治国有方，是中国历史上一位贤明的皇帝，与汉景帝一起被誉为"文景之治"。

2. 西门豹为民请命

西门豹，春秋战国时期魏国人。当时邺地是魏都的重要门户，且是战略要地，但天灾人祸不断，民不聊生。魏王特派西门豹担任邺县令，治理邺地。西门豹到邺地后，微服私访，询查百姓疾苦，利用"河伯娶媳妇"事件，智惩三老、廷橡和巫婆，用事实教育百姓，破除迷信。同时，修建漳河十二渠，治理漳河水患，发展农业生产，使邺地百姓逐步富庶起来。西门豹为官一生，清正廉明，造福百姓，死后，邺地百姓专门为他在漳水边建造了祠堂，四季供奉。

3. 牛玉儒的故事

原呼和浩特市委书记牛玉儒满怀抱负向两会代表做报告时，被查出身患结肠癌。一面是承诺和宣言，一面是癌症和死神，落入两难境地的牛玉儒被推上了生死考验的关口。然而，一心揣着呼市百姓的牛玉儒却身体力行地做到了"生命一分钟，敬业六十秒"。在北京做完癌症手术后，他不顾生命垂危，四次要求回呼市工作，三次回到了他所热爱的城市和百姓中，兑现了他最后的承诺。身患绝症的牛玉儒不顾妻子和医生的劝阻，返回工作岗位。他心系百姓，忘我工作，直到生命最后一刻。

4. 白居易体恤民情

唐代大诗人白居易同情人民，他在皇帝面前做谏官时，就屡次上书，请求革除弊政，写了大量讽喻诗揭露官僚势力残害人民的罪行。他写诗力求让人民群众看懂，相传他每写好一首诗，都要读给不识字的老妈妈听，听得懂的，方才拿出去。他在地方做官时，每到一处，都要力争多做些对人民有益的事。在杭州做刺史时，他修筑湖堤（现在的西湖白堤），利用湖水灌溉土地。在苏州，兴修水利，也受到苏州人民的爱戴。在做忠州刺史时，他搞了许多利民的改革，号召开荒生产；改进税收办法，增加豪富的税款，减轻贫苦农民负担；尽量节省开支，减轻老百姓的支出。他亲自带头种树，绿化荒山。他主持群众聚会，席地而坐与民同乐。有些官员说："'贵''贱'杂处，不成体统。"白居易对这种议论毫不理睬。后来忠州人为了纪念这位爱民的好官，为他建了"白公祠"。

5. 爱民英雄徐洪刚

徐洪刚是济南军区某部的一名班长。在探亲归队途经四川筠连县时，有歹徒在车上抢劫和调戏妇女，他为保护人民群众的生命财产，挺身而出，同 4 名歹徒殊死搏斗，身上连中 14 刀，肠子从刀口中流出，但仍用双手死抑着一名歹徒的腿。他热爱人民，不顾个人安危，用他的青春和热血谱写了一曲人民子弟兵热爱人民的英雄颂歌。

18. 实　干

（一）古诗词

1. 空谈误国，实干兴邦。——明末清初，顾炎武《日知录》

【释义】只是泛泛而谈地讨论国家大事，终究会耽误国家发展；只有脚踏实地、真抓实干，才能使国家兴旺发达。

2. 纸上得来终觉浅，绝知此事要躬行。——宋，陆游《冬夜读书示子聿》

【释义】从书本上得到的知识难免肤浅，要透彻地认知事物还必须亲身实践。

3. 不登高山，不知天之高也；不临深溪，不知地之厚也。——战国，荀子《劝学》

【释义】不攀登高山，就不知道天有多高；不下临深溪，就不知道地有多厚。

4. 坐而论道，不如起而行之。——西周，周公旦《周礼·冬官考工记》

【释义】坐着谈论大道理，不如亲身实践。

5. 临渊羡鱼，不如退而结网。——西汉，刘安《淮南子·说林训》

【释义】站在水边想得到鱼，不如回家去结网。

6. 知者行之始，行者知之成。——明，王阳明《传习录》

【释义】知是行的开始，行是知的完成。

7. 君子耻其言而过其行。——春秋，《论语·宪问》

【释义】君子把说得多、做得少视为可耻。

8. 道虽迩，不行不至；事虽小，不为不成。——战国，荀子《荀子·修身》

【释义】即使路程再近，不走也不会到达；即使事情再小，不做也不会成功，强调了踏实笃行的意义。

9. 为者常成，行者常至。——春秋，《晏子春秋》

【释义】努力去做的人通常可以成功，不倦前行的人常常可以达到目的地。

10. 不闻不若闻之，闻之不若见之，见之不若知之，知之不若行之。——战国，荀况《荀子·儒效》

【释义】没有听到不如听到，听到不如见到，见到不如认识到，认识到不如去实行。

11. 看似寻常最奇崛，成如容易却艰辛。——宋，王安石《题张司业诗》

【释义】看似平常，但仔细品味，却十分奇特。貌似不费力气，却是千锤百炼、艰辛创作的结果。

12. 涉浅水者见虾，其颇深者察鱼鳖，其尤甚者观蛟龙。——

东汉，王充《论衡·别通》

【释义】走在浅水里能看见小虾；水很深的地方能看到鱼和龟鳖；要见到蛟龙，就要到深水中去。

（二）名言

★现实是此岸，理想是彼岸。中间隔着湍急的河流，行动则是架在川上的桥梁。——〔俄国〕克雷洛夫

★古今中外，凡成就事业，对人类有作为的无一不是脚踏实地、艰苦攀登的结果。——钱三强

★想到远大前途，脚踏实地地稳步前进，才能有所成就。——徐特立

★台阶是一层一层筑起的，目前的现实是未来理想的基础。只想将来，不从近处现实着手，就没有基础，就会流于幻想。——徐特立

★我们对真理所能表示的最大崇拜，就是要脚踏实地地去履行它。——〔美国〕爱默生

★即使爬到最高的山上，一次也只能脚踏实地地迈一步。——佚名

★人生伟业的建立，不在能知，乃在能行。——佚名

★考虑时不要匆忙，但是一旦行动的时刻到来，就要毫不犹豫地付诸行动。——〔美国〕安德鲁·杰克逊

★谁脚踏实地地生活，谁就会真心实意地去爱。——〔英国〕勃朗宁

★如果不是在蜃景中求生，那就必须脚踏实地去跋涉。——佚名

★每一个发奋努力的背后，必有加倍的赏赐。——佚名

★再长的路，一步步也能走完，再短的路，不迈开双脚也无法到达。——佚名

★脚踏实地，不敢一毫欺人。——曾国藩

★上天绝不帮助坐而不动的人。——〔古希腊〕沙孚克里斯

★要是我们只限于梦想，那么谁来使生活成为美丽的呢？——〔苏联〕高尔基

★除非你亲自尝试一下，否则你永远不知道你能够做什么。——〔英国〕玛利雅

（三）金句

◆社会主义是干出来的，新时代也是干出来的。

◆干部干部，干是当头的。

◆每一项事业，不论大小，都是靠脚踏实地、一点一滴干出来的。

◆共产党员要会干实事，多干实事，不是应付上面，更不是图虚名。

◆实干才能梦想成真。

◆要实干兴邦，将"顶天"的理想和"立地"的行动统一起来。

◆"实干型"干部的五个特征：善于决策；重在执行；注重实

效；正确的政绩观；敢于担当。

◆既要做让人民群众看得见、摸得着、得实惠的实事，也要做为后人做铺垫、打基础、利长远的好事，既要做显绩，也要做潜绩。

◆要坚持求真务实，察真情、说实话，出真招、办实事，下真功、求实效，让埋头苦干、真抓实干的干部真正得到重用、充分施展才华，让作风飘浮、哗众取宠的干部无以表功、受到贬责。

◆要做起而行之的行动者，不做坐而论道的清谈客；当攻坚克难的奋斗者，不当怕见风雨的泥菩萨。

（注：以上摘自习近平金句）

◆行之力则知愈进，知之深则行愈达。

◆大道至简，实干为要。把实事谋实，把实事干实。

◆发扬实干精神，实字当头，干字为先，不图虚名，不务虚功，在实实在在的实践中全面掌握"实事"，发现"真知"，推动工作。

◆事毕不回复，就像任务完成了99%，只有这1%没落实，虽然就差这么一丁点，事情却没有到位。

◆竹子的生长与人的成长进步何其相似：只有脚踏实地，把基础打得牢一些，根基扎得深一些、实一些，路才能走得稳一些、远一些。

◆ "天下事，以实则治，以文则不治。"同样的政策、同样的要求，在不同地区、不同单位产生不同的效果，差距就体现在落实之中。

◆改革生命力在于落实，改革公信力也在于落实。整治形式主义、官僚主义的"拦路虎"，铸就常抓落实、善抓落实的"责任链"，汇集"奔着去、抓落实"的精气神，雷厉风行、久久为功，我们就能不断开辟改革发展新境界，让美好蓝图化作美好现实。

◆抓落实不是花拳绣腿，不是空喊口号，而是要有真功夫。不仅要有真抓的实劲、敢抓的狠劲，还要有善抓的巧劲、常抓的韧劲，做到抓铁有痕、踏石留印。

◆"知者行之始，行者知之成。"没有强大的执行力，再好的政策都只能是纸上谈兵。

◆事情不仅在于善谋，更要"成于务"，注重实干。无数事实清晰地证明："世界上的事情都是干出来的，不干，半点马克思主义都没有。"

◆正所谓，"惟其艰难，才更显勇毅；惟其笃行，才弥足珍贵"。伟大的梦想不是等得来的、喊得来的，而是拼出来、干出来的。改革发展的任务越艰巨、前景越广阔，就越要"撸起袖子加油干"。

◆历尽天华成此景，人间万事出艰辛。每一项成就都不是从天上掉下来的，而是紧锣密鼓干出来的、夙兴夜寐拼出来的，是快马加鞭冲出来的、奋楫争先抢出来的。

◆"一万年太久，只争朝夕。"事业只有干出来的精彩，没有等出来的辉煌。

◆抓落实就要知行合一、言行一致。知而不行，无异于坐而论道、纸上谈兵；言行不一，无异于耍两面派、做两面人。

◆"刀在石上磨，人在事上练。""磨炼"二字可谓道出了青年官兵成长成才的秘诀。无论什么样的成功者，无不是从实践中磨炼出来的。

◆所谓实践出真知，正是在与困难的斗争中经风雨、长才干的。

◆干一寸胜过说一尺，能不能干事、善不善成事，历来是干部综合素质的集中体现。干部，贵就贵在"实干"，就要"在其位谋其政"，否则，就会沦为"政坛摆设""公堂木偶"。

◆越是仰望星空，越需脚踏实地。

◆要让实干精神蔚然成风，必先大力倡导"让实干者实惠"之风。"实干"是一种行动、一种精神，具备这种行动和精神的"实干者"，是确保我们事业不断前进的中流砥柱；"让实干者实惠"，是一种鼓舞、一种激励，是推动形成浓厚实干氛围的催化剂。

◆实干，不是指手画脚，更不是袖手旁观，而是脚踏实地、默默无闻，不为私心所扰、不为流言所惑的埋头苦干，是始终保持一颗初心，矢志不渝、坚韧不拔的担当实干。

◆撸起袖子、扑下身子，是干事创业的必备条件。扑下身子冲在一线者，就是那些起早贪黑、加班加点的忙碌者，用心尽力、不求回报的实在人，脚踏实地、无私奉献的务实派，就是咬定目标不放松、不达目的不罢休，关键时刻、危急关头能豁得出来、顶得上去的"拼命三郎"。

◆想到，做到，才会得到！听了，用了，才会受益！

◆金色的奖章，饱含着心血和汗水。

◆把抓落实作为一种政治责任、思想追求、工作习惯，以"等不起"的紧迫感、"慢不得"的危机感、"坐不住"的责任感去抓落实，以实干换实效，以实干出实绩。

◆"根"扎得越深，"叶"才能更茂；"地"踩得越实，"天"才会更高。

◆说一千，道一万，两横一竖是关键。机遇也不是等待来的，而是争取来的；党的事业也不是想出来的，而是干部引领群众干出来的。

◆崇尚的是实干精神，呼唤的是实干作风，需要的是实干人才。让实干成为一种导向，就是要以实干抓落实、以实干求实效、以实干论英雄。

◆一分耕耘、一分收获，正是大家抓铁有痕、踏石留印，撸起袖子加油干，扑下身子抓落实，才干出了新业绩，创出了新成就。我们必须发扬"钉钉子"精神，一锤接着一锤敲，一件接着一件干，靠实干成就事业，用实干铸就辉煌。

◆人生没有近路可走，但你走的每一步，都算数。

◆幸福不会从天而降，梦想不会自动成真。

◆空喊口号、好大喜功、胸中无数、盲目蛮干不行，搞大水漫灌、走马观花、大而化之、手榴弹炸跳蚤也不行，必须在精准施策上出实招、在精准推进上下实功、在精准落地上见实效。

◆在埋头苦干中增长实力，在改革创新中挖掘潜能，在积极进取中开拓新局。

◆天下大事必作于细，古往今来必成于实。

◆"现实是此岸，理想是彼岸，中间隔着湍急的河流，行动则是架在河上的桥梁。"行走在新征程上，让我们以锐意进取的饱满热情、埋头苦干的扎实行动，搭起通往更美好明天的桥梁。

◆所谓"身到"就是要亲力亲为、一线指挥；"心到"就是要刻苦用心、深入剖析；"眼到"就是要认真观察，从中发现问题；"手到"就是要勤于动手，笔耕不辍；"口到"就是诲人不倦、反复叮嘱。

◆抓落实就要干在实处、走在前列，切实增强"落到实处"的责任感和紧迫感，拿出只争朝夕的不懈干劲、马上就办的雷厉风行，将每一项工作落细、落小、落实，力争做到事事有着落、招招见实效。

◆成功的终极秘诀：一旦你确定你所追求的，就立即振作自己去采取行动。

◆临渊羡鱼，不如退而结网。与其坐在高高的柠檬堆上面羡慕他人的成功，不如化憧憬为每日不懈的努力，知行合一，用自己勤劳的双手奋斗出属于自己的精彩人生。

◆要雷厉风行，讲究抓落实的时与效，该办的事要坚决办，决不能拖；能办的事要马上办，决不能等；难办的事要想方设法办，决不能畏；需要协调的事要合力办，决不能推。

◆九层之台，起于累土。要把这个蓝图变成现实，必须不驰于空想、不骛于虚声，一步一个脚印，踏踏实实干好工作。

◆"不受虚言，不听浮术，不采华名，不兴伪事"，卸下虚名的包袱，甩开膀子、脚踏实地，把有限的精力放在干事创业中去，我们一定会在时间深处留下自己的足迹，在群众心里留下温暖的记忆。

◆有的光说不练，"决心"停留在嘴上、"打算"停留在会上、"行动"停留在纸上。

◆再好的计划、再美的规划，如果不去落实，就会成为"南柯一梦""空中楼阁"。

◆以"落实"为本，以"实干"为纲，不忘初心，感恩奋进，奋力把总书记擘画的宏伟蓝图变为美好现实，做勇于担当的"追梦人"。

◆真功夫不是天上掉下来的，也不是嘴巴吹出来的，需要长期积累，滴水穿石，耐心打磨。也就是要下狠劲、有长劲、使笨劲，一步一个脚印埋头苦干，扎扎实实把功夫练好。

◆抓而不紧，等于不抓；抓而不实，等于白抓。抓好落实，我们的事业就能充满生机；不抓落实，再好的蓝图也是空中楼阁。

◆凡事都要脚踏实地去做，不驰于空想，不骛于虚声，而惟以求真的态度做踏实的工夫。以此态度求学，则真理可明；以此态度做事，则功业可就。

◆千忙万忙，不抓落实就是瞎忙；千招万招，不抓落实就是虚招；千条万条，不抓落实就是白条。

◆实践是砥砺人生的磨刀石，是检验素质的试金石，也是提高能力和展示才华的基本平台。

◆凡事做最坏的打算，但要朝最好去努力，少谈不行的千般理由，多想能行的万般办法，这才叫"撸起袖子加油干"。

◆美好蓝图鼓舞人心，战略安排催人奋进。现在的主要任务，就是担当作为、狠抓落实，把"规划图"变成"施工图"，把"时间表"变成"计程表"，让蓝图成为现实。

◆如果不能扑下身子抓落实，一切只能是"空中楼阁""镜花水月"。

◆要以苦干实干的作风干事创业。干字当头、埋头苦干、务求实效，不骛虚声、但求实效、事成至上，确保干一件成一件、做一桩成一桩。

◆把抓落实作为一种政治责任、思想追求、工作习惯，以"等不起"的紧迫感、"慢不得"的危机感、"坐不住"的责任感去抓落实，以实干换实效，以实干出实绩。

◆"人在事上练，刀在石上磨。"实践是锤炼干部担当精神的"熔炉"，也是干部教育培训的天然"练兵场"。

◆想，都是问题；干，才是答案。只有干出来的精彩，没有等出来的辉煌。

◆实干是梦想成真的重要基石。台上一分钟，台下十年功。把梦想变为现实，没有捷径可走，唯有踏踏实实干好工作、认认真真抓好落实，积跬步以至千里、积小流而成江海。

◆做起而行之的行动者，不做坐而论道的清谈客；当攻坚克难的奋斗者，不当怕见风雨的泥菩萨。

◆实干拒绝事业虚浮。实干定义时代的风貌。与实干相抵触的是热衷做虚功、习惯放空炮，重"痕"不重"绩"、留"迹"不留"心"。

◆再好的规划，不去实施，最终只会沦为愿景；再美的蓝图，不去推进，最后也只是一张白纸。

◆实干就要对标对表，列出任务清单，倒排时间工期，明确责任表，一步一个脚印，以抓铁有痕、踏石留印的劲头抓好项目落实。

◆人生需要的不是道理，而是实干。

◆这个世界上从来没有一蹴而就的成功，如果没有踏实的努力，没有点滴的积累，再好的运气降落到你头上时，你也没有接住它的实力。

◆工作必须务实，过程必须扎实，结果必须真实。

◆说得好，不如做得实；喊破嗓子，不如甩开膀子。

◆"弗为而自至，天下未有。"农民不敷衍土地，才会有期盼的好收成；匠人不敷衍技艺，才能打造出惊世的精品。

◆勇于担当抓落实、提质量，以"时不我待"的紧迫感、"责无旁贷"的使命感、"不进则退"的危机感，抓实基层，打牢基础，推动大发展、大提升。

◆雷厉风行抓落实、提质量，"起跑就是冲刺、开局就是决战"，立即制定各项重点工作的时间表和路线图，挂图作战，早出成效。

◆ "一分部署，九分落实。" 执行力是做好工作的强力引擎。执行力如何，决定着工作成效，决定着事业成败。执行力出创造力，执行力出战斗力，执行力出竞争力。

◆坐而论道易，起而行之难。俗话说，"光说不练假把式"。嘴上说得再好，不如手底下见真章。起而行之、用力于实处，不仅需要过人的胆识和勇气，还需要准确的判断力和超强的行动力做保障，而纸上谈兵呢，往往是"语言的巨人、行动的矮子"。

◆坚持说实话、办实事、求实效，既抓大事，又抓具体，不当"传声筒"，不做"复读机"，靠实实在在的工作去抓落实，做到心有所想，言有所指，行有所果。

◆坚持以"干"为先、以"干"为本、以"干"为荣，聚焦重点干、雷厉风行干、凝心聚力干、严明纪律干，干出上下同欲的新合力，干出群众点赞的好口碑，干出改革发展的新天地。

◆实干是最醒目的引领，落实是最有力的托举。

◆领导干部只有躬身实干、狠抓落实，力戒形式主义、官僚主义，努力成为"行家里手"、当好"施工队长"、发挥"头雁效应"，才能一倡百和、一呼百应，凝聚起广大党员群众众志成城同心干的奋斗热情。

◆天下事以实则治，以文则不治。挂图作战不是口号、不是作秀，而是真抓实干。只有真抓实干，才能推动各项改革举措掷地有声、落地见效。

◆求真务实，是共产党人的精神品质；真抓实干，是干事创业的不二法门。知之愈明，则行之愈笃。

◆时间是最有力量的语言，行动是最生动的注脚。青年生逢其时，但使命在身，责任在肩，唯有苦干实干，方能丰盈羽翼、健骨强魂；唯有苦干实干，方能克服"本领恐慌"，成为行家里手；唯有苦干实干，方能经风雨、见世面、长才干。

◆干事创业要坚持实字打底。对待事业和工作，要有一种夙夜在公的精神，要有一种"马上就办"的作风，要有一种干就干好的劲头，把功夫下在抓落实上，出实招，办实事，求实效，做到在岗一日、尽责一天，在位一日、奉献一天。

◆知者行之始，行者知之成。有知无畏，需要信念、智慧和信心；担当实干，需要果敢、奉献和坚韧。

◆"抓而不紧，等于不抓。"抓落实需要雷厉风行，要像秋风扫落叶、快刀斩乱麻一样，言必行，行必果，立竿见影，说到做到。"历史只会眷顾坚定者、奋进者、搏击者，而不会等待犹豫者、懈怠者、畏难者"，只有雷厉风行抓落实，才能走在时代前列，勇做时代的弄潮儿。

◆崇尚的是实干精神，呼唤的是实干作风，需要的是实干人才。

◆苦干就是要有敢于迎难而上、持之以恒的韧劲；要有敢于拼搏、勇往直前的闯劲；要有敢于啃硬骨头、攻坚克难的狠劲。

◆"干"字的"两横一竖"，多么像"一根扁担""一根秤杆"，再加上"一根标杆"。"扁担"，意味着担当；"秤杆"，意味着公正；"标杆"，意味着示范。

◆行动是治愈恐惧的良药，而犹豫、拖延将不断滋养恐惧。

◆在实干中形成共识，在实干中破解难题，在实干中实现愿景。

◆没有比人更高的山，没有比脚更长的路。再高的山，再长的路，只要锲而不舍地前进，就有达到目的的那一天。

◆干在实处，身影就是最好的引领；走在前列，公义就是最好的垂范。

▶▶▶链接：小故事

1. 实干成就娃哈哈

宗庆后虽性格内敛，交友不广，媒体沟通能力也不算强，但在企业经营上却有七大法宝，用它们成功打造出属于娃哈哈的商业帝国！落地务实！宗庆后坚信自己的一套成功的经验和规则，而对于主流企业理论不屑一顾。曾有人问："娃哈哈制定了什么战略？"宗庆后说："娃哈哈没有战略，我不会去考虑八九年之后的事情，只考虑明天的事情。"宗庆后每年有三分之二的时间在市场一线跑。2002年8月，为新建分厂考察选址，宗庆后12天跑遍大半个中国，并且每年不管再忙，宗总都会留出5个月的时间来走访全国的经销商。事无巨细的作风，让他对娃哈哈未来的发展作出的决策无一不是落地而又务实的。

2. 苦干实干

苦干实干才能梦想成真，苦干实干才能赢得未来。张富清转业后选择到湖北省最艰苦的恩施来凤，扎根大山工作20年，带头啃硬骨头，终于使山区群众的生活得到改善；林俊德一生敢闯、敢干、敢担当，在大漠戈壁奋战50余个春秋，用生命的光和热，为共和国创造出"太阳"和"惊雷"；钱七虎引领防护工程科技创新，为我国铸就固若金汤的"地下钢铁长城"，一干就是一个甲子……不兴伪事、不图虚名，靠着苦干实干，他们不仅在爱岗奉献中实现了自己的人生价值，更赢得了群众的信赖和口碑。

3. 脚踏实地

马云，是阿里巴巴集团主要创始人。他想考重点小学，但失败了；考重点中学也失败了；考大学更是考了三年才考上；想念哈佛大学也没有成功。但他有坚持不懈、勇往直前的精神，俗话说："宝剑锋从磨砺出，梅花香自苦寒来。"他通过自己的努力，最终成功了。他说："梦想要脚踏实地，和眼泪是息息相关的。"

4. 行动造就成功

意大利著名的航海家哥伦布发现新大陆后不久，在西班牙的一次欢迎会上，有位贵族突然口出狂言："发现新大陆并没有什么了不起，这不过是件谁都可以办到的小事，根本不值得如此张扬。"

原本热闹和谐的宴会，气氛马上紧张起来，大厅内顿时鸦雀无声，人们瞪大了眼睛，惊讶地看着这位骄傲自大的贵族。

想不到这位贵族对周围人的表情熟视无睹，继续大言不惭地说道："哥伦布不过就是坐着轮船往西走，再往西走，然后在海洋中遇到一块大陆而已，我相信我们中的任何人只要坐着轮船一直向西行，同样会有这个微不足道的发现。"

哥伦布听完贵族的这番"高论"之后，并没有表示出丝毫的尴尬，只见他漫不经心地从身边的桌子上拿起一个煮熟的鸡蛋，微笑着说："各位，请试一试，看谁能够使鸡蛋的小头朝下，并竖立在桌面上。"大家用尽了各种办法，想把鸡蛋竖立起来，结果却没一个人获得成功。

此时，那位贵族又开口道："要想把鸡蛋竖立在平滑的桌面上，那是绝对不可能的事情。"哥伦布拿起手里的鸡蛋，用小头往桌上轻轻一敲，鸡蛋便稳稳地竖立在了桌上。众人先是一愣，继而报以热烈的掌声。那位贵族不服气地说："你把鸡蛋敲破，当然就能竖立起来，用这种方法我也能够做到。"

哥伦布起身，很有风度地环顾着在座的每个人说："是的，世界上有很多事情做起来都非常容易，不过其中最大的差别就在于我已经动手做了，而你们却至今没有。"

19. 担 当

（一）古诗词

1. 大事难事看担当，逆境顺境看襟度。——清，金兰生《格言联璧》

【释义】遇到大事难事就可以看出一个人的能力，碰上逆境顺境就可以看出一个人的胸襟。

2. 天下兴亡，匹夫有责。——明末清初，顾炎武《日知录》

【释义】国家的兴盛或衰亡，每个普通人都有一份责任。

3. 如欲平治天下，当今之世，舍我其谁也？——春秋战国，《孟子》

【释义】如果想使天下太平，在当今这个世界上，除了我还有谁呢？

4. 士不可以不弘毅，任重而道远。——春秋，《论语·泰伯章》

【释义】作为一个士人，一个君子，必须有宽广、坚韧的品质，因为他责任重大，道路遥远。

5. 不为外撼，不以物移，而后可以任天下之大事。——明，吕

坤《呻吟语·应务》

【释义】不因外界的影响而动摇心志，不为外物的诱惑而改变节操，这才可以担当天下的大任，干一番大的事业。

6. 铁肩担道义，妙手著文章。——李大钊

【释义】坚实的双肩负责起世间的正道情义，灵巧的双手书写出流传的篇章。

7. 为官避事平生耻，视死如归社稷心。——金，元好问《四哀诗》

【释义】当了官却逃避事情，这一生都该感到羞耻；视死如归才是一片爱国之心。

8. 险夷不变应尝胆，道义争担敢息肩。——周恩来

【释义】不论艰险还是顺利都不改志向，卧薪尝胆、刻苦自励，争相把道义的重担扛在肩上。

9. 取义成仁今日事，人间遍种自由花。——陈毅

【释义】今天为正义的事业而牺牲生命，反动派必将失败，自由幸福的美好理想必将实现。

（二）名言

★责任就是对自己要求去做的事情有一种爱。——〔德国〕歌德

★一个人若是没有热情，他将一事无成，而热情的基点正是责任心。——〔俄国〕列夫·托尔斯泰

★先生不应该专教书，他的责任是教人做人；学生不应该专读书，他的责任是学习人生之道。——陶行知

★这个社会尊重那些为它尽到责任的人。——梁启超

★人生须知负责任的苦处，才能知道尽责任的乐趣。——梁启超

★要使一个人显示他的本质，叫他承担一种责任是最有效的办法。——〔英国〕毛姆

★对上司谦逊，是一种责任。——〔美国〕富兰克林

★友谊永远是一个甜柔的责任。——〔美国〕纪伯伦

★责任心就是关心别人，关心整个社会。有了责任心，生活就有了真正的含义和灵魂。——〔科威特〕穆尼尔·纳素

★责任感与机遇成正比。——〔美国〕威尔逊

★我所享有的任何成就，完全归因于对客户与工作的高度责任感。——〔美国〕李奥·贝纳

★每个人都被生命询问，而他只有用自己的生命才能回答此问题；只有以"负责"来答复生命。因此，"能够负责"是人类存在最重要的本质。——〔奥地利〕维克多·弗兰克尔

★高尚伟大的代价就是责任。——〔英国〕丘吉尔

★真正进步的人决不以"孤独""进步"为己足，必须负起责任，使大家都进步，至少使周围的人都进步。——邹韬奋

★每一个人都应该有这样的信心：人所能负的责任，我必能负；人所不能负的责任，我亦能负。如此，你才能磨炼自己，求得更高的知识而进入更高的境界。——〔美国〕林肯

★有良知的人有责任心和事业心。——〔前苏联〕苏霍姆林斯基

★生命跟时代的崇高责任联系在一起就会永垂不朽。——〔俄国〕车尔尼雪夫斯基

★我们应该不虚度一生，应该能够说："我已经做了我能做的事。"——〔法国〕居里夫人

（三）金句

◆当干部就要有担当，有多大担当才能干多大事业，尽多大责任才会有多大成就。

◆我们共产党人的忧患意识，就是忧党、忧国、忧民意识，这是一种责任，更是一种担当。

◆只有做到担当，才能"无愧于时代，无愧于人民，无愧于历史"。

◆敢于担当责任，勇于直面矛盾，善于解决问题，努力创造经得起实践、人民、历史检验的实绩。

◆把使命放在心上，把责任扛在肩上。

◆无私才能无畏，无私才敢担当。

◆担当就是责任，好干部必须有责任重于泰山的意识，坚持党的原则第一、党的事业第一、人民利益第一，敢于旗帜鲜明，敢于较真碰硬，对工作任劳任怨、尽心竭力、善始善终、善作善成。

（注：以上摘自习近平金句）

◆岗位是干事的平台，职位是稀缺的资源，不能占着位子不干活、拿着俸禄不理事，须守土有责、守土负责、守土尽责。

◆历史和时代注定我们这一代人不是乘凉者，而是复兴路上的拓荒人和栽树者，即使我们看不到绿荫如盖，享受不到硕果累累，也要用"垦荒"精神把发展道路铺平，用"舍我其谁"的担当，把未来发展的根基筑牢。

◆桥的价值在于承载，人的价值在于担当。担当是谋事成事之道，理解把握越深透，践行才能越自觉。

◆牢记谆谆嘱托、扛起使命担当，切实增强谱写新篇的历史责任、勇攀新高的进取精神、先行先试的担当意识，以实实在在的工作业绩交上一份让党中央放心、让人民群众满意的答卷。

◆平常能看得出来，关键时刻能站得出来，危急关头能豁得出来。

◆勇于担当的党员干部，总是不回避矛盾，不躲避问题，知难不畏难，有"不解决问题不撒手"的一抓到底精神，主动接受急难险重任务的锤炼，以爬坡过坎、滚石上山的坚韧斗志，带头涉险滩、破坚冰、攻堡垒。

◆敢于担当，就是该做的事，不管困难再多，殚精竭虑也要干；该负的责，不管功成在谁，抛开名利也要担；该破的障，不管风险再大，开路架桥也要闯。

◆以担当诠释初心，用实干践行使命，把忠诚干净担当作为行为准则，勇挑重担、积极作为，"干"字当头、"实"字托底，从实处着眼、靠实干说话。

◆面对危机要敢于挺身而出，以舍我其谁的气魄和一往无前的豪情，在危急时刻、关键时候，冲得上去、豁得出来，真正做时代的劲草和真金。

◆面对失误要敢于承担责任，善于"思其过、改其行"，注重在总结经验、吸取教训中提升自己的能力和水平。

◆面对歪风邪气要敢于亮剑，对那些立场不坚、庸懒散奢、不思进取、推诿扯皮、纪律观念淡薄、作风松懈涣散、违法违纪违规等现象和行为，较真碰硬、真严真管。

◆行动是最真的担当，也是最现实的考验。以舍我其谁的政治勇气，自觉担当，敢于担责，用实际行动向党和人民交出合格答卷。

◆担当精神是党性原则的集中体现，是考验党员干部面对大是大非敢不敢亮剑、面对矛盾敢不敢迎难而上、面对危机敢不敢挺身而出、面对失误敢不敢承担责任、面对歪风邪气敢不敢坚决斗争的"试金石"。

◆"担当""尽责"是赓续千年的美德；"士不可以不弘毅，任重而道远""天下兴亡，匹夫有责"，更是广为传颂的箴言。

◆没有过不去的"火焰山"，没有挑不动的"千斤担"。

◆凡是担子拣轻的挑的人，既练不出挑重担的本事，也做不来履重任的大事。

◆天下兴亡，匹夫有责。既然历史的接力棒已经传到了我们这一代人手上，就没有"旁观者"和"局外人"，只有"责任田"和"军令状"。

◆疾风知劲草，板荡识诚臣。"敢不敢扛事、愿不愿做事、能不能干事"，是识别干部、评判优劣、奖惩升降的重要标准。

◆沧海横流显砥柱，万山磅礴看主峰。

◆知责任者，大丈夫之始也；行责任者，大丈夫之终也。

◆心中有责、乐于担当、主动作为，不仅认真履行责任，还勇于承担责任，做到监督执纪问责不打"退堂鼓"、不怕"得罪人"，集中精力种好自己的"责任田"。

◆"逆境顺境看襟度，大事难事看担当。"在其位就要谋其政，以担当的意识、担当的勇气、担当的能力、担当的胸怀，把主要精力用在工作上，义无反顾地为党的事业、为人民群众利益去奋斗。

◆看干部就是看肩膀，看能不能负重，能不能负荷，有多大担当才能干多大事业，尽多大责任才会有多大成就，要牢记责任重于泰山，夙夜在公、勤勉工作，敢啃最硬的骨头，敢挑最重的担子。

◆为"什么样的人"担当？一是要为冲锋陷阵者担当；二是要为敢于亮剑者担当；三是要为勇于改革者担当；四是要为无私忘我者担当。

◆如何为敢于担当者而担当？要健全完善"容错机制"，为敢于担当者"兜住底"；要健全完善"考评机制"，让敢于担当者"吃得香"；要健全完善"保护机制"，让敢于担当者"无牵挂"。

◆领导班子负责"不松手"、主要领导尽责"不甩手"、班子成员担责"不缩手"。

◆敢担当者有勇、能担当者有谋、善担当者有为，有多大担当才能干多大事业，尽多大责任才会有多大成就。

◆担当是精神，也是能力，要克服本领恐慌，锻造"金刚钻"，涵养"硬功夫"，练就"宽肩膀"，勇挑"千斤担"，在"急难险重"的一线经风雨、见世面、壮筋骨、长才干，到吃劲岗位、重要岗位上去"墩墩苗",补齐知识弱项、能力短板、经验盲区。

◆一定要担当起来,绝不能当"鸵鸟"、假装没看见,也不能打"太极"、推上推下,更不能转"陀螺",滑滑溜溜、抽抽转转,就是靠不住、不能承重。

◆"比方法更关键的是担当。"实干与担当,犹如一对孪生兄弟。离开实干,再漂亮的口号也是空中楼阁,再有分量的担当也难以落地生根;没有担当,遇到问题绕着走、碰到矛盾躲着走,也当然不可能有真正意义上的实干。

◆需要铁肩担责、抓铁有痕。不能因为限制多了,管束严了,要求高了,就有了"只要不出事、宁愿不做事"的为官不为和"不求过得硬、只求过得去"的敷衍了事。

◆最大的担当是为党和人民事业而担当,最好的实干是谋求发展的实效实绩。

◆有知无畏,需要信念、智慧和信心;担当实干,需要果敢、奉献和坚韧。

◆担当精神的时代内涵:敢扛大事、不畏难事;敢碰矛盾、不惧挑战;敢推改革、不避风险;敢担过失、不推责任。

◆担当精神的实践要求:矢志不渝的政治担当;攻坚克难的使命担当;恪尽职守的为民担当;坚定不移的改革担当;清正廉洁的作风担当。

◆担当精神的培育路径:注重党性教育,强化想干敢干的担当;突出问题意识,提升能干会干的本领;树立鲜明导向,弘扬真干实干的作风。

◆要时刻牢记肩上的责任,以在其位、谋其事、尽其职的责任感，以时不我待、只争朝夕的紧迫感，以无为即过、不进则退、慢进也是退的危机感，全力以赴地履行好自己的职责，在新的岗位上不断取得新成绩、作出新贡献。

◆要善于担当，不断提升干成事的水平，以辩证思维解忧难，以法治思维图善治，以系统思维聚合力，以底线思维定边界，以创新思维增活力，善始善终，善作善成。

◆要敢于担当，面对困难、挑战和考验，有一种我来、我上、我干、我行的勇气，在攻坚克难中拿下"烫手的山芋"、冲破改革的险阻、化解发展的难题、办好民生的实事。

◆干事不避事、担责不塞责，最重的担子自己先挑，最硬的骨头自己先啃，最烫的山芋自己先接，既能守住底线，又能攀登高峰。

◆和平时期，担当是"铺石以开大道"的气度，是"筚路以启山林"的责任，是"功成不必在我"的境界，是"功成必定有我"的精神。

◆强化"昼无为、夜难寐"的责任感和"朝受命、夕饮冰"的事业心。

◆担当大小，体现着干部的胸怀、勇气、格调，有多大担当，才能干多大事业。

◆做事业的"定海神针"是荣光，更是责任和担当。忠诚是她的初心，坚强是她的品质，奋斗是她的本色，奉献是她的情怀。不负这一称谓，就能在历史的荡涤中凸显其坚，在风雨的洗礼中益彰其华，在执着的奋斗中锻炼其纯。

◆从张载的"为天地立心，为生民立命，为往圣继绝学，为万事开太平"，顾炎武的"天下兴亡、匹夫有责"，到抗战时的"一寸山河一寸血，十万青年十万军"，无不彰显了中华儿女高度的责任感和敢于担当的精神品质。

◆好干部必须有责任重于泰山的意识，坚持党的原则第一、党的事业第一、人民利益第一，敢于旗帜鲜明，敢于较真碰硬，对工作任劳任怨、尽心竭力、善始善终、善作善成。

◆倒逼时限，倒排工期，倒查责任，把使命放在心上、把责任扛在肩上、把工作抓在手里，静下心来沉下去、身先士卒冲上去、发挥作用干进去，与时间赛跑、向困难挑战，以冲刺赶考的状态，以决战决胜的姿态，千方百计确保全年各项目标圆满实现。

◆打通责任链，织密责任网，签订责任书，立下军令状。时序上到季到日，责任上到人到岗，以目标倒逼进度、时间倒逼程序、督查倒逼落实。

▶▶▶链接：小故事

1. 担当——向我看齐

秦振华，1992年到张家港做市委书记，3年时间让落后的"苏南边角料"张家港的各项发展指标一路飙红。被人举报，他说："官帽就拎在手里，随时准备挂冠而去。"他在市委常委会上喊出"向我看齐"的口号，胆大心细，主动作为。面对非议，用一身正气能抵御"歪风邪气"。记者问秦振华书记，您认为什么是担当？秦书记说："领导干部最大的担当，就是为党、为人民干事，敢于承担风险；能干事、干成事就是担当；无论什么困难都能解决叫担当；碰到困难不讲困难，只做不说，那叫担当。"

2. 钱学森回国

伟大的科学家钱学森年轻时留学美国，学有所成后，听说中华人民共和国成立的消息，毅然放弃自己正处于高峰的科学事业，不顾美国政府的反对，放弃了优越的生活环境，放弃高额薪水，冲破重重阻碍，回到祖国的怀抱，执意回国效力，担起了建设新中国和捍卫民族尊严的重任。钱学森不负重托，几十年如一日地为我国的国防科技事业拼搏奋斗，在"一穷二白"的条件下开创了新中国的航天事业，取得了一个又一个震惊世界的伟大成就。他双手重新抓住的却是中国导弹事业，扶起的亦是中华民族不屈的灵魂。

3. 对过失负责

1920 年，美国一个年仅 11 岁的男孩在踢足球时踢碎了邻居的玻璃，人家索赔 12.5 美元。当时 12.5 美元可以买 125 只下蛋的母鸡，闯了祸的男孩向父亲承认错误后，父亲让他自己对过失负责。可他没钱，父亲说："钱我可以先借给你，但一年后还我。"从此，这个男孩就开始了艰苦的打工生活。半年后，他终于还给了父亲 12.5 美元。这个男孩就是后来成为美国总统的罗纳德·里根。我不知道，如果没有经历这件事，里根还是不是现在的里根。但我知道，他父亲的所作所为是为了让他懂得：犯了错就该勇于承担后果，不逃避，也不推卸责任。一个有责任心的人就拥有了至高无上的灵魂和坚不可摧的力量；一个有责任心的人在别人心中就如同一座有高度的山，不可逾越，不可挪移。渴望成功，那么，就先做一个有责任心的人吧！

4. 担当造就不平凡

一个少女到东京帝国酒店做服务员，这是她涉世之初的第一份工作。但她万万没有想到上司安排她洗厕所！上司对她工作质量的要求特别高：必须把马桶抹洗得光洁如新！怎么办？是接受这个工作？还是另谋职业？一位先辈看到她的犹豫态度，不声不响地为她做了示范，当他把马桶洗得光洁如新时，他竟然从中舀了一碗水喝了下去！先辈对工作的态度，使她明白了什么是工作，什么是责任心，从此她漂亮地迈出了职业生涯的第一步，并踏上了成功之路。自然，她所清洗的厕所，一向光洁如新，她也不止一次地喝过马桶里的水。几十年一瞬而过，如今她已是日本政府的邮政大臣。她的名字叫野田圣子。

5. 远涉重洋的一封来函

武汉市鄱阳街的景明大楼建于 1917 年，是一座 6 层楼房。在 1997 年，也就是这座楼度过了漫漫 80 个春秋的一天，突然收到当年的设计事务所从远隔重洋的英国寄来的一份函件。函件告知：景明大楼为本事务所 1917 年设计，设计年限为 80 年，现已到期，如再使用为超期服役，敬请业主注意。

80 年，不要说设计者，就是施工人员恐怕也不在世了吧。竟然还有人为它操心，还在守着一份担当、一份承诺。

20. 创 新

(一) 古诗词

1. 苟日新，日日新，又日新。——商，汤之《盘铭》

【释义】如果能够一天新，就应保持天天新，新了还要更新。

2. 为有牺牲多壮志，敢教日月换新天。——毛泽东《七律·到韶山》

【释义】因为太多的壮志才会有牺牲，但我敢令天地翻覆换一副新颜。

3. 不日新者必日退。——宋，程颢、程颐《二程集》

【释义】君子学习做不到日新，就是用心不够，有私心、懒惰之心。学习不用心、不精纯，必然退步。

4. 删繁就简三秋树，领异标新二月花。——清，郑燮《赠君谋父子》

【释义】强调要善于创新，去繁就简就像三秋树去叶寸干，标新立异就像二月花美好新鲜。

5. 问渠那得清如许，为有源头活水来。——宋，朱熹《观书有感》

【释义】要问池塘里的水为何这样清澈呢？是因为有永不枯竭的源头源源不断地为它输送活水。

6. 穷则变，变则通，通则久。——周，姬昌《周易·系辞下》

【释义】事物到了山穷水尽的地步就必须有所变化，变化则能通达，能通达则能恒久。

7. 周虽旧邦，其命维新。——春秋，孔子《诗经·大雅·文王》

【释义】周朝虽然是旧的邦国，但其使命在革新。

8. 长江后浪推前浪，世上新人赶旧人。——明，佚名《增广贤文》

【释义】长江的后浪推进前浪一步一步地前进，一浪胜过一浪。世上的新人踏着前人的脚步一代代地更换！

9. 满眼生机转化钧，天工人巧日争新。——清，赵翼《论诗》

【释义】自然界和人类社会不断地运动发展，新事物新思想层出不穷。

10. 芳林新叶催陈叶，流水前波让后波。——唐，刘禹锡《乐天见示伤微之敦诗晦叔三君子皆有深分因成是诗以寄》

【释义】芳林中的新叶不断催换着旧叶，流水里前波总是让位给后波。

（二）名言

★创新就是创造性地破坏。——〔奥地利〕熊彼特

★创新是科学房屋的生命力。——〔美国〕阿西莫夫

★独创常常在于发现两个或两人以上研究对象或设想之间的联系或相似之点。——〔英国〕贝弗里奇

★对新的对象必须创出全新的概念。——〔法国〕柏格森

★凡能独立工作的人，一定能对自己的工作开辟一条新的路线。——吴有训

★凡是创新的时代总会有人死在半路上，但是这些失败或者遇到困难的公司并不代表它没有价值，它的价值就是告诉大家其实这个领域是可以一试的。——李学凌

★非经自己努力所得的创新，就不是真正的创新。——〔日本〕松下幸之助

★或者创新，或者消亡。尤其是在技术推动型产业，再也没有比成功消失得更快的了。——〔美国〕比尔·萨波里托

★如果你要成功，你应该朝新的道路前进，不要跟随被踩烂了的成功之路。——〔美国〕约翰·洛克菲勒

★若无某种大胆放肆的猜想，一般是不可能有知识的进展的。——〔美国〕爱因斯坦

★想出新办法的人在他的办法没有成功以前，人家总说他是异想天开。——〔美国〕马克·吐温

★想象力比知识更重要，因为知识是有限的，而想象力概括着世界上的一切，推动着进步，并且是知识进步的源泉。——〔美国〕爱因斯坦

★创新需要一定的灵感，这灵感不是天生的，而是来自长期的积累与全身心的投入。没有积累就不会有创新。——王业宁

★一个人想做点事业，非得走自己的路。要开创新路子，最关

键的是你会不会自己提出问题，能正确地提出问题就是迈开了创新的第一步。——李政道

★在科学上，每一条道路都应该走一走。发现一条走不通的道路，就是对于科学的一大贡献。——〔美国〕爱因斯坦

★只有先声夺人，出奇制胜，不断创造新的体制、新的产品、新的市场和压倒竞争对手的新形势，企业才能立于不败之地。——黄汉清

★致富的秘诀，在于"大胆创新、眼光独到"八个大字。——陈玉书

★作出重大发明创造的年轻人，大多是敢于向千年不变的戒规、定律挑战的人，他们做出了大师们认为不可能的事情来，让世人大吃一惊。——〔法国〕费尔马

★企业一旦站立到创新的浪尖上，维持的办法只有一个，就是要持续创新。——张瑞敏

★可持续竞争的唯一优势来自于超过竞争对手的创新潜质。——〔美国〕詹姆斯·莫尔斯

★科学到了最后阶段，便遇上了想象。——〔法国〕雨果

★此刻一切完美的事物，无一不是创新的结果。——〔英国〕穆勒

★如果学习只在模仿，那么我们就不会有科学，也不会有技术。——〔苏联〕高尔基

★创新就是在生活中发现了古人没有发现的东西。——李可染

★一个具有天才的禀赋的人，绝不遵循常人的思维途径。——〔法国〕司汤达

★随着一种观念的流行，言语创新的程度丝毫不亚于习惯改变的程度。——〔英国〕塞·约翰逊

★任何研究工作都应有所创新。创新的基础，一是新概念的指导，二是新方法的突破。——王鸿祯

★观念创新就是目标创新，目标创新就是提出别人认为不可能到达的目标，并用创新的办法实现它。——张瑞敏

★遇到难题时，我总是力求寻找巧妙的思路，出奇制胜。——朱清时

★咱们不能人云亦云，这不是科学精神，科学精神最重要的就是创新。——钱学森

★天才的主要标记不是完美而是创造，天才能开创新的局面。——〔英国〕亚瑟·柯斯勒

★同是不满于现状，但打破现状的手段却不同：一是革新，一是复古。——鲁迅

★创新就是率先模仿。——佚名

（三）金句

◆创新是引领发展的第一动力。

◆坚持创新发展，就是要把创新摆在国家发展全局的核心位置，让创新贯穿国家一切工作，让创新在全社会蔚然成风。

◆创新是一个民族进步的灵魂，是一个国家兴旺发达的不竭动力，也是中华民族最深沉的民族禀赋。在激烈的国际竞争中，惟创新者进，惟创新者强，惟创新者胜。

◆抓创新就是抓发展，谋创新就是谋未来。我们必须把发展基点放在创新上，通过创新培育发展新动力、塑造更多发挥先发优势的引领型发展，做到人有我有、人有我强、人强我优。

◆当今世界，谁牵住了科技创新这个"牛鼻子"，谁走好了科技创新这步先手棋，谁就能占领先机、赢得优势。

◆人才是创新的根基，是创新的核心要素。创新驱动实质上是人才驱动。

◆创新是民族进步的灵魂，是一个国家兴旺发达的不竭源泉，也是中华民族最深沉的民族禀赋，正所谓"苟日新，日日新，又日新"。生活从不眷顾因循守旧、满足现状者，从不等待不思进取、坐享其成者，而是将更多机遇留给善于和勇于创新的人们。

（注：以上摘自习近平金句）

◆创新是企业的动力之源，质量是企业的立身之本，管理是企业的生存之基，必须抓好创新、质量、管理，在激烈的市场竞争中始终掌握主动。

◆综合国力竞争说到底是创新的竞争。

◆唐代书法家李邕说："似我者俗，学我者死。"宋代诗人黄庭坚说："随人作计终后人，自成一家始逼真。"

◆"新者生机也，不新则死。"增强创新思维，就是要有敢为人先的锐气，摒弃不合时宜的旧观念，以思想认识的新飞跃开启工作新局面。

◆无论是"日新之谓盛德"，还是"苟日新，日日新，又日新"，说出了一个道理，变革是时代潮流，创新是时代品格。只有顺应历史潮流，积极应变，主动求变，勇于创新，才能与时代同行，进而引领时代。

◆《礼记·大学》中就提到"苟日新，日日新，又日新"，无论是个人、社会，还是国家，都需要在时间的洪流中不断适应形势，日新其德。所以，变革从来不是中国文化所抗拒的。

◆变化者，乃天地之自然。

◆新陈代谢这一普遍规律启示我们，在知识上要不断汰旧求新，吐故纳新，不断重新进行学习，勇于扬弃陈旧之物。

◆创新思维从本质上说是一种不满足现状的进取精神，一种敢于开辟新境界的魄力和胆识。

◆"苟利于民，不必法古；苟周于事，不必循俗。"面对新问题和新挑战，政府的解决方案不可能向壁虚造、闭门造车。

◆"风物长宜放眼量。"故步自封只会节节倒退，循规蹈矩只会把我们引到错误的方向上去，墨守成规只会让我们湮没在历史的洪流当中。

◆没有革故鼎新、披荆斩棘的魄力，没有不畏艰难、不惧阻力的意志，没有中流击水、敢涉险滩的勇气，就不可能体制一新、结构一新、格局一新、面貌一新，也不可能实现政治生态重塑、组织形态重塑、力量体系重塑、作风形象重塑。

◆爱因斯坦说过，"不做新鲜事的人是不会犯错误的"。换个角度理解，就是开拓创新有风险，甚至可能会犯错误。但是，千山万水，创新为路；千沟万壑，创新为桥。很多时候，不做"新鲜事"就难有出路，甚至没有活路。

◆抓创新就是抓发展，谋创新就是谋未来。

◆自主创新是推动高质量发展、动能转换的迫切要求和重要支撑，必须创造条件、营造氛围，调动各方面创新积极性，让每一个有创新梦想的人都能专注创新，让每一份创新活力都能充分迸发。

◆开放和创新，是车之两轮、鸟之两翼。

◆唯有着眼前沿，才能抢占未来发展制高点；唯有加速创新，才能实现中国在全球价值链上的攀升。

◆必须要进一步增强创新意识，始终保持一种创造的热情、一种超越自我的激情，一种敢闯敢试的豪情，大胆地实践探索。

◆中国如果不走创新驱动道路，新旧动能不能顺利转换，是不可能真正强大起来的，只能是大而不强。

◆"太阳底下无新事""太阳每天都是新的"，这两句俗语，或许正揭示着创新的秘密：超越最伟大的对手，才有最伟大的创新。

◆创新有时候是"寂寞的长跑"，有时候又是"冒险的攀登"。

◆尤其在创造特色、培植亮点方面，切忌鹦鹉学舌、照猫画虎，搞齐步走、一刀切。

◆因循守旧，按部就班、机械式工作，可能不会出错，但一定不会"出彩"。只有不断前进、开拓创新才能适应新形势、新变化、新要求。

◆创新思维是一种以新颖独创的方法来分析和解决问题的思维方式。坚持这种思维能打破思维定势、走出路径依赖，大胆冲破思想观念的束缚，找到解决疑难问题的新思路。

◆善于在学习钻研中打开新视野、树立新观念，善于在调查研究中认清新特点、把握新规律，善于在破解难题中增长新本领、开创新局面。

◆思想变，面对繁重工作和任务迎难而上；态度变，遇到困难和难处正确对待；作风变，讲究雷厉风行、立时见效。

◆坚持创新在我国现代化建设全局中居于核心地位，把科技自

227

立自强作为国家发展的战略支撑，面向世界科技前沿、面向经济主战场、面向国家重大需求、面向人民生命健康，深入实施科教兴国战略、人才强国战略、创新驱动发展战略，完善国家创新体系，加快建设科技强国。

◆打好关键核心技术攻坚战，提高创新链整体效能。

▶▶▶链接：小故事

1. 郑板桥独创一体

郑板桥是清代书画家、文学家，"扬州八怪"之一。他自幼爱好书法，立志掌握古今书法大家的要旨。他勤学苦练，但开始时只是反复临摹名家字帖，进步不大，深感苦恼。据说，有次练书法入了神，竟在妻子的背上画来画去。妻子问他这是干什么，他说是在练字。他妻子嗔怪道："人各有一体，你体是你体，人体是人体，你老在别人的体上缠什么？"

郑板桥听后，猛然醒悟到：书法贵在独创，自成一体，老是临摹别人的碑帖，怎么行呢？从此以后，他力求创新，摸索着把画竹的技巧渗在书法艺术中，终于形成了自己独特的风格——板桥体。

2. 拉链的发明

一百多年前，一位叫贾德森的美国人外出旅行。下火车时，因人多拥挤，他看见有位老太太携带的袋子的袋口被人挤坏了，东西撒了一地。贾德森乐于助人，帮她捡了起来。但车站里没有东西缝口袋，老太太拿着十分不便。这件事印在了贾德森的脑海里。一次，贾德森到铁匠铺去买勺子。他看见这里的勺子排得十分整齐。上边一排勺子被一根钢筋穿过勺眼挂着，下面一排则是勺柄朝下，通过勺部和上一排"咬"在一起。贾德森选中下面的一把，想拿却拽不动。这时，铁匠师傅让他把周围的勺子向两边移。果然，他很轻松地就取下一把勺子。回到家中，贾德森突然联想起了老太太那天的遭遇。他想，为什么不能利用铁勺子的这种组合关系，发明一种能够方便分开又结合在一起的东西呢？经过反复试验，贾德森终于发明了人类历史上的第一根拉链。

3. 白石老人五易画风

齐白石，本是个木匠，靠着自学，成为画家，荣获世界和平奖。然而，面对已经取得的成功，他永不满足，而是不断汲取历代名画家的长处，改变自己作品的风格。他 60 岁以后的画，明显地不同于 60 岁以前。70 岁以后，他的画风又变了一次。80 岁以后，他的画的风格再度变化。据说，齐白石的一生，曾五易画风。正因为白石老人在成功后仍然马不停蹄，所以他晚年的作品比早期的作品更为成熟，形成独特的流派与风格。

4. 橘色创意

美国加州曾通过一项新法案，原来的高速公路，采用黄色反射标志因为不明显，一律全部改成橘色。由于涂了黄色漆的标志无法涂成橘色，政府决定将所有的黄色标志全部废掉。就在这时，加州高速公路监管处的一位员工想出一个独到的办法：只要在黄色标志上涂上透明的红色漆，这样标志同样可以呈现出橘色来。这个创意被政府采纳，一下子节省了 11 万美元的费用，这位员工也受到了政府的奖励。

5. 突破权威

25 岁的爱因斯坦敢于冲破权威圣圈，大胆突进，赞赏普朗克假设并向纵深引申，提出了光量子理论，奠定了量子力学的基础。随后又锐意破坏了牛顿的绝对时间和空间的理论，创立了震惊世界的相对论，一举成名。

21. 廉 政

（一）古诗词

1. 不要人夸好颜色，只留清气满乾坤。——元，王冕《墨梅》

【释义】梅花并不以鲜艳的颜色吸引人，讨好人，博得人们的赞美，只愿散发缕缕清香充溢在天地间。

2. 历览前贤国与家，成由勤俭败由奢。——唐，李商隐《咏史》

【释义】遍观历代前贤治国治家的经验教训，成功多由勤俭，衰落常因奢侈。

3. 得福常廉祸自轻，坦然无愧亦无惊。——宋，陆游《书室名可斋或问其义作诗告之》

【释义】一个人若能常葆清廉，自然就会福重祸轻。这样就能心地坦然，无愧无惊。

4. 粉身碎骨浑不怕，要留清白在人间。——明，于谦《石灰吟》

【释义】即使粉身碎骨也完全不害怕，只要自己在人间的名声是清白的。

5. 物必先腐，而后虫生。——宋，苏轼《范增论》

【释义】事物必定是自己内部先腐坏了，而后才能有蛆虫滋长出来。

6. 公生明，廉生威。——明，年富《官箴》刻石

【释义】公正使人显得光明磊落，廉洁则使人显得不怒自威。

7. 奢靡之始，危亡之渐。——唐，《新唐书》

【释义】奢靡行为开始之时，也是危亡渐渐来临之际。

8. 自律不严，何以服众？——元，张养浩《凤宪忠告》

【释义】长官自我约束不严格，怎么能让众人信服？

9. 俭者节欲，奢者放情。放情者危，节欲者安。——三国，桓范《政要论·节欲》

【释义】节俭的人能节制私欲，奢侈的人放任纵情；放任纵情易遭危险，节制私欲能保平安。

10. 出淤泥而不染，濯清涟而不妖。——宋，周敦颐《爱莲说》

【释义】莲花虽然是从淤泥中生长出来，但洁净无染；虽然是沐浴在清澈透底的水波中，但朴实无华。

11. 廉者，民之表也；贪者，民之贼也。——宋，包拯《乞不用脏吏》

【释义】廉洁的官吏，是人民的表率；贪赃的官吏，是人民的盗贼。

（二）名言

★廉不言贫，勤不言苦；尊其所闻，行其所知。——古格言联

★金玉满堂，莫之能守；富贵而骄，自遗其咎。——老子

★祸莫大于不知足，咎莫大于欲得。——老子

★不欲以静，天下将自正。——老子

★甚爱必大费，多藏必厚亡。故知足不辱，知止不殆，可以长久。——老子

★不欲以静，天下将自正。——老子

★廉者常乐无求，贪者常忧不足。——司马光

★临大利而不易其义，可谓廉矣。——《吕氏春秋·忠廉》

★知足则乐，务贪必忧。——林逋

★拒腐败，求不治。——毛泽东

★贪污和浪费是极大的犯罪。——毛泽东

★花以芳香而美好，官以清廉而高贵。——姚宗岭

★诚欲正朝廷以正百官，当以激浊扬清为第一要义。——顾炎武

★贪污受贿，此弊不去，为患浸深。——包拯

★时人谩把廉名道，此水由来不为名。——祁顺

★心无私欲，自然会刚；心无邪曲，自然会正。——陆拢其

★男儿欲上凌烟阁，第一功名不爱钱。——杨继盛

★钱财如粪土，仁义值千金。——冯梦龙

★文臣不爱钱，武臣不惜死，天下太平矣。——岳飞

★激浊而扬清，废贪而立廉。——柳宗元

★海纳百川，有容乃大；壁立千仞，无欲则刚。——林则徐

★俭朴的生活，不但·可使精神愉快，而且可以培养革命品质。——徐特立

★测量一个人的力量的大小，应看他的自制力如何。——〔意大利〕但丁

★奢侈的必然结果——风化的解体，反过来又引起了趣味的腐化。——〔法国〕卢梭

★奢侈总是跟随着淫乱，淫乱总是跟随着奢侈。——〔法国〕孟德斯鸠

（三）金句

◆节俭朴素，力戒奢靡，是我们党的传家宝。

◆一个人能否廉洁自律，最大的诱惑是自己，最难战胜的敌人也是自己。

◆要让每一个干部牢记"手莫伸，伸手必被捉"的道理。"见善如不及，见不善如探汤。"领导干部要心存敬畏，不要心存侥幸。

◆一个人廉洁自律不过关，做人就没有骨气。

◆要牢记清廉是福、贪欲是祸的道理，树立正确的权力观、地位观、利益观，任何时候都要稳得住心神、管得住行为、守得住

清白。

◆领导干部特别是高级干部要明大德、守公德、严私德，做廉洁自律、廉洁用权、廉洁齐家的模范。

◆全党同志要深刻认识反腐败斗争的长期性、复杂性、艰巨性，以猛药去疴、重典治乱的决心，以刮骨疗毒、壮士断腕的勇气，坚决把党风廉政建设和反腐败斗争进行到底。

◆对违规违纪、破坏法规制度踩"红线"、越"底线"、闯"雷区"的，要坚决严肃查处，不以权势大而破规，不以问题小而姑息，不以违者众而放任，不留"暗门"、不开"天窗"，坚决防止"破窗效应"。

◆一名领导干部的蜕化变质往往就是从生活作风不检点、生活情趣不健康开始的，往往都是从吃喝玩乐这些看似小事的地方起步的。如果领导干部生活作风上不检点、不正派，在道德情操上打开了缺口，出现了滑坡，那就很难做到清正廉洁。

（注：以上摘自习近平金句）

◆面对公与私、义与利、是与非、正与邪之间的矛盾，要想担起肩上重任、不负人民重托，就要勤于检视心灵、洗涤灵魂，敬畏法律、敬畏纪律，清清白白做人、干干净净做事，以身作则、率先垂范，带头树好廉洁自律的风向标。

◆从严治吏，炼铁成钢。严管就是厚爱。从严治吏打出了一套当下"改"、长久"立"的组合拳，令干部队伍经历了一场脱胎换骨的"革命性锻造"。

◆执纪者必先守纪，律人者必先律己。

◆"志忍私，然后能公；行忍性情，然后能修。"明晰公与私的边界，才能成就廉洁品质；抵御外在诱惑，才能磨砺理想人格。

◆ "不能胜寸心，安能胜苍穹"，唯有在内心把好世界观、人生观、价值观的"总开关"，形成不想腐的自觉，才能从根本上真正杜绝腐败，练就"金刚不坏之身"。

◆奢欲虽然没有牙齿，但可以吃掉人的理想；虽然没有双手，但可以把人拉上歧途。

◆做事当以勤为先，为官当以廉为鉴。

◆制度千万条，自律最重要。

◆做人德为本，做事民为先，做官法为上。

◆人生唯有廉洁重，世界须凭气骨撑。

◆如果说成功的事业是一个圆，那么，廉政就是圆心，纪律就是半径。

◆廉则吏不敢慢，公则民不敢欺，公生明，廉生威，诚生信，勤生效。

◆对知识的追求是学习的动力，对金钱的贪婪是腐败的起因。

◆以清俭自律，以恩信待人，以夷坦去群疑，以礼让汰惨急。

◆一文虽微，能污清白人格，万金价昂，难收公道人心。

◆歪风不止，正气难树；正气不树，事业难成。为那些想事和干事的党员干部撑腰壮胆，排忧解难。

◆奋起廉政双刃剑，外拒腐蚀，内防蜕变，上忠国家，下慰妻儿。

◆处事要公，公生明；律己要廉，廉生威；待人要诚，诚生信；工作要勤，勤生效。

◆在是非面前要有辨别能力，在诱惑面前要有自控能力，在警示面前要有悔过能力。

◆养廉贵在自律，立德贵在践行。

◆德如深山幽兰，不言自芳；欲似长堤蝼蚁，无孔不入。

◆廉洁从政三大忌：揽砺操行以修德业，当自重；甘淡泊以守清贫，当自省；谋善举以泽众生，当自励。

◆推杯换盏中放松警惕，小恩小惠前丢掉原则，轻歌曼舞中丧失人格。严格的监督和严明的纪律是防止党员干部腐化变质的有力保证。

◆强化不敢腐的震慑、扎牢不能腐的笼子、增强不想腐的自觉，通过不懈努力换来海晏河清、朗朗乾坤。

◆钱财看得轻一点，生不带来死不带去；名利看得淡一点，官从民来还回民去。

◆只有口渴时觉得能喝下整个大海，这叫贪念；真喝时只喝下属于自己的一杯清水，这叫自律。

◆鱼贪饵，容易上钩；人贪利，终落陷阱。

◆廉洁自律装在心中，幸福家园乐在其中。

◆廉洁是每一位党员领导干部的生命之本，是其从政的最起码要求，拥有它虽清贫却心安理得，失去它虽富有但寝食难安。

◆领导廉政群众服之，领导腐败职工唾之。

◆一身正气两袖清风，廉洁自守矢志不渝。

◆贪欲是腐败温床，自律乃廉洁沃土。

◆智者不惑，勇者不惧，勤者不贫，廉者不腐。

◆做事当以勤为先，为官当以廉为鉴。

◆廉而洁，一身正气；勤而俭，两袖清风。

◆自重、自省、自警、自律，方能走端行正；慎独、慎微、慎权、慎欲，勤为干事创业。

◆修身慎行、怀德自重、清廉自守。

◆官清则身轻，自律则自由。

◆"打虎"无禁区，"拍蝇"零容忍，"猎虎"撒天网。

◆从正风反腐、刮骨疗毒的"遭遇战"，到织密织牢制度之网的"阻击战"，再到构筑不想腐堤坝的"持久战"，近年来全面从严治党形成了强大的震撼效应，反腐败斗争压倒性态势已经形成并巩固发展。

◆保持敬畏之心，不交是非之人，不去是非之地，不做是非之事。

◆心存敬畏，手握戒尺，强化自我监督，校准思想之标，绷紧纪律之弦，调正行为之舵，自觉用党的纪律和规矩规范言行。

◆纪律既是"紧箍咒"，也是"护身符"。规矩不能破，红线不能碰，雷区不能踩。

◆纪律是铁，谁碰谁流血；纪律是钢，谁碰谁遭殃。

▶▶▶链接：小故事

1. 杨震拒金

东汉时，杨震在赴任途中经过昌邑时，昌邑县令王密山来拜访他，并怀金十斤相赠。杨震说："故人知君，君不知故人，何也？"

237

王密没听明白杨震的责备之意，说："天黑，无人知晓。"杨震说："天知，神知，你知，我知，何谓无知？"王密这才明白过来，大感惭愧，怏怏而去。

2. 一钱太守

东汉时，一位叫刘宠的人任会稽太守，他改革弊政，废除苛捐杂税，为官十分清廉。后来他被朝廷调任为大将之职，临走，当地百姓主动凑钱来送给即将离开的刘宠，刘宠不受。后来实在盛情难却，就从中拿了一枚铜钱象征性地收下。他因此而被称为"一钱太守"。

3. 海瑞告示拒礼

嘉靖二十八年（1549年）海瑞参加乡试中举，初任福建南平教谕，后升浙江淳安和江西兴国知县，按照当时官场的风气，新官到任，旧友高升，总会有人来送些礼品礼金，以示祝贺。这些礼品礼金只要数额不大，也是人之常情。然而海瑞公开贴告示说："今日做了朝廷官，便与家居之私不同。"然后把别人送的礼品一一退还，连老朋友贺邦泰、舒大猷远道送来的礼也不例外。至于公家的便宜，更是一分也不占。海瑞临终前，兵部送来的柴金多算了七钱银子，他也要算清了退回去。

4. 天下第一廉吏

清康熙初年，原广西罗城县令于成龙，被两广总督金光祖举荐为全省唯一"卓异"，升任合州知州。其子从山西老家来看他，他仅有一只还舍不得吃的咸鸭，乃割下一半作为让儿子带回老家的礼品，因此人称"半鸭知县"。离开罗城时，堂堂一位县令，竟然连赴任的路资也没有。当地百姓听到于成龙离去的消息，一片哭号，依依不舍，相送数十里。后来他出任堂堂两江总督，赴任途中只住旅馆，不住公馆。在总督府每餐只吃青菜，时人称之"于青菜"。当他逝世后，南京"士民男女无少长，皆巷哭罢市。持香楮至者，日数万人"。康熙帝破例亲为撰写碑文，称他是"天下第一廉吏"。

5. 做官即不许发财

1920 年 5 月，吉鸿昌的父亲得了重病。吉鸿昌回家探望，看到父亲那依依不舍的眼神，知道父亲有话要讲，便说："爹，您有啥话尽管说，孩儿一定铭记照办。"他的父亲语重心长地说："吾儿正直勇敢，为父放心，不过我有一句话要向你说明：当官要清白廉政，多为天下穷人着想，做官即不许发财。你只要做到这一点，为父才死而瞑目。不然，我在九泉之下也难安眠啊!"吉鸿昌强忍悲痛，含着热泪答道："孩儿记下了，请父亲放心!"

父亲病逝后，吉鸿昌即把"做官即不许发财"7 个字写在细瓷茶碗上，交给陶瓷厂仿照烧制。瓷碗烧好后，他用卡车拉到部队，集合全体官兵，举行了严肃的发碗仪式。他说："我吉鸿昌虽为长官，但我绝不欺压民众，掠取民财，我要牢记家父的教诲，做官不为发财，要为天下穷人办好事，请诸位兄弟监督。"接着，他亲手把碗发给全体官兵，勉励大家廉洁奉公。当时吉鸿昌在西北军冯玉祥部下任营长，只有 25 岁。

自此，吉鸿昌就将那只写有"做官即不许发财"的细瓷茶碗带在身边，用它作为一面镜子，时刻提醒自己应如何为人做事。这只碗随吉鸿昌将军走南闯北，直到他 39 岁牺牲。

22. 为 政

（一）古诗词

1. 治大国，如烹小鲜。——春秋，老子《道德经》

【释义】治理国家就像烹煎小鱼似的。喻指治理国家不要翻来覆去，不要动辄扰民，更不要乱折腾。

2. 政者，正也。子帅以正，孰敢不正？——春秋，《论语·颜渊》

【释义】所谓政，就是正的意思。为政者行为端正作出表率，谁还敢不端正呢？

3. 上者，民之表也。表正，则何物不正！——春秋，《孔子家语·王言解》

【释义】国王是百姓的表率。表率端正了，还有什么能不端正呢？

4. 为政以德，譬如北辰，居其所而众星拱之。——春秋，《论语·为政》

【释义】以道德教化来治理政事，就会像北极星那样，自己居于一定的方位，而群星都会环绕在它的周围。

5. 政贵有恒。——先秦，《尚书·毕命》

【释义】为政贵在有恒心。

6. 为政之道，以顺民心为本。——宋，程颐《代吕公著应诏上神宗皇帝书》

【释义】处理政务的方法，要以顺应人民的愿望为根本。

7. 政之所兴在顺民心，政之所废在逆民心。——春秋，管仲《管子·牧民》

【释义】政令所以能推行，在于顺应民心；政令所以废弛，在于违逆民心。

8. 知屋漏者在宇下，知政失者在草野，知经误者在诸子。——东汉，王充《论衡·书解》

【释义】房子是否漏雨，住在屋下的人最清楚；政策是否有过失，老百姓最有发言权；经书是否有错误，诸子的著述中写得最明白。

9. 治国犹如栽树，本根不摇则枝叶茂荣。——唐，吴兢《贞观政要》

【释义】治理国家就像种树一样，只要树根稳固不动摇，就能枝繁叶茂。

10. 为政之要，曰公与清；成家之道，曰俭与勤。——宋，李邦献《省心杂言》

【释义】指公正和清廉，是治国理政的要点；俭朴和勤劳，是持家兴家的要点。

11. 宰相必起于州部，猛将必发于卒伍。——战国，《韩非子·显学》

【释义】选拔的宰相必定有州部官吏工作的经历，选拔的虎臣将领必定出身于普通的步卒。

12. 为之于未有，治之于未乱。——春秋，老子《道德经》

【释义】要在事物尚未发生之时就预防处理，要在祸乱产生之前就早做准备。

13. 为政之要，莫先于用人。——宋，司马光《资治通鉴》

【释义】治理国家的关键，首推用人。

（二）名言

★不在其位，不谋其政。——孔子

★安而不忘危，存而不忘亡，治而不忘乱。——孔子

★苛政猛于虎。——《礼记·檀弓下》

★其为政也，善因祸而为福，转败而为功。——《史记·管晏列传》

★治大者不可以烦，烦则乱；治小者不可以怠，怠则废。——桓宽

★法不定，政多门，此乱国之风也。——荀悦

★善为政者，务在择人而已。——魏徵

★为政之要惟在得人。用非其才，必难致治。——吴兢

★善为政者，防于未然，均其有无，省其徭役。——张九龄

★前古之兴亡，未尝不经于心也；当世之得失，未尝不留于意也。——韩愈

★政通人和，百废俱兴。——范仲淹

★为政之道，以顺民心为本，以厚民生为本，以安而不扰为本。——程颐

★善将不择兵，善书不择笔。——刘子翚

★枉然地用恐怖政策来镇压人民。历史替我们证明，谁也没有成功过！恐怖不属于我们，恐怖是属于执行恐怖政策者的。——郭沫若

★号令必行的最有效办法，就是发号施令的人身体力行。——马识途

★为政最重要的一个规律是：一切政体都应订立法制并安排它的经济体系，使执政和属官不能假借公职，营求私利。——〔古希腊〕亚里士多德

★不在其位却显得能胜任其职，是件容易的事；而在其位又确实能胜任其职，则是件难事。——〔法国〕拉罗什富科

★规则应该少定，一旦定下之后，便得严格遵守。——〔英国〕约翰·洛克

★我把一切马虎敷衍的作风，特别是政治方面的，当作罪孽来痛恨，因为政治方面的马虎敷衍会造成千百万人的灾难。——〔德国〕歌德

★永远使用坦白而光明的手段这一伟大法则，似乎比消灭任何

局部性和暂时性的危害更加重要。——〔英国〕葛德文

★那些抓紧一切机会报喜不报忧的人是不能把大事委托给他们的。——〔英国〕威廉·赫兹里特

★把政治与个人私事分开始终是我的立身的严格的规则。——〔德国〕俾斯麦

★世界上最宽阔的是海洋，比海洋更宽阔的是天空，比天空更宽阔的是人的胸怀。对待不同文明，我们需要比天空更宽阔的胸怀。——〔法国〕雨果

★罗马帝国三次征服世界，第一次靠武力，第二次靠宗教，第三次靠法律。武力因罗马帝国灭亡而消亡，宗教随民众思想觉悟的提高、科学的发展而缩小影响，惟有法律征服世界是最为持久的征服。——〔德国〕耶林

★做对的事，任何时机都是好时机。——〔美国〕马丁·路德·金

（三）金句

◆食为政首，粮安天下。

◆"四铁干部"标准：具有铁一般信仰、铁一般信念、铁一般纪律、铁一般担当。

◆对"县委书记"群体的"四有"和"四要"要求：所谓"四有"，就是要始终做到心中有党、心中有民、心中有责、心中有戒，努力成为党和人民信赖的好干部；所谓"四要"，就是一要做政治的明白人，二要做发展的开路人，三要做群众的贴心人，四要做班子的带头人。

◆干部要严管，也要保护。

◆从政是一种事业的追求。若你既要从政，又想发财，那就只能去当让人指脊梁骨的脏官、贪官。

（注：以上摘自习近平金句）

◆以"改革意识"完善国家治理、以"忧患意识"锻造领导核心、以"历史意识"激荡复兴伟业、以"世界意识"成就共同梦想。

◆狠抓权力规范，扎好制度"铁篱笆"。狠抓权力制约，布好日常"监督哨"。狠抓权力防控，设好风险"警报器"。狠抓权力纠偏，念好问责"紧箍咒"。

◆"阳光是最好的防腐剂"，我们要习惯在"聚光灯"和"放大镜"下开展工作，秉公用权、规范行权。

◆讲政治、讲大局、讲担当，坚持把践行"两个维护"贯穿整改全过程。主动部署检查，严厉问责问效，以最坚决的态度、最坚定的决心、最有力的举措，确保如期完成整改任务。

◆提升"愿为"的思想觉悟，增强"善为"的实际本领，激发"有为"的内生动力。

◆破除灰色心态需算好乘除法：乘"坚定信念"之风，除"动摇理想"之心；乘"为民务实"之风，除"为官不为"之私；乘"严规肃纪"之风，除"损规破矩"之举。

◆倾情倾力做好托底工作，不因事难而推诿，不因善小而不为，要让每一个身处困境者都能得到社会的关爱和温暖。

◆要牢牢扭住简政放权、放管结合这个提效能、促廉政的"牛鼻子"，全力打通服务群众最后"一公里"。

◆在各自工作岗位上，争做"学习"的模范、"干事"的模范、"务实"的模范、"团结"的模范、"廉洁"的模范。

◆一个领导班子就像一艘在浩瀚的海洋上航行的舰船，每一个成员都身居一个不可缺少的岗位，哪一个岗位出了毛病，都有船翻人亡的危险。

◆只想当官不想干事、只想揽权不想担责、只想出彩不想出力，喜欢"大树底下好乘凉""左右推手打太极"，怕冒风险丢"位子"，怕担责任出"乱子"。

◆在科学部署上下功夫，在抓坏落实上做文章，在破解难点上求突破。

◆锁定新目标，一张蓝图给到底；谋求新跨越，一门心思抓发展；推出新举措，一鼓作气谱新篇。

◆突出重点抓关键，明确责任抓主体，试点创新求突破，强化督察促落实。

◆既要督任务、督进度、督成效，也要察认识、察责任、察作风。

◆强力乃国家之本，德行乃为政之末。

◆为政以公，行胜于言。

◆事业成就从公心中开拓出来，美誉威望从实干中积累起来，成就无愧于人民的功业，离不开为民任事、为国担当的忠肝义胆。

◆始终以民之所望为施政所向。

◆以敬民之心，行简政之道。

◆前事之失，后事之鉴。

◆国以任贤使能而兴，弃贤专已而衰。

◆即以其人之道，还治其人之身。

◆不要检查的管理是理想的管理。

◆为政之道，民生为本。我们要念之再三、铭之肺腑，多谋民生之利，多解民生之忧。

◆制度带有全局性、稳定性，管根本、管长远。唯有远行在制度的轨道上，才能避免虎头蛇尾，做到行稳致远。

◆以上率下，强力推动学习贯彻工作看展；创新引领，引导党员干部广泛深入参与建立制度，保障学习贯彻深入持久长效。

◆唯有益天下，方可惠本国。

▶▶▶链接：小故事

1. 广开言路

邹忌是战国时代齐国人，他身材高大、长相俊俏。然而从妻子、小妾、客人对他外形的评价中，他得出的"私我""畏我"和"有求于我"都会导致信息扭曲，进而从中悟出治国理政应该广开言路的道理，并劝谏齐威王虚心纳谏、兼听则明，推动齐国称霸诸侯。

2. 鞠躬尽瘁

诸葛亮，东汉末年杰出的政治家、外交家、军事家、发明家。少年得志，以光复汉室为己任，具有较高的政务处理能力，对内施行屯田制和义务兵役制发展生产，对外积极联合吴国抗击魏国。曾多次带领军队出征，平定内乱，对魏国以攻为守，以弱抗强，取得了一系列胜利。为人谦虚忠诚，大权在握却兢兢业业为汉室服务，品德高尚（鞠躬尽瘁，死而后已），还在业余时间发明了木牛流马，改良了水车等，但没有来得及培养出合格的接班人，完成未尽事业，给世人留下了遗憾。

3. 政令明确

孔子说："用法制禁令去引导百姓，使用刑法来约束他们，老百姓只是求得免于犯罪受惩，却失去了廉耻之心；用道德教化引导百姓，使用礼制去统一百姓的言行，百姓不仅会有羞耻之心，而且也就守规矩了。"

4. 苑囿嫌大

齐宣王问孟子说："我听说周文王的猎苑足足围了七十里，有没有这样的事？"孟子说："书上是这样记载的。""难道真有这么大吗？""当时老百姓还嫌太小呢。"齐宣王叹口气说："我的猎苑只围了四十里，老百姓都嫌太大了，为什么呢？"孟子说："文王的猎苑虽然方圆七十里，可是老百姓可以进去砍柴，文王和人民一同使用这猎苑，因此，人民嫌它太小。而您呢？我初来齐国，问明了禁令才敢入境，听说大王的猎苑不准百姓砍柴拾草，不准随意进出，杀死一头麋鹿，就要判成死罪。这不是设下了一个方圆四十里的陷阱了吗？人民嫌它太大，难道不合情理吗？"

5. 大禹治水

大禹率领民众与自然灾害中的洪水斗争，最终获得了胜利。面对滔滔洪水，大禹从鲧治水的失败中吸取教训，改变了"堵"的办法，对洪水进行疏导，体现出他具有带领人民战胜困难的聪明才智。大禹为了治理洪水，长年在外与民众一起奋战，置个人利益于不顾，"三过家门而不入"。大禹治水13年，耗尽心血与体力，终于完成了治水的大业。

五、处世之道

23. 诚　信

（一）古诗词

1. 人无忠信，不可立于世。——宋，程颐

【释义】一个人如果不讲忠诚和信义，那么他将无法在世界上立足。

2. 人而无信，不知其可也。——春秋，《论语·为政》

【释义】一个人不讲信用，真不知他是否可以（做成事），即人不讲信用是不行的。

3. 言必信，行必果。——春秋，《论语·子路》

【释义】说话一定要算数，行动一定要坚决、果断。

4. 诚者，天之道也；思诚者，人之道也。——春秋，孟子《孟子·离娄上》

【释义】诚信是天地之大道，天地之根本规律；追求诚信，则是做人的根本原则。

5. 其言必信，其行必果，已诺必诚，不爱其躯。——西汉，司马迁《史记·七十列传·游侠列传》

【释义】说话一定守信用，办事求结果，答应人家的事一定兑现，不吝惜自己的生命。

6. 口言之，身必行之。——战国，《墨子·公孟》

【释义】嘴上说的，一定要做到。

7. 自古驱民在诚信，一言为重百金轻。——宋，王安石《商鞅》

【释义】从古以来统治人民在于诚信，一言为重，百金为轻。

8. 精诚所至，金石为开。——汉，王充《论衡·感虚篇》

【释义】人的诚心所到，能感动天地，使金石为之开裂。比喻只要专心诚意去做，什么疑难问题都能解决。

9. 君子养心，莫善于诚。——战国，荀况《荀子·不苟》

【释义】君子陶冶思想性情，提高自己的道德修养，没有什么比诚心诚意更重要的了。

10. 巧诈不如拙诚。——战国，韩非子《韩非子·说林上》

【释义】巧智伪诈，不如笨拙而诚实。

（二）名言

★夫轻诺必寡信，多易必多难。——老子

★信不足焉，有不信焉。——老子

★内不欺已，外不欺人。——弘一大师

★以诚待人，别人也会以诚相见。——〔日本〕池田大作

★信用是难得易失的。费十年工夫积累的信用，往往由于一时一事的言行而失掉。——〔日本〕池田大作

★做一个有信义的人胜似做一个有名气的人。——〔美国〕罗斯福

★遵守诺言就像保卫你的荣誉一样。——〔法国〕巴尔扎克

★一个人受到公众的信任时，他就应当把自己看作为公众的财产。——〔美国〕杰弗逊

★诚实是一个人得以保持的最高尚的东西。——〔英国〕乔叟

★在拿不准时，要诚实。——〔美国〕马斯洛

★真诚才是人生最高的美德。——〔英国〕乔叟

★老老实实最能打动人心。——〔英国〕莎士比亚

★忠诚需要完完全全的真实。——〔法国〕夏尔丹

★走正直诚实的生活道路，必定会有一个问心无愧的归宿。——〔苏联〕高尔基

★我希望自己有足够的勇气和美德来保持我认为是所有头衔中最令人羡慕的品质——一个"老实人"的品质。——〔美国〕华盛顿

★没有诚实，何来尊严？——〔古罗马〕西塞罗

★真诚是一种心灵的开发。——〔法国〕拉罗什夫科

★诚实比一切智谋更好。——〔德国〕康德

★诚实是人生的命脉，是一切价值的根基。——〔美国〕德莱塞

★诚实和勤勉，应该成为你永久的伴侣。——〔美国〕富兰克林

★忠诚是通向荣誉之路。——〔法国〕左拉

★没有一种罪恶比虚伪和背义更可耻了。——〔英国〕培根

★要正直地生活，别想入非非！要诚实地工作，才能前程远大。——〔俄国〕陀思妥耶夫斯基

★说出一个人真实的思想是人生极大的安慰。——〔法国〕伏尔泰

★失足，你可以马上恢复站立；失信，你也许永难挽回。——〔美国〕富兰克林

（三）金句

◆中华文化强调"言必信，行必果""人而无信，不知其可也"等等。像这样的思想和理念，不论过去还是现在，都有其鲜明的民族特色，都有其永不褪色的时代价值。

◆各类企业都要把守法诚信作为安身立命之本，依法经营，依法治企，依法维权。

◆"凡交，近则必相靡以信，远则必忠之以言。"中国坚持按照亲、诚、惠、容的理念，深化同周边国家的互利合作，努力使自身发展更好，惠及周边国家。

◆巴基斯坦认为"诚信比财富更有用"，中国认为"人而无信，不知其可也"，两国传统文化理念契合相通。

◆领导干部要把深入改进作风与加强党性修养结合起来，自觉

讲诚信、懂规矩、守纪律，襟怀坦白、言行一致，心存敬畏、手握戒尺，对党忠诚老实，对群众忠诚老实，做到台上台下一种表现，任何时候、任何情况下都不越界、越轨。

（注：以上摘自习近平金句）

◆"人而无信，不知其可也。"信用是一个人的第二生命，诚信是一个地区金不换的招牌。诚信的实质就是一诺千金，"一言为重百金轻"。诚信就是吸引力、就是凝聚力、就是生产力。

◆人之所以为人者，言也；人而不能言，何以为人？言之所以为言者，信也；言而不信，何以为言？

◆一个人如果没有信用，什么事也干不好。人与人之间的交往，关键是要讲信用。古人把守信看作是做人非常重要的品行之一，讲究言必信，行必果。人在社会上如果不讲信用，肯定没有人愿意与其交往，更不会赢得别人的信任。

◆诚实是立身之本，诚实是一种美德。人之无诚，不可为交。"欲当大任，须是笃实"。做人只有实实在在，老老实实，才能赢得别人的尊重，才能在社会上站稳脚跟。

◆只有能够坚持言必信、行必果的守信之人，才能够得到他人的信任与器重，才有可能站到巨人的肩膀上，成就一番丰功伟业。

◆何谓"塔西佗陷阱"？古罗马历史学家塔西佗提出了这样一个理论，当公权力失去公信力时，无论发表什么言论、做什么事，社会都会给予负面评价，都会被认为说假话、做坏事，人们不信任政府、不支持政府，从而引发一系列信任危机和社会群体性突发事件等。

◆信以立志，信以守身，信以处世，信以待人，毋忘立信，当必有诚。

◆世间最纯粹、最暖人胸怀的乐事，恐怕莫过于看见一颗伟大的心灵对自己坦诚相待。

◆没有诚信的坚强基石，法制便犹如是建在沙土上的高层建筑。

◆诚信像一面镜子，一旦打破，你的人格就会出现裂痕。

◆诚信是一枚凝重的砝码，放上它，生命不再摇摆不定，天平立即稳稳地倾向一端。

◆诚信是你价格不菲的鞋子，踏遍千山万水，质量也应永恒不变。

◆把诚信带在身边，你的笑容灿烂每一天。

◆只有诚信，才能化解人与人之间的隔阂和误解；只有诚信，才能赢得他人的信任。

◆诚信处世世界大，奸诈为人人格低。

◆伪欺不可长，空虚不可久，朽木不可雕，情亡不可久。

◆诚信是人成长的资本，诚信是一种道德上的约束绳，它使我们以诚待人，因为在以诚相待的环境中，没有虚假，处处都是温馨和快乐。

◆诚信没有形状，但它却是世界上最美的雕塑；诚信没有声音，但它却是世界上最动听的歌谣；诚信没有文字，但它却是世界上最美的诗章。

◆不欺骗，不隐瞒，才是正确的人生态度。远离尔虞我诈，圆滑世故，多一份真诚的感情，多一点信任的目光；脚踏一方诚信的净土，就可浇灌出人生最美丽的花朵，夯筑起人生坚不可摧的铜墙铁壁。

◆如果春天没有七彩的阳光，就不会有蝶儿的满山翻飞；如果人间没有诚信，那就是一个苍凉而荒芜的世界。

◆诚信，在中国富饶美丽的土地上，永是一朵傲然独立、坚硬立挺的永恒奇葩。洞开这朵奇世之花，我们能看见时间的深度，能听见永恒的回声。

◆一个鉴定真诚的可靠标准，就是看一个人是否被自己的真诚所感动。

◆诚信可以是对情感而言的。伯牙、子期，一个抚琴，一个听音，衣袂飘飘，风轻云淡，于是在高山流水中结为知音，并庄严约定。后来，故人逝去，再无知音，伯牙宁可断琴。这"约定"与"断琴"，便是对友谊的诚信。

◆诚信是在一连串失败后，朋友们主动伸出的那一双双温热的手。

▶▶▶链接：小故事

1. 士兵的选择

一个士兵，非常不善于长跑，所以在一次部队的越野赛中很快就远落人后，一个人孤零零地跑着。转过了几道弯，遇到了一个岔路口，一条路，标明是军官跑的；另一条路，标明是士兵跑的小径。他停顿了一下，虽然对做军官连越野赛都有便宜可占感到不满，但是仍然朝着士兵的小径跑去。没想到过了半个小时后到达终点，却是名列第一。他感到不可思议，自己从来没有取得过名次不说，连前50名也没有跑过。但是，主持赛跑的军官笑着恭喜他取得了比赛的胜利。

过了几个钟头后，大批人马到了，他们跑得筋疲力尽，看见他赢得了胜利，也觉得奇怪。但是突然大家醒悟过来，在岔路口诚实守信，是多么重要。

2. 宋濂抄书

宋濂小时候喜欢读书，但是家里很穷。也没钱买书，只好向人家借，每次借书，他都讲好期限，按时还书，从不违约，人们都乐意把书借给他。一次，他借到一本书，越读越爱不释手，便决定把它抄下来。但是还书的期限快到了，他只好连夜抄书。时值隆冬腊月，滴水成冰。他母亲说："孩子，都半夜了，这么寒冷，天亮再抄吧。人家又不是等这书看。"宋濂说："不管人家等不等这书看，到期限就要还，这是个信用问题，也是尊重别人的表现。如果说话做事不讲信用，失信于人，怎么能得到别人的尊重？"

又一次，宋濂要去远方向一位著名者请教，并约好见面日期，谁知出发那天下起鹅毛雪。当宋濂挑起行李准备上路时，母亲惊讶地说："这样的天气怎能出远门呀？再说，老师那里早已大雪封山了。你这一件旧棉袄，也抵御不住深山的严寒啊！"宋濂说："娘，今天不出发就会误了拜师的日子，这就失约了；失约，就是对老师的不尊重啊。风雪再大，我都得上路。"当宋濂到达老师家里时，老师感慨地称赞说道："年轻人，守信好学，将来必有出息！"

3. 一诺千金

秦末有个叫季布的人，一向说话算数，信誉十分高，许多人都同他建立起了浓厚的友情。当时甚至流传着这样的谚语："得黄金百斤，不如得季布一诺。"（这就是成语"一诺千金"的由来）之后，他得罪了汉高祖刘邦，被悬赏捉拿。结果他的旧友不仅不被重金所惑，而且冒着灭九族的危险来保护他，使他免遭祸殃。一个人诚实有信，自然得道多助，能获得大家的尊重和友谊。反过来，如果贪

图一时的安逸或小便宜，而失信于朋友，表面上是得到了"实惠"。但为了这点实惠，他毁了自我的声誉，而声誉相比于物质是重要得多的。所以，失信于朋友，无异于失去了西瓜捡芝麻，得不偿失的。

4. 失信亡国

西周末年，周幽王为博褒妃一笑，不顾众臣反对，竟数次无故点燃边关告急用的烽火台，使各路诸侯，长途跋涉，匆忙赶去救驾。结果，被戏而回，懊恼不已。幽王从此便失信于诸侯，最后，当边关真的告急之时，他点燃烽火，却再也没人赶来救他了！不久，便死于刀下，亡了西周。

5. 汽车维修店

一个顾客走进一家汽车维修店，自称是某运输公司的汽车司机。"在我的账单上多写点零件，我回公司报销后，有你一份好处。"他对店主说。但店主拒绝了这样的要求。顾客纠缠说："我的生意不算小，会常来的，你肯定能赚很多钱！"店主告诉他，这事无论如何也不会做。顾客气急败坏地嚷道："谁都会这么干的，我看你是太傻了。"店主火了，他要那个顾客马上离开，到别处谈这种生意去。这时，顾客露出微笑，并满怀敬佩地握住店主的手："我就是那家运输公司的老板。我一直在寻找一个固定的、信得过的维修店，我今后常来！"

面对诱惑，不怦然心动，不为其所惑，虽平淡如行云，质朴如流水，却让人领略到一种山高海深。这是一种闪光的品格——诚信。

24. 感　恩

（一）古诗词

1. 滴水之恩，当涌泉相报。——明，《增广贤文·朱子家训》

【释义】得到别人一点一滴的恩惠，就要以涌泉般的好处回报。指人有恩于我不可忘，得好好报答。

2. 羊有跪乳之恩，鸦有反哺之义。——明，《增广贤文》

【释义】羊有跪下接受母乳的感恩行动，小乌鸦有衔食喂母鸦的情义。

3. 慈母手中线，游子身上衣。临行密密缝，意恐迟迟归。谁言寸草心，报得三春晖。——唐，孟郊《游子吟》

【释义】慈祥的母亲手里把着针线，为将远游的孩子赶制新衣。临行前她忙着把衣服缝得严严实实的，是担心孩子此去难得回归。谁能说像小草的那点孝心，可报答春晖般的慈母恩惠。

4. 今年何以报君恩。一路繁花相送、过青墩。——宋，陈与义《虞美人》

【释义】今年我拿什么来报君的恩情。只好乘船相送，一路繁花到青墩。

5. 报答春光知有处，应须美酒送生涯。——唐，杜甫《江畔独步寻花七绝句》

【释义】我有去处来报答春光的盛意，酒店的琼浆可以送走我的年华。

6. 新竹高于旧竹枝，全凭老干为扶持。——清，郑燮《新竹》

【释义】新长的竹子要比旧竹子高，它们的生长全凭老的枝干扶持。

7. 投我以木瓜，报之以琼琚。投我以木桃，报之以琼瑶。投我以木李，报之以琼玖。——先秦，《诗经·木瓜》

【释义】你将木瓜投赠我，我拿琼琚作回报。你将木桃投赠我，我拿琼瑶作回报。你将木李投赠我，我拿琼玖作回报。

8. 落其实者思其树，饮其流者怀其源。——北周，庾信《徵调曲》

【释义】采摘果实的人想念结果实的树，饮水的人怀念水的源头。

9. 哀哀父母，生我劬劳。——先秦，《诗经·小雅·蓼莪》

【释义】可怜我的爹与妈，抚养我长大太辛劳。

10. 剧辛乐毅感恩分，输肝剖胆效英才。——唐，李白《行路难》

【释义】剧辛和乐毅感激知遇的恩情，竭忠尽智，以自己的才能为君主效力。

（二）名言

★以德报德是恩惠所固有的特点。不但他人的恩惠要回报，并且自己也要施惠于人。——〔古希腊〕亚里士多德

★施恩的人应该留心，要那受惠的人不是奸诈的人，并且不会以怨报德。——〔古希腊〕德谟克利特

★很小的恩惠而施得及时，对受惠的人就有很大的价值。——〔古希腊〕德谟克利特

★报恩之心比什么都高尚。——〔古罗马〕塞涅卡

★忘恩的人落在困难之中，是不能得救的。——希腊谚语

★感恩是美德中最微小的，忘恩负义是品行中最不好的。——英国谚语

★卑鄙小人总是忘恩负义的，忘恩负义原本就是卑鄙的一部分。——〔法国〕雨果

★不管一个人取得多么值得骄傲的成绩，都应该饮水思源，应该记住是自己的老师为他们的成长播下了最初的种子。——〔法国〕居里夫人

★感谢命运，感谢人民，感谢思想，感谢一切我要感谢的人。——鲁迅

★人家帮我，永志不忘；我帮人家，莫记心上。——华罗庚

★感恩是精神上的一种宝藏。——〔英国〕洛克

★感恩即灵魂上的健康。——〔德国〕尼采

★没有感恩就没有真正的美德。——〔法国〕卢梭

★人世间最美丽的情景是出现在当我们怀念到母亲的时候。——〔法国〕莫泊桑

★家庭之所以重要，主要是因为它能使父母获得情感。——〔英国〕罗素

★父母的美德是一笔巨大的财富。——〔古罗马〕贺拉斯

★全世界的母亲是多么的相像！她们的心始终一样，都有一颗极为纯真的赤子之心。——〔美国〕惠特曼

★父母之恩，水不能溺，火不能灭。——苏联谚语

★生活需要一颗感恩的心来创造，一颗感恩的心需要生活来滋养。——王符

★如果不知感恩，你能行使的力量非常有限，因为让你与力量联结的，正是感恩。——〔澳大利亚〕朗达·拜恩

★我们若有感恩的心，便不会缺乏感恩的事。睡前为今天一天献上感恩！——海涛法师

★明师之恩，诚为过于天地，重于父母多矣。——晋葛洪

（三）金句

◆我是黄土地的儿子。

◆吃水不忘掘井人，你们就是掘井人。

◆有一颗感恩的心很重要，所有的人都要有感恩的心。

◆我们要好好回报人民，让人民过上幸福美好的生活。

◆全党同志不能忘记红色政权是怎么来的，新中国是怎么来的，今天的幸福生活是怎么来的。

◆决不能忘记革命先烈，决不能忘记老区人民。

◆红色江山来之不易，是千千万万革命前辈用鲜血换来的。我们要牢记红色政权是从哪里来的，始终铭记缅怀革命先烈。

（注：以上摘自习近平金句）

◆烦恼即菩提！社会，周围，无论哪种方式相遇、相待，回顾来时的路，都是你要感谢感恩的！因为从各个方面帮助了你、成就了你。

◆我们多少回忆，却始终不改我们对母亲的绵绵思念。莺归燕去，春去秋来，容颜渐老，白发似雪。儿女在一天天长大，母亲却在一天天衰老，母亲那博大的爱真是一生也读不累。

◆美好的生命应该充满期待、惊喜和感激。

◆所有杰出的非凡人物都有出色的母亲，到了晚年都十分尊敬自己的母亲，把她们当作最好的朋友。

◆知遇之恩，当永生不忘。

◆孝子之至，莫大乎尊亲；尊亲之至，莫大乎以天下养。

◆美好的生命应该充满期待、惊喜和感激。

◆父恩比山高，母恩比海深。

◆恩欲报，怨欲忘；报怨短，报恩长。

◆可怜天下父母心。

◆鱼知水恩，乃幸福之源也。

◆生活需要一颗感恩的心来创造，一颗感恩的心需要生活来滋养。世上最累人的事，莫过于虚伪地过日子。

◆淡看世事去如烟，铭记恩情存如血。

◆投之以桃，报之以李。

◆您多像那默默无闻的树根，使小树苗壮长大，又使树枝上挂满丰富的果实，却并不要求任何报酬。

◆假如我是诗人，我将以满腔的热情写下诗篇，赞美大海的辽阔和深远。并把它献给您——我的胸怀博大、知识精深的老师。

◆教师是火种，点燃了学生的心灵之火；教师是石级，承受着学生一步步踏实地向上攀登。

◆您像一支烛炬，固然细弱，但有一分热，发一分光，照亮了别人，耗尽了自己。这无私的奉献，令人永志不忘。

◆您的爱，太阳一般热和，东风一般和煦，清泉一般甘甜。您的爱，比父爱更严重，比母爱更细腻，比友爱更纯洁。您——老师的爱，天下最伟大，最高洁。

◆您像一支红烛，为子弟献出了所有的热和光！您的品格和精神，可以用两个字就是——燃烧！不停地燃烧！

◆用语言播种，用彩笔耕耘，用汗水浇灌，用心血滋润，这就是我们敬爱的老师崇高的劳动。

◆借得大江千斛水，研为翰墨颂师恩。

◆真善美的花，开在感恩的土壤中。

◆我们要感恩时代，同过去、同上代比生活、比待遇、比条件，感恩时代的赐予，在意现在的拥有，增强奉献意识和社会责任意识。

◆感恩并不一定要感恩大功大德，感恩可以是一种生活态度，一种善于发现美并欣赏美的道德情操。

▶▶▶链接：小故事

1. 知恩图报

韩信少年时家中贫寒，父母双亡。在淮水边捕鱼捉虾谋生，时常饿肚子。淮水边上有个为人家漂洗纱絮的老妇人，人称"漂母"，见韩信可怜，就把自己的饭菜分给他吃。天天如此，从未间断。

后来，韩信立志发奋，终成西汉开国功臣，与张良、萧何并称"汉初三杰"。韩信被封为淮阴侯后，念念不忘漂母的分食之恩，他派人打听到漂母的下落后，亲自带上礼品和千金到漂母家，报答漂母当年的大恩大德。

这便是韩信"千金一饭酬漂母"的典故。

2. 一杯牛奶

一个生活贫困的男孩为了积攒学费，挨家挨户地推销商品。傍晚时，他感到疲惫万分，饥饿难挨，而他推销得却很不顺利，以至于他有些绝望。这时，他十分饿，他敲开一扇门，希望主人能给他一杯水。开门的是一位美丽的年轻女子，她却给了他一杯浓浓的热牛奶，令男孩感激万分。

许多年后，男孩成了一位著名的外科大夫。曾给他恩惠的女子因为病情严重，当地的大夫都束手无策，便被转到了那位著名的外科大夫所在的医院。外科大夫为妇女做完手术后，惊喜地发现那位妇女正是多年前在他饥寒交迫时，热情地给过他帮助的年轻女子，当年正是那杯热奶使他又鼓足了信心，完成了学业。那位妇女想这次费用一定很贵，当她鼓起勇气看时，惊喜地发现手术费单上有一行字：手术费＝一杯牛奶。

3. 陈毅孝母

20世纪60年代初，陈毅时任国务院副总理兼外交部部长，日理万机，公务繁忙。那年，陈毅62岁，他出国访问归来，得知老母病重，下了飞机就去看望。陈毅刚跨进家门，就看见老母让身边照顾她的保姆藏起了什么东西，忙问："娘，你把什么东西藏在床下了？"母亲眼看瞒不过去，只好如实告诉儿子藏起来的是她刚尿湿的裤子。陈毅听了，动情地说："娘，您久病在身，我不能在您身边侍候您老人家，心里着实难受。这裤子我马上拿去洗了，还藏着做啥子？"好说歹说，保姆怎么也不让陈毅洗，觉得让这么大的官去洗屎尿裤子，多不好。母亲也劝阻道："你好不容易回家一趟，一进门就让你洗脏裤子怎么行？"陈毅说："我不是说着玩的，您就允了吧。我小的时候，不知您多少次给我洗尿布屎裤。现在，儿子有机会为您老人家洗一洗脏裤，虽然不能报答您的养育之恩，也总算尽了一份孝心吧。"不容再推辞，陈毅便躬下身从床下拿出母亲的尿裤和其他脏衣服，一起去洗得干干净净。

4. 感恩与抱怨

人生是无常，富贵是无常，生老病死更是无常。正因为人生苦短，我们才要珍惜现在，学会用感恩的心情对待身边的人和事。

两个在沙漠中行走已经多日的旅人，在他们口渴难忍的时候，碰见了一位赶骆驼的老人，老人给了他们每人各半碗水。两个人面对同样的半碗水，一个抱怨水太少，不足以消解他身体的饥渴，抱怨之下竟将这半碗水泼掉了。另一个也知道这半碗水不能完全解除身体的饥渴，但他却心想：上天给我留下这半碗水，真是恩赐。并且怀着这份感恩的心情，喝下了这半碗水。结果，前者因为挑剔这半碗水而死在了沙漠之中，后者因为喝了这半碗水，终于成功地走出了沙漠。

这个故事告诉人们，对生活抱有一颗感恩之心的人，即使遇上再大的灾难，也能熬过去。感恩者遇上祸，祸也能变成福，而那些常常抱怨生活的人，即使遇上了福，福也会变成祸。

5. 大梦初醒

有个女孩跟妈妈大吵了一架，气得夺门而出，决定再也不要回到这个讨厌的家了！一整天她都在外面闲逛，肚子饿得咕噜咕噜叫，但偏偏又没带钱出来，可又拉不下脸回家吃饭。一直到了晚上，她来到一家面摊旁，闻到了阵阵香味。她真的好想吃一碗，但身上又没钱，只能不住地吞口水。

忽然，面摊老板亲切地问："小姑娘，你要不要吃面啊？"

她不好意思地回答："嗯！可是，我没有带钱。"

老板听了大笑："哈哈，没关系，今天就算我请客吧！"

女孩简直不敢相信自己的耳朵，她坐下来。不一会儿，面来了，她吃得津津有味，并说："老板，你人真好！"

老板说："哦？怎么说？"女孩回答："我们素不相识，你却对我那么好，不像我妈，根本不了解我的需要和想法，真气人！"

老板又笑了："哈哈，小姑娘，我不过才给你一碗面而已，你就这么感激我，那么你妈帮你煮了二十几年的饭，你不是更应该感激她吗？"

听老板这么一讲，女孩顿时如大梦初醒，眼泪瞬间夺眶而出！她顾不得吃剩下的半碗面，立刻飞奔回家。

才到家门前的巷口，女孩远远地看到妈妈，正焦急地在门口四处张望，她的心立刻揪在一起！女孩感觉有一千遍一万遍的对不起想对妈妈说。但她还没来得及开口，就见妈妈已迎上前来："哎呀！你一整天跑去哪里了啊？急死我了！快进家把手洗一洗，吃晚饭了。"

这天晚上，这个女孩才深刻体会到妈妈对她的爱。

25. 淡 泊

(一) 古诗词

1. 非淡泊无以明志，非宁静无以致远。——三国，诸葛亮《诫子书》

【释义】一个人须恬淡寡欲方可有明确的志向，须寂寞清静才能达到深远的境界。

2. 欲淡则心虚，心虚则气清，气清则理明。——明，薛瑄《读书录》

【释义】私欲淡漠了，心里就无所牵挂；心里无所牵挂，精神就会爽快；精神爽快了，道理就能明白了。

3. 不好名者，斯不好利；好名者，好利之尤者也。——清，钱琦《钱公良测语·导儒》

【释义】不好名的人，也不好利。好名的人，绝对也是好利的人。

4. 不以一毫私利自蔽，不以一毫私欲自累。——宋，朱熹《中庸章句》

【释义】不会因为一点个人利益或一己私利就处事不公，分不清是非；不会因为一点私心、私欲而身心疲惫。

5. 不汲汲于富贵，不戚戚于贫贱。——魏晋，陶渊明《五柳先生传》

【释义】不为贫贱而忧愁，不热衷于发财做官。

6. 宠辱不惊，看庭前花开花落；去留无意，望天上云卷云舒。——明，洪应明《菜根谭》

【释义】为人做事能视宠辱如花开花落般平常，才能不惊；视职位去留如云卷云舒般变幻，才能无意。

7. 三十功名尘与土，八千里路云和月。——宋，岳飞《满江红·写怀》

【释义】三十多年虽已建立一些功名，但如同尘土微不足道。南北转战八千里，经过多少风云人生。

8. 是非成败转头空，青山依旧在，几度夕阳红。——明，杨慎《临江仙·滚滚长江东逝水》

【释义】对也罢，错也罢；成也好，败也好，功名，事业，一转眼的工夫就随着江水流逝，烟消云灭，不见踪影。只有青山仍旧矗立眼前，看着一次又一次的夕阳西下。

9. 清静为天下正。——春秋，老子《道德经》

【释义】平淡无为是天下的正道。意谓若能做到清净自守，便可以使万物自化，从而成为天下的主宰。

10. 为无为，事无事，味无味。——春秋，老子《道德经》

【释义】把无为当作最上乘的为，把无事当作最高明的事，把无味当作最美好的味。

（二）名言

★致虚极，守静笃。——老子

★涵容是待人第一法，恬淡是养心第一法。——弘一大师

★看破红尘，顿开名缰利锁。——李汝珍

★莫言名与利，名利是身仇。——杜牧

★少欲则心静，心静则事简。——薛宣

★胸怀广大，须从平淡二字用功。——蔡锷

★也笑长安名利处，红尘半是马蹄翻。——尚颜

★一杯洗涤无余，万事消磨运远，浮名薄利休羡。——赵师侠

★欲淡则心虚，心虚则气清，气清则理明。——薛宣

★真正的科学研究者对他所从事的工作完全舍弃了功利观点。——〔美国〕皮尔斯

★完美的行为产生于完全的无功利之心。——〔意大利〕切萨雷·帕韦泽

★我们每个人在内心深处都觉得，对于生命持一种无忧无虑的淡泊态度，将抵偿他自身的一切缺点。——〔美国〕威廉·詹姆斯

★成功一件事，千万不要等待着享受荣誉。——〔法国〕巴斯德

★淡泊明志，夙夜在公。——蔡锷

★放得功名富贵之心下，便可脱凡。——洪自诚

★淡泊名利，动静相济，劳逸适度。——华佗

★对人诚恳，做事负责，多结善缘，自然多得人的帮助。淡泊明志，随遇而安，不作非分之想，心境安泰，必少许多失意之苦。——李嘉诚

★我们每个人在内心深处都觉得，对于生命持一种无忧无虑的淡泊态度，将抵偿他自身的一切缺点。——〔美国〕威廉·詹姆斯

★贪财、权欲和虚荣心，弄得人痛苦不堪，这是大众意识的三根台柱，无论何时何地，它们都支撑着毫不动摇的庸人世界。——〔苏联〕艾特玛托夫

★你不曾得到过，绝对不能说淡泊了。——安知晓

★其实自称淡泊名利的人大致可以分为两类：第一类，已经拥有了名和利，可以不再需要，并且他们一旦声称淡泊名利可以获得更大的名和利。第二类，彻底对自己的未来失去了信心，认为凭自己的能力永远无法获取名和利，于是精神胜利的为自己一无所有找个托辞，贴个高尚的标签。——苏子

★志不行，顾禄位如锱铢；道不同，视富贵如土芥。——司马光

★安详的精神境界就是以豁达淡泊、顺应自然的心态，来面对人生的种种无常变化，将痛苦忧伤的情绪降伏到最低点，于每一分，每一秒中都具足喜悦、满足，内心一片安宁，没有任何不满、怀疑、抱怨在心头。——慧律法师

（三）金句

◆对个人的名誉、地位、利益，要想得透、看得淡。

◆以黄大年同志为榜样，学习他淡泊名利、甘于奉献的高尚情操。

◆领导干部自觉追求健康的工作方式和生活方式，久久为功，庸俗的东西就近不了身。宁静以致远，淡泊以明志。

◆"爱岗敬业、争创一流，艰苦奋斗、勇于创新，淡泊名利、甘于奉献"的劳模精神，生动诠释了社会主义核心价值观，是我们的宝贵精神财富和强大精神力量。

◆要加强师资队伍建设，加强实践锻炼和系统培训，提高整体素质，继续抓好"名师工程"，引导教员淡泊名利、潜心治学、苦练内功，多出一些懂打仗的名师，带出一批会打仗的高徒。

（注：以上摘自习近平金句）

◆内心宁静才能处事不惊，想法简单才可逍遥自在，足够淡定才不会患得患失。人间三千事，淡然一笑间。

◆一切都是最好的安排，这种心态实则是无为而有为，是无欲而有欲，是成熟的一种标志，是成功者的一种素养。

◆没有经过风霜雨雪的洗礼，就不会有一个沧桑而淡泊的内心。

◆只有对生活琐事的淡泊，才能让我们有时间和精力去实现我们伟大的理想。也只有能够安静地坐下来，我们才有时间去思考人生。

◆淡泊是在遭受挫折时，仍有与花相悦的从容；淡泊是别人都忙于追逐名利时，仍然保持恬淡。

◆只有淡泊，才可以使你真正的享受人生，在努力中体验欢乐，在淡泊中充实自己。

◆在人的生命历程中，轰轰烈烈是暂时的，大部分的时间都在平淡中度过。只要怀有淡泊的心境和一生一世永不放弃的追求，才能获得生活馈赠的那份幸福和快乐，拥有成功赋予的那份慰藉和乐趣。

◆只有看淡得失，才能不被贪欲支配，从而把舵自己的人生方向，达到心灵的至清至静。

◆淡泊是一种境界，是一种从容不迫的生活态度。

◆淡泊的人是幸福的，淡泊使人心更加宁静，更加自由，不再受外物羁绊。

◆淡泊是不慕名利，远离喧嚣和纠缠，走向超越。

◆能够安贫乐道，独守一份内心的清净，是修行的一种境界。

◆有智慧的人，在短暂的人生里，视荣华富贵如浮云、梦境，也如草上的露水。而愚痴者，则被权势名利所迷惑。

◆欲多则心散，心散则志衰，志衰则思不达。

◆人生寂寞是一种力量。人经得起寂寞，就能获得自由；耐不住寂寞，就会受人牵制。

◆"大厦千间，夜眠八尺；良田万顷，日食一升。"无论做人还是做事，不可唯利是图，贪心不足，而应淡泊名利，追求崇高。

◆当我们总抱怨世界阴暗时，恰恰是让自己内心蒙了很厚的灰尘。凡事看淡点，你会活得更透彻。

◆静气是一种淡泊名利的心态，是一种虚怀若谷的胸怀。"非宁静无以致远。"静能明志，静能生慧，静中修身。涵养几分静气，就是要多一些沉潜、少一些浮躁，多一些从容不迫、少一些进退失据。

◆这么多年来，我总结了一条经验，解决棘手问题的最上乘方法是：静观其变，顺水推舟。

◆我们曾如此渴望命运的波澜，到最后才发现：人生最曼妙的风景，竟是内心的淡定与从容……我们曾如此期盼外界的认可，到最后才知道：世界是自己的，与他人毫无关系！

◆有一种心态叫平常，有一种心境叫淡泊。幸福的时刻，就要开心；等待幸福的时候，就要耐心。人生，有纠结有释然，有选择也有割舍，是万般的无奈，也是美丽的期待。没有宽恕，就没有未来；没有驿站，就没有遥远；没有眼前的一望无边，何来生命的豪迈。

◆英国著名诗人兰德暮年时在一首诗中写道：我不和谁争，和谁争我都不屑。我热爱大自然，其次就是艺术，我双手烤着生命之火取暖，火萎了，我也准备走了。兰德的这首小诗，表现了一个走进暮色的老人通达从容、积极乐观的人生态度和宁静淡泊、铅华洗尽的人生境界。

◆淡泊人生蓄以明志，清廉务实方能致远。

◆淡泊心性，静守花开。那一段低吟浅唱的时光，含羞低头，娇涩了谁的温柔？那一段镜花水月的美丽，纵使须臾烟火也灿烂了青春年华。那一抹泡沫般浮光掠影的记忆，若是千千万万，亦书写人生的一页页唯美流年。

◆实际上，淡泊本身就是迷茫中的一种理智，是一种豁达大度的宽广胸怀，是治疗烦恼的一种灵丹妙药。古语：淡泊以明志，宁静以致远。实践证明，唯其淡泊，才能使人净化灵魂、升华境界，才能使人超越烦恼、避免沉沦。学会淡泊，用大度取代自私，用自信取代自卑，用勇气取代恐惧，用信念取代妒忌，用乐观取代忧伤，你就会自然而然地摆脱烦恼，获得心灵上的舒展，你就会不断地超越自我，走向一个又一个新的境地。

◆低头品一口茶，让汁液的青涩滚过喉头，穿透肺腑，留下满口满舌的余香。总是要等到波澜不再喧嚣远去花事荼蘼，方显示出沧桑过后尘埃落定的淡泊与从容。

◆做人需淡泊，方能无忧；交人要真诚，才能长久。

◆干干净净做人，规规矩矩做事，应是做人的底线。守住这条底线，才能远离虚浮，才能托起为人的本真。平淡就是有所求而亦无所求。拥有了一颗平淡之心，就拥有了宁静、从容、淡泊和美好。平淡干净的人不功利，鄙视庸俗，追求精神的升华，灵魂的涅槃。

◆梅花，它甘于寂寞，淡泊名利。梅花也有被凛冽寒风吹得东倒西歪、左摇右晃的时候，每当这时，它总是默默承受着，从来没有喊过冤，从来没有叫过屈。它不因错过美丽春天而懊恼；不因没有蝴蝶伴舞而沮丧；不因缺少同伴而失落。它不学娇弱桃花逐流水，不比轻浮柳絮漫天飞，只是无怨无悔的绽放于人间，努力的装点着银白的世界。

◆所以作为女人，无须力求完美无瑕，处处争强好胜。女人能拥有一份从容，宽旷，豁达，忍耐，淡泊，善良的心态，也许她就会成为众多男人眼中天边的月亮，潮湿了男人的眼光，却让男人为之倾心。

◆人生本来就是由酸甜苦辣组成的，不可能是一帆风顺，不必去强求什么，留给自己一点空白，平平淡淡才是真，在淡泊之中悟出人生的真谛。宠辱不惊，看庭前花开花落；去留无意，望天上云卷云舒。

◆将淡泊作为人生的尺度，会使你拥有超然物外的心态，体现人性的尊严；将事业的追求作为人生的尺度，会使你在自己的道路上成就自己的梦想；将对人生信念的恪守和对生命的意义的拷问作为人生的尺度，会使你变得更加伟大和顿彻；用奉献爱心作为人生的尺度，会使你变得更加崇高。

◆东西是可遇不可求的，那些刻意强求的东西或许我们一辈子都得不到，而不曾被期待的东西往往会在淡泊从容中不期而至。生命放达，内心自由，首先就要拥有一颗安闲自在的心，一切随缘，顺其自然。

◆其实，并没有为谁之分。仔细想想，我们每个人活在这世上所做的每一件事，都只不过是为了满足自己，或是为了让自己心安理得罢了。有区分的是，善与恶，淡泊与名利，爱与不爱。

◆生命中的故事有欢喜，有忧伤，当心事淡泊了所有过往，只想守一份静默的安暖，慰以浮生的缭乱；期经年后，与你盈笑再相见，往昔恩怨化云烟，持一念深浓的感动，记忆曾经的美丽，记忆曾经爱过的你。

◆励操行以修法业，当自重；甘淡泊以守清贫，当自省；谋善举以泽众生，当自励。

◆淡泊，就是"古今多少事，都付笑谈中"的达观；就是"行至水穷处，坐看云起时"的悠然。淡泊之人，得意时不张扬，失意时不消沉；处顺境不失态，处逆境不失志；遇事沉着冷静，待人宽厚优雅；对成败得失一笑置之，对兴衰荣辱淡然自若。

◆爱情是一种缘，你刻意追求的东西也许终生得不到，而你不曾期待的灿烂反而会在你的淡泊从容中不期而至。

◆不把自己看得太重，其实是一种修养，一种风度，一种高尚的境界，一种达观的处世姿态，是心态上的一种成熟，是心志上的一种淡泊。用这种心态做人，可以使自己更健康，更大度；用这种心态做事，可以使生活更轻松，更踏实；用这种心态处世，可以使社会更和谐。别把自己看得太重！

◆宁静致远，人生路上需要几分清醒，几分淡泊，几分坦然，沉淀掉内心的脆弱和浮躁，活出生命的清新与自然。

◆逢人不计人间事，便是世间无事人。人们很多时候会烦恼、痛苦和焦虑，正是因为心胸不够开阔，见解不够通达。对于人生中的不如意，我们要看得开，拿得起，放得下。人生百相，世态万千，当从容应对，淡泊处之，不畏浮云蔽眼，不被微利惑心，不为陷阱锁步，不使闲情损志。

◆透过生死，才会明白健康的重要；透过得失，才会明白淡泊的重要。人生，就是去顺其自然就好，心安自然就是快乐。心无旁骛，淡看人生苦痛，淡泊名利，心态积极而平衡，有所求而有所不求，有所为而有所不为。

◆小爱，怡情；至爱，无私；大爱，无疆。爱，在平凡中舒展成繁华，在繁华中晶莹成岁月，在岁月中沉淀成淡泊。没有原因，没有理由，没有期限。爱了就爱了，来也由它，去也由它。

◆送给自己的五句话：1. 再难也要坚持。2. 再好也要淡泊。3. 再差也要自信。4. 再多也要节省。5. 再冷也要热情。

◆淡泊是一种心境，不求争奇斗艳，只为一份宁静，来守护心灵的净土。只求致远，能呵护精神的家园。

◆淡泊明志，随遇而安，不做非分之想，心境安泰，必少许多失意之苦。

◆品过了颜色的厚重，便觉清新怡人；看遍了人世繁华，方觉平淡最真。一方静室，亦能修养心性；一杯茶，亦能恬淡生香，一卷在手，安之若素。

◆有一种信念叫坚持，是带你走向永远的唯一途径。心善自然美丽，心慈自然柔和，心静自然庄严；淡泊寡欲可以养神，宁静致远可以养志，怡情适性可以养和，观空自在可以养心。

◆人需要一种淡然、朴实，不张扬、不喧嚣、不妖艳。淡名利、淡世绘、淡荣辱、淡诱惑，虽无蝶来，清香依旧。没有傲气，但存傲骨。需要脚踏实地的平实，丰富而不肤浅、恬淡而不聒噪、理性而不盲从。在物欲横流的滚滚红尘中，更需要一份淡泊的心境，谢绝繁华，回归简朴。

◆心地善良的人，容貌一定动人；心里知足的人，生活一定快乐。贪欲是痛苦之根，淡泊是快乐之源。待人要有平等心，对己要有平常心。

◆人生的成败得失，只在一念之间。心态不同，人生的境遇便会天差地别。只有修炼一颗淡泊宁静的心，人生才会风清月明。

◆我对普通朋友这四个字理解很简单：我在路上走着，遇到了你，大家点头微笑，结伴一程。缘深缘浅，缘聚缘散，该分手时分手，该重逢时重逢。你是我的普通朋友，我不奢望咱们的关系比水更淡泊，比酒更香浓。惜缘即可，不必攀缘。同路人而已。能不远不近地彼此陪伴着，不是已经很好了吗？

◆一辈子，或是繁花似锦，或是淡泊透彻，那些都不重要，重要的是，跟随自己的内心。

◆人生最难克服的不是贫困里的清守，而是富贵后的淡泊；不是挫败后的坚定，而是成功后的泰然；不是行走途中的荆蔓，而是达到终点后的鲜花。

◆人性的高贵来自灵魂的优雅，不骄不躁、纯粹善良，朴素的灵魂处处散发着人性的温馨和幽香。人性的魅力和气场，来自内心的修为和素养，淡泊名利、躬身自谦，润泽生命而人生充满阳光的能量，亦美丽、亦芬芳。

◆生活需要磨炼，人生更需要顿悟。许多的事情，总是在经历过后才懂得。人生无法做到完美，我们尽力就好了。我们需要回味，回味是一种境界，只有淡泊的人才能去摆正自己的位置，分清自己的得与失。生命里真正美丽的事物来自一种坦然的态度，来自对整个世界的理直气壮。

◆生活＝信念＋奋斗，健康＝（好）习惯＋锻炼，乐趣＝追寻＋浪漫，满足＝淡泊＋体验，创业＝执着＋开拓。

◆我终是不能与你淡泊一生，因为你是风沙淹没久了的惊鸿。

◆好心境来自人性的平和与淡泊。要超脱世俗困扰、红尘诱惑，有登高临风宠辱皆忘的情怀，平凡中蕴含人生真谛。

◆淡然是一种柔情，平中有美，淡中有情，这是人生中的品位，也是人生最难得的境界。有种美丽我们要用心去感受，有种幸福我们要认真体会，有种感情我们要珍惜，这就是平淡。拥有平淡就是从容，就会珍惜自己那份坦然和宁静的心。心存淡泊，拥有平淡，就是我们坦坦荡荡，自自然然的快乐。

◆淡泊者心清，心清则志明；奢靡者心浊，心浊则淫乐。无淡泊无以清心寡欲，无奢华无以花天酒地，醉生梦死，故洁由淡泊污由奢。淡泊是高洁人生之源，奢华乃糜烂人生祸根。

◆顺其自然，是一种心灵的洒脱；不计得失，是一种人生的豁达。人生浮浮沉沉，若能淡然处之，生活就会展现优雅的笑容。活得淡泊，方能平和；心态平和，方能致远。

◆做人做事最好的状态就是：不刻意。不刻意自我表现，也不刻意淡泊名利；不刻意迎合，也不刻意狂狷；不刻意追逐流行，也不刻意卓尔不群。如是，则不心累，不纠结，不失望。

◆如何才能得到快乐？抛弃仇恨、远离烦恼、生活简单、淡泊名利、常设身处地为别人着想、笑口常开、心中有爱。

◆生命的魅力在于"静"。外表的宁静给人以美，内心的宁静给人以慧。外表宁静，因安稳而给人静穆之美，因无争而给人以祥和之美。内心宁静，因淡泊而不受诱惑，因凝视而思远，因镇定而从容，因智慧而常在。静，不是单纯的平静，而是人生沉淀在灵魂深处的智慧，是人生最美的状态。

◆种一株宁静于喧嚣，会收获一垄淡泊；种一垄淡泊于纷繁，会收获一林闲适。

◆淡泊名利清风拂袖身自正；曲直分明正气在胸威自生。

◆声嘶力竭会扰乱淡泊宁静的心。所以我们爱也罢，恨也罢。不要让怒气攻到狭小的胸口。

▶▶▶链接：小故事

1. 智者孔明

诸葛亮，非淡泊无以明志，非宁静无以致远，躬耕数载，隐居南阳，怀才于身，静候明主，虽然天下群雄辈出，但他却不被纷繁的世事与天下的争端扰乱心智，为了真正成大业，他平静地等待，甘于寂寞，甘于暂时的无名，在悠然地吟唱梁父吟的日子里，韬光养晦，静待卧龙飞天的一刻，最终助刘备成就鼎立大业。

2. 学者风范

当代大学者钱钟书，终生淡泊名利，甘于寂寞。他谢绝所有新闻媒体的采访，中央电视台《东方之子》栏目的记者，曾千方百计想冲破钱钟书的防线，最后还是不无遗憾地对全国观众宣告：钱钟书先生坚决不接受采访，我们只能尊重他的意见。80年代，美国著名的普林斯顿大学，特邀钱钟书去讲学，每周只需钱钟书讲40分钟课，一共只讲12次，酬金16万美元。食宿全包，可带夫人同往。待遇如此丰厚，可是钱钟书却拒绝了。他的著名小说《围城》发表以后，不仅在国内引起轰动，而且在国外反响也很大。新闻和文学界有很多人想见见他，一睹他的风采，都遭他的婉拒。有一位英国女士打电话，说她读了《围城》之后急切地想见他。钱钟书再三婉拒，她仍然执意要见。钱钟书幽默地对她说："如果你吃了个鸡蛋觉得不错，何必要一定认识那只下蛋的母鸡呢？"1991年11月，钱钟书80寿辰的前夕，家中电话不断，亲朋好友、学者名人、机关团体纷纷要给他祝寿，中国社会科学院要为他开祝寿会、学术讨论会，钱钟书一概坚辞。

3. 面对荣誉

著名物理学家吴健雄教授在著名的守恒定律的实验成功后，荣誉接踵而来。而她视名利淡如水。面对各种各样的捧场和赞美她说："我在科学上不过有了一点小小的成绩。"当一位记者问道："你对今年的诺贝尔物理学奖有何感想？"她说："大家都在为李政道和杨振宁教授高兴，我也是一样感到高兴。"记者说："人们都知道这是因为您做了精心实验。才使'李一扬假说'得到了证实，您的贡献是不容忽视的。"她平静地说："我不是为了得到荣誉才去做实验的。"她表示不过是帮了李政道、杨振宁"一丁点儿忙"。

4. 庄子

庄子是楚庄王后裔，后因战乱迁至宋国。他生活困顿，却鄙弃权势名利，始终保持独立的人格。庄子和惠子是多年的好朋友。那一年，惠施在梁国作了宰相，庄子想去见见这位好朋友。有人对惠子说："庄子这次来，是想取代您的相位啊！"

惠子信以为，派人在国中搜寻了三天三夜，欲阻止庄子前来。有一天庄子突然来到惠子的官邸拜见惠子。惠子开门见山地询问庄子这次来访的目的。庄子知道惠子的疑虑，于是给惠子讲了一个故事。

庄子说："南方有只凤凰，这凤凰从南海飞向北海，非梧桐不栖，非竹子的果子不食，非甜美的泉水不饮。有一次，一只猫头鹰正在津津有味地吃着一只腐烂的老鼠，恰巧凤凰从头顶飞过。猫头鹰急忙护住腐鼠，愤怒地大喝一声：'吓！你也想来吃鼠肉吗？'凤凰鄙视着猫头鹰，哈哈大笑，扬长而去。老朋友，现在您也想用您的梁国来吓我吗？"

庄子的这个故事一讲完，惠子顿时羞愧无语。在庄子看来，无论权势有多大，对于他而言都只是腐烂的老鼠！

5. 爱因斯坦的名利观

爱因斯坦在这方面就为我们作出了榜样，他在学术界担任要职，但对名利却极为淡泊，对物质要求很低。一年冬天，一位老人穿着一件破旧的大衣行走在伦敦繁华的街道上，衣着与身旁的事物极为不衬，但谁也没有想到，这位其貌不扬的老人就是名满世界的爱因斯坦教授。别人向他询问此事时，他却平静地说："认识我的人，无论我穿什么衣服，都认识我；但不认识我的人，不论我穿什么，都不能使人知道我是爱因斯坦，重要的不是这个，而是科学。"正是因为爱因斯坦的淡泊，才使他取得令人瞩目的成就，才使得他在生活中找到了科学家应有的位置，从而受人景仰。

26. 公　平

（一）古诗词

1. 公正无私，一言而万民齐。——西汉，刘安《淮南子·修务训》

【释义】执政者如果公正无私，发一句话万民都会一致赞成，万众一心，团结奋斗。

2. 大道之行也，天下为公。——西汉，戴圣《礼记·礼运》

【释义】在大道施行的时候，天下是人们共有的。

3. 公与平者，即国之基址也。——清，何启

【释义】公平是立国的基础。

4. 不患寡而患不均，不患贫而患不安。——春秋，《论语》

【释义】不必担心财富不多，只需担心财富不均；不必担心人民太少，只需担心不安定。

5. 一心可以兴邦，一心可以丧邦，只在公私之间尔。——北宋，程颢、程颐《二程集·河南程氏遗书·卷第十一》

【释义】当政者是否具有公心，关乎国家兴亡。有了公心，可以

使国家兴盛；没有公心，一切从私心出发，会使国家灭亡。

6. 夫能通天下之志者，莫大乎至公。能行至公者，莫要乎无忌心。——西晋，傅玄《傅子》

【释义】能通达天下人心意的，最重要在于大公无私。能做到大公无私的人，最重要的是没有猜忌之心。

7. 持心如衡，以理为平。——明，刘伯温《郁离子》

【释义】每个人的心中都要有一杆秤，这杆秤就是衡量、辨别善恶的标准；为人处世要依据规律、是非得失的标准，才可以行得通。

8. 天地不仁，以万物为刍狗；圣人不仁，以百姓为刍狗。——春秋，老子《道德经》

【释义】天地无所偏爱，任凭万物自然生长；有道德圣人无所偏爱，任凭百姓自己发展。

9. 公其心，万善出。——明，方孝孺《杂铭》

【释义】出自于公心，就会做出许许多多好事。

10. 事在是非，公无远近。——唐，张九龄《与李让侍御书》

【释义】处理事情合情合理，不偏袒任何一方。

（二）名言

★让我们记住，公正的原则必须贯彻到社会的最底层。——〔古罗马〕西塞罗

★公正是赏罚公明者的美德。——〔希腊〕亚里士多德

★在很多时候，公平公正不是外界给予的，而是由自己创造出

来的。——六道

★延误公正就是不公正。——〔英国〕兰多

★力量来自公正。——〔美国〕林肯

★如果有一天世界变得更加公正，生活将更加简单。——〔巴西〕尼迈尔

★高于道德的东西必须基于公正，包含公正，并通过公正的途径去获取。——〔美国〕享·乔治

★公正是施政的目的。——〔英国〕丹尼尔·笛福

★不公正的东西实在无益于人；公正的东西至少无损于人。——〔美国〕享·乔治

★你看阳光多么公平，照着你，照着我，照着高大的树木，也照着地上的落花，既不分贵贱贫富，也不计较利害得失。若是人们也能和阳光一样公正，我想这世上一定会太平得多了。——古龙

★生命是绝对公正的、公平的，你所挣得的，你从来不会失去它，你会得到恰如其分的报酬。——〔印度〕奥修

★对绝大部分人来说，热爱公正无非是怕吃不公正的苦头。——〔法国〕拉罗什富科

★对他人的公正就是对自己的施舍。——〔法国〕孟德斯鸠

★正义是不分国家疆界的，任何地方的不公正不平等，都是对其他地方公平公正的威胁。——〔美国〕马丁·路德·金

★一个好的社会，不一定公平，但一定要公正。——韩寒

★虚荣告诉人们什么是荣誉，良心告诉人们什么是公正。——〔英国〕兰多

★斯巴达人的原则是"正义就是平等，但平等并不就是正义"。——〔美国〕爱献生

★我们认为这是不言而喻的真理，一切人生来都是平等的。——〔美国〕托·杰弗逊

★只要世界上还存在一部分人不得不服从另一部分人的现象，平等就无从谈起。——〔英国〕威·吉尔伯特

★有平等就不会有战争。——〔古希腊〕梭伦

★友谊是一种和谐的平等。——〔古希腊〕毕达哥拉斯

★所有人都应该是兄弟，这只是那些没有兄弟的人们的幻想。——夏尔·尚肖那

★所谓平等，就是穷人不占富人的便宜。——〔希腊〕亚里士多德

★无产阶级平等要求的实际内容都是消灭阶级的要求。任何超出这个范围的平等要求，都必然要流于荒谬。——〔德国〕恩格斯

★平等或许是一种权利，但没有任何力量使它变为现实。——〔法国〕巴尔扎克

★一次不公正的判决其结果胜过十次犯罪。——〔爱尔兰〕培根

★人人相亲，人人平等，天下为公，是谓大同。——康有为

★在政府事务中，公正不仅是一种美德，而且是一种力量。——〔法国〕拿破仑

★公其心，万善出。——方孝孺

★公则四通八达，私则一偏而隅。——薛宣

★心苟至公，人将大同。——姚崇

★公者无私之谓也，平者无偏之谓也。——何启

★公正是赏罚公明者的美德。——〔古希腊〕亚里士多德

★人心公则如烛，四方上下，无所不照。——薛宣

★公之为言，公正无私也。——班固

★即使全世界都毁灭了，正义是不能没有的。——〔法国〕罗曼·罗兰

★理国要道，在于公平正直。——吴兢

★论天下者，必循天下之公。——王夫之

★哪里有正义，哪里就是圣地。——〔英国〕培根

（三）金句

◆努力让人民群众在每一个司法案件中都能感受到公平正义。

◆公平正义是司法的灵魂和生命。

◆司法是维护社会公平正义的最后一道防线。

◆让人民享有更好更公平的教育。

◆不论处在什么发展水平上，制度都是社会公平正义的重要保证。

◆坚持全面保障和改善民生，构建公平公正、共建共享的包容性发展新机制，使发展成果更多更公平惠及全体人民。

◆公平正义是我们党追求的一个非常崇高的价值。

◆各级领导干部要牢固树立正确权力观，保持高尚精神追求，敬畏人民、敬畏组织、敬畏法纪，做到公正用权、依法用权、为民用权、廉洁用权，永葆共产党人拒腐蚀、永不沾的政治本色。

（注：以上摘自习近平金句）

◆心中常有公平在，手下自有公正书。

◆人啊，对另一个人不偏不倚，公平公正，就是最好的了。

◆事权财权人权，贪权是腐败之源；公开公正公平，公心乃廉政之基。

◆如果世上没有邪恶那正义又有什么用？如果没有不公平，那公正又是给谁看？

◆公平是强权的道具，公正是欺世的把戏。

◆世界看似公平，却又那么不公。看似不公，却又那么公正。

◆不能因为你和一个人的关系好就包庇他，最起码也应该做到公正公平，最开始他可能是用努力做事赢得你的信任，但是再好的人也会变质，不要被表象说迷惑。

◆当一个人公平公正地去对待每个人的时候，那便等同于他已经无法爱上任何人。

◆时间很公平，不管你是否情愿，不管你是否悲伤。它只会带走它该带走的，留下它不该掠夺的。如此公正，如此匆忙，如此平淡。

◆不要总是抱怨老天对你如何不公平，为什么呢，因为老天他根本就不认识你。

◆人生不如意十之八九，不要抱怨老天爷对你的不公平，这个社会比你还要悲惨得大有人在，用不同的角度去看这个社会，笑着过好自己的人生。

◆有的时候付出并不一定就会得到回报，老天爷是不会那么公平的，就好像你用竹篮打水，最终不免一场空。但只要努力，总会有收获。

◆老天从来就是公平的，付出什么就得到什么，只是时间早晚的事情。如果实在有不公，也可能是老天打了个盹，请不要怪他。

◆老天是公平的，只是他对每个人给予和拿走的东西不同而已。

◆老子说："天地不仁，以万物为刍狗；圣人不仁，以百姓为刍狗。"意思是说，天地没有任何偏爱，将万物当作祭坛上用草扎成的狗，让它们自荣自枯；圣人没有任何偏爱，把百姓当作祭坛上用草扎成的狗，让他们自生自灭。这就提醒我们，为人处世，无论你是高贵还是平凡，处理问题对事不对人，要一视同仁，不能有亲有疏，"一碗水端平"。

◆时间是最公正的裁判，不管你是富有的还是贫穷的，都会公平地分配给你大好的时光，一年三百六十五天，一天二十四小时，八万六千四百秒，不多不少，就看你如何合理安排了，也许有人会在一天里创造出一项伟大的发明或是研究探讨出一种新的元素，也许有人会在一天里碌碌无为、虚度时光。

◆人生一定是公平的，如果老天给了你一个不算温暖的家庭，那他也一定给了你一副轻易就能感受到温暖的躯体。

◆所谓公平：我们的领悟有多少老天就给我们多少。

◆我们不能拒绝给人以公正，也不能拖延给人以公正。

◆同一的太阳照着他的宫殿，也不曾避过了我们的草屋：日光是一视同仁的。

◆做正确的事情，不要倦怠努力，不要害怕失败，"要尽可能的公平"，唯此而已。在非难别人的时候，在拥护别人的时候，头脑中都要谨记公平。

◆天平，心灵深处伫立。一边是良知，一边是利益。平衡了，心才健康。

◆凡是因不公平而受到损害的人，只要他们有能力，总会用强力来纠正他们所受到的损害。

◆你有多大的能力才能享受多好的待遇。这很公平。

◆真正公平就是宇宙的密码——只是我们没有深入的了解而已。

◆最高尚的事是最公正的事情。

◆公正是辨别何者应趋、何者应避以及无关趋避的知识。

◆所谓公天无私覆，地无私载，日月无私烛，四时无私为。

◆所谓公正，就是尊重与严格要求相结合。

◆在政府事务中，公正不仅是一种美德，而且是一种力量。

◆平等的第一步是公平公正。

◆公道达而私门塞，公义立而私事息。

◆有公心必有公道。

◆水至平而邪者取法，镜至明而丑者无怒。水、镜之所以能穷物而无怨者，以其无私也。

◆理国要道，在于公平正直。

◆毁誉杂至，观其事则毁誉明；善恶混淆，公其心则善恶判。

◆对于那些预定要做不公正的事情的人，正当的辩解也无效力。

◆凡是以最高的报偿给予最配受报的人，是最高度地具有公正和美德的人。

◆人的责任是先公正而后宽大。

▶▶▶链接：小故事

1. 朱元璋斩婿

明朝皇帝朱元璋是农民出身，他率领农民起义军推翻元朝，建立大明政权，当他称帝后，没有忘记打天下的艰难，守天下的责任，常告诫百官：要奉公守法，廉洁从政。

在他执政期间，为了发展经济，巩固国防，与北方的少数民族做起了生意。为了防止非法贸易，朱元璋下了一道命令：禁止走私行为，如果有谁违反，就要从重处罚。禁令公布后，别人都很害怕，只有他的女婿欧阳伦不在乎。禁令下达不到两个月，欧阳伦就让管家周保，押了50辆满载茶叶的大车，运往兰州贩卖。

一位地方官员密奏告发他的女婿欧阳伦违犯法律贩卖私茶。朱元璋听闻后大怒，待查明情况后，宣布欧阳伦以极刑。朱元璋怒斩爱婿，内心的确很痛心，但他仍秉公执法，大义灭亲，坚持执法公正，守法严明，并没有因为所犯之人是自己的亲属且有左右大臣及家人保举而包庇袒护。

除此之外，还有数不尽的"公正"被世人传承：荀子告诫"公生明，偏生暗"；晋代傅玄写下"政在去私，私不去则公道亡"；宋代苏轼作文写"治身莫先于孝，治国莫先于公"……

2. 分粥

有七个人曾经住在一起，每天分一大桶粥。要命的是，粥每天都是不够的。一开始，他们抓阄决定谁来分粥，每天轮一个。于是乎每周下来，他们只有一天是饱的，就是自己分粥的那一天。后来他们开始推选出一个道德高尚的人出来分粥。

强权就会产生腐败，大家开始挖空心思去讨好他，贿赂他，搞得整个小团体乌烟瘴气。然后大家开始组成三人的分粥委员会及四人的评选委员会，但他们常常互相攻击，扯皮下来，粥吃到嘴里全是凉的。

最后想出来一个方法：轮流分粥，但分粥的人要等其他人都挑完后拿剩下的最后一碗。为了不让自己吃到最少的，每人都尽量分得平均，就算不平，也只能认了。大家快快乐乐，和和气气，日子越过越好。

同样是七个人，不同的分配制度，就会有不同的风气。所以一个单位如果有不好的工作习气，一定是机制问题，一定是没有完全公平公正公开，没有严格地奖勤罚懒。如何制订这样一个制度，是每个领导需要考虑的问题。

3. 什么是公平？

这是一则寓言故事。相传在遥远的天庭，有一天宇宙之神宙斯召集众神讨论公平，该怎样才是真正的公平，大家各抒己见没有一个准确的答案，宙斯便唤来了公平女神让她来给大家说一说什么是公平，公平女神微微一笑并没有马上回答，而是说到："我巡游天上、人间、地下也遇到了很多公平与否的事情。在我游历地下冥界的时候，众多厉鬼冤魂问我：'我们终日不见天日、阴冷无比，这样是对我们的不公平。'我没有回答便离开了；我又来到了人间，人们争先恐后地问我：'我们人类为什么只有短短的几十年的生命，不能充分地享受生活，这是对我们的不公平。'我笑了笑没有回答他们。"

当我回到了天上时，又听到关于公平与否的议论，有的神会问我："我们空有无限的生命却不能沐浴在爱情的时光中，无法与相爱的人厮守一生，这样是对我们不公平。"我还是没有作任何回答。今天在这里，伟大的宇宙之神宙斯您又让我来说说什么是公平，那好吧，我就来说说，我在衡量公平与否的时候是将公平之秤放在宇宙当中的，不会单纯地考虑哪一个方面，这样才能平衡整个宇宙万物，站在自己的立场去考虑问题是永远不会公平的！

4. 所罗门的智慧

所罗门是历史上以色列国的国王。

据传说，有两个妇人争夺一个孩子，让所罗门王来裁决。所罗门王说："既然你们都说，孩子是自己的，然而你们均没有足够的证据证明孩子确实是自己的，那么就将孩子劈成两半，你们一人一半，这样不就公平了？"所罗门的话是严肃的。此时，所罗门的手下要执行所罗门的命令。其中一个妇人同意这个分法，认为所罗门王英明；而另一个妇人大哭，说："亲爱的所罗门王，我不要孩子了。整个孩子归她吧。"此时，所罗门对大哭的妇人说："你才是孩子的母亲。母亲是爱孩子的，宁愿不要孩子，也不要孩子死啊。"所罗门命令手下把那个争孩子的假母亲抓了起来，重重惩罚。

这里，结果是公平的——孩子归他的母亲，而获得这个结果的方式则是充满智慧的。

所罗门王所用的策略是不可重复的，这只有在特殊情况下才能得到。那两个妇人均是在不知道所罗门王的真正意图的情况下表达出自己的偏好的：真母亲首先希望孩子活着，其次才是孩子回到自己的身边；假母亲首先关心的是不要输掉官司，孩子的归属是次要的。

我们看到，这里的公平的分配不是指平均的分配，也不是双方均满意的分配，而是合理的分配。

27. 团 结

（一）古诗词

1. 人心齐，泰山移，独脚难行，孤掌难鸣。——明，《增广贤文》

【释义】人心要是齐的话，泰山都可以移走，一只脚走不好路，一只巴掌拍不响。

2. 二人同心，其利断金。——西周，姬昌《易经·系辞上》

【释义】二人齐心协力，凝聚的力量就像锋利的刀能斩断金属。

3. 万人操弓，共射一招，招无不中。——战国，吕不韦《吕氏春秋》

【释义】众人拿着弓箭，共同射向一个目标，这个目标没有射不中的。

4. 上下同欲者胜。——战国，孙子《孙子兵法·谋攻》

【释义】国君、统帅与广大民众、士卒上下一心，同仇敌忾，就一定能战胜敌人。

5. 天时不如地利，地利不如人和。——战国，孟子《孟子·公

孙丑下》

【释义】有利于作战的天气、时令，比不上有利于作战的地理形势；有利于作战的地理形势，比不上作战中的人心所向、内部团结。

6. 民齐者强。——战国，荀子《荀子·议兵》

【释义】民心齐的国家才会强大。

7. 唯宽可以容人，唯厚可以载物。——《中国古谚语》

【释义】只有宽容的心态才可以包容别人，只有厚重的品德才可以担当大任。

8. 能用众力，则无敌于天下矣；能用众智，则无畏于圣人矣。——西晋，陈寿《三国志》

【释义】如果有能力充分发挥和利用众人的力量与智慧，就可以所向无敌、无所畏惧。

9. 单丝不成线，独木不成林。——《中国古谚语》

【释义】一根丝绞不成线，一棵树成不了森林。比喻个人力量有限，办不成大事，要有合作精神。

10. 缘边饱喂十万众，何不齐驱一时发。——唐，元稹《和李校书新题乐府十二首·缚戎人》

【释义】只要大家一心，就能发挥出极大的力量。

（二）名言

★团结是全世界的语言。——〔古巴〕何塞·马蒂

★人不能孤独地生活，他需要社会。——〔德国〕歌德

★团结一致，同心同德，任何强大的敌人，任何困难的环境，

都会向我们投降。——毛泽东

★一滴水只有放进大海里才永远不会干涸，一个人只有当他把自己和集体事业融合在一起的时候才能最有力量。——雷锋

★个人离开社会不可能得到幸福，正如植物离开土地而被扔到荒漠不可能生存一样。——〔俄国〕列夫·托尔斯泰

★一个人如果单靠自己，如果置身于集体的关系之外，置身于任何团结民众的伟大思想的范围之外，就会变成怠惰的、保守的、与生活发展相敌对的人。——〔苏联〕高尔基

★人们在一起可以做出单独一个人所不能做出的事业；智慧、双手、力量结合在一起，几乎是万能的。——〔美国〕韦伯斯特

★若不团结，任何力量都是弱小的。——〔法国〕拉封丹

★齐心的蚂蚁吃角鹿，合心的喜鹊捉老虎。——蒙古族谚语

★单个的人是软弱无力的，就像漂流的鲁滨逊一样，只有同别人在一起，他才能完成许多事业。——〔德国〕叔本华

★我们知道个人是微弱的，但是我们也知道整体就是力量。——〔德国〕马克思

★不管努力的目标是什么，不管他干什么，他单枪匹马总是没有力量的。合群永远是一切善良思想的人的最高需要。——〔德国〕歌德

★共同的事业，共同的斗争，可以使人们产生忍受一切的力量。——〔苏联〕奥斯特洛夫斯基

★为了进行斗争，我们必须把我们的一切力量拧成一股绳，并使这些力量集中在同一个攻击点上。——〔德国〕恩格斯

★三个臭皮匠，顶个诸葛亮。——俗语

★最伟大的力量，就是同心合力。——乌孜别克族谚语

★篝火能把严寒驱散，团结能把困难赶跑。——壮族谚语

★团结的可贵，在敌人面前才会深知。——哈萨克族谚语

★一切使人团结的是善与美，一切使人分裂的是恶与丑。——〔俄国〕列夫·托尔斯泰

★谁若与集体脱离，谁的命运就要悲哀。——〔苏联〕奥斯特洛夫斯基

★不管一个人多么有才能，但是集体常常比他更聪明和更有力。——〔苏联〕奥斯特洛夫斯基

★聪明的人们就应该尽上力量去建立友谊，而不应去结仇恨。——《五卷书》

★朋友间的不和，就是敌人进攻的机会。——〔古希腊〕伊索

★一朵鲜花打扮不出美丽的春天，世人进步才能移山填海。——雷锋

★五人团结一只虎，十人团结一条龙，百人团结像泰山。——邓中夏

★万夫一力，天下无敌。——刘基

★用众人之力，则无不胜也——刘安

★人定者胜天，天定亦能胜人——苏轼

★一致是强有力的，而纷争易于被征服——〔古希腊〕伊索

★凝聚产生力量；团结诞生希望——〔奥地利〕席勒

★咱们知道个人是微弱的，但是咱们也知道整体就是力量——〔德国〕马克思

★团结——在人需要的时候，它能帮忙人民克服各种混乱——〔前苏联〕高尔基

★惟有具备强烈的合作精神的人，才能生存，创造文明——〔印度〕泰戈尔

★单独一个人可能灭亡的地方，两个人在一起就可能得救——〔法国〕巴尔扎克

（三）金句

◆民族团结是各族人民的生命线。

◆团结稳定是福，分裂动乱是祸。

◆各民族要相互了解、相互尊重、相互包容、相互欣赏、相互学习、相互帮助，像石榴籽那样紧紧抱在一起。

◆凡事团结处理得好，工作都能做得比较好；凡事团结处理不好，就都做不好。

◆只要全党全国各族人民团结一心、苦干实干，中华民族伟大复兴的巨轮就一定能够乘风破浪、胜利驶向光辉的彼岸。

◆我们这一代共产党人一定要承前启后、继往开来，把我们的党建设好，团结全体中华儿女把我们国家建设好，把我们民族发展好，继续朝着中华民族伟大复兴的目标奋勇前进。

◆愿同各国人民真诚团结起来，为建设一个持久和平、共同繁荣的世界而携手努力！

◆中国梦意味着中华民族团结奋斗的最大公约数。

◆团结稳定鼓劲、正面宣传为主，是党的新闻舆论工作必须遵循的基本方针。

◆团结统一的中华民族是海内外中华儿女共同的根。

（注：以上摘自习近平金句）

◆"万夫一力，天下无敌"，不管前进路上有多少风险挑战，只要我们同心同德、群策群力，中国力量就无比强大，我们就能跨越一切艰难险阻，不断从胜利走向新的胜利。

◆最伟大的力量是同心合力。新征程上，越是接近目标，越是形势复杂，越是任务艰巨，就越要高举团结的旗帜，把各方面智慧和力量凝聚起来，形成心往一处想、劲往一处使的强大合力。

◆"同心山成玉，协力土变金。"用共同理想信念凝聚民族意志，用中国精神激发中国力量，就能使蕴藏于亿万人民之中的洪荒伟力充分迸发出来，在新时代共同创造中华民族新的更大奇迹。

◆轻霜冻死单根草，狂风难毁万木林。

◆我们深深知道，每一个人的力量是有限的，但只要我们万众一心、众志成城，就没有克服不了的困难。

◆"大鹏之动，非一羽之轻也；骐骥之速，非一足之力也。"中国力量，归根到底是全国各族人民大团结的力量。

◆船的力量在帆上，人的力量在心上。决胜全面建成小康社会、夺取新时代中国特色社会主义伟大胜利、实现中华民族伟大复兴的中国梦，需要全社会方方面面同心干，需要网上网下形成同心圆，更好地凝聚共识、汇聚力量。

◆以斗争求团结则团结存，以退让求团结则团结亡。

◆船的力量在帆上，人的力量在心上。人心齐，泰山移，团队的力量不在于人多，而在于心齐。

◆团结出凝聚力，团结出战斗力，团结更能出成绩。追赶超越、绿色崛起宏图在望，脱贫攻坚、全面小康重任在肩，唯有团结奋斗才能形成"众人拾柴火焰高"的蓬勃力量。

◆同心山成玉，协力土变金。刘邦、张良、萧何、韩信相互协作补台才有了大汉天下，廉颇、蔺相如"将相和"才有了赵国的祥和稳定。

◆人心齐，泰山移，独行快，众行远。

◆一滴水如果融入大海，就不会干涸；一个人只有把个体"小我"的追求融入祖国、人民"大我"的事业，才能拥有无穷力量和广阔舞台。

◆"积力之所举，则无不胜也；众智之所为，则无不成也。"只要我们牢固树立人类命运共同体意识，携手努力、共同担当，同舟共济、共渡难关，就一定能够让世界更美好、让人民更幸福。

◆人心齐，泰山移。伟大的事业需要伟大的团结。国家再大，一盘散沙不能称其大；人口再多，拧不成一股绳不可谓其强。

◆邓小平：我们这么大一个国家，怎样才能团结起来、组织起来呢？一靠理想，二靠纪律。

◆团结是攻坚克难的制胜法宝。人不必太美，只要有人深爱；人不必太福，只要过的温暖。学中国革命、建设、改革的历史，就是一部中国共产党领导全国各族人民团结奋斗的历史。

◆头雁先飞，群雁齐追。上下齐心，其利断金。

◆独行快，众行远。中国与三国深化务实合作，有利于提升中欧合作的新高度。中欧是维护世界和平的两大力量、促进共同发展的两大市场、推动人类进步的两大文明。

◆一个篱笆三个桩，一个好汉三个帮。

◆不怕巨浪高，只怕桨不齐。

◆单独一个人可能灭亡的地方，两个人在一起可能得救。

◆雁怕离群，人怕掉队。

◆孤雁难飞，孤掌难鸣。

◆鱼不能离水，雁不能离群。

◆一人难挑千斤担，众人能移万座山。

◆好虎架不住一群狼。

◆一箭易断，十箭难折。

◆滴水不成海，独木难成林。

◆一朵鲜花打扮不出美丽的春天。

◆团结则存，分裂则亡。

◆只有去团结自己身边一切可以团结的力量，才能够让自己慢慢地变得强大起来，就像一滴水团结在一起能够汇集成浩瀚的海洋一样！

▶▶▶链接：小故事

1. 团结协作搞科研

维勒和李比希都是19世纪德国杰出化学家。他们两人的性格迥异，李比希激烈，爽朗，风风火，像一团烈火；维勒平和、沉稳、文文静静，像一盆冷水。但两个感情很好，亲密无间。他们密切配合，致力于科学研究。共同对无机化学、有机化学作出了贡献，同是有机化学的创始者。李比希在自传中写道："我的最好运气，就是有位志同道合的朋友。多年来我和这位朋友真诚合作，毫无隔阂……手携手地向前，这一位行动时，那一位已经准备好。"由于两人的真诚合作，因此，才创造出科学研究上的辉煌。

2. 合作的幸福

从前，有两个饥饿的人得到一个长者的恩赐，一根鱼竿和一篓鲜活硕大的鱼。其中一个人要了鱼竿，另一个人要了一篓鱼，他们得到各自想要的东西后，分道扬镳。

其中一个马上把鱼烧起来吃了，结果撑死在了空空的鱼篓边。另一个向海边走去，因为他知道海里有鱼，当他看到海洋的蔚蓝，用尽了最后的力气向海边跑去，结果他饿死在了海边。

另外同样有两个饥饿的人，他们也得到了同样的一根鱼竿和一篓鲜活硕大的鱼。

所不同的是，他们没有分开。而是一起每餐煮一条鱼，然后向遥远的海边走去。从此他们过着以捕鱼为生的日子，过几年，他们盖上了自己的房子，后来又各自取了妻子，生了小孩，过着幸福美满的生活。

故事前后两种截然不同的结果是因为，前者缺少合作精神，后者是通过合作相互帮助。

3. 将相和

春秋战国时期，赵国优秀将领廉颇以英勇善战闻名，立下无数战功，地位很高。蔺相如当时是一位赵王身边宦官的门客，被推荐完成送和氏璧换取秦国十五座城池的任务。当时秦国强大，大家都知道送去和氏璧也得不到秦国的城池，不送又怕得罪秦国，蔺相如肩负国家利益和荣辱，冒生命危险以聪明才智和胆识完璧归赵，得到赵王赏识和封赏。不久秦赵两国国君在渑池相会，蔺相如又立大功为赵国挽回面子。赵王封他为上卿，官位在廉颇之上。廉颇对蔺相如不满，觉得自己在沙场上为赵国拼命，攻下无数城池立下汗马功劳，蔺相如动动嘴皮子就比自己功劳还大，很不服气。蔺相如得知廉颇对自己有意见处处忍让，别人说他是怕廉颇，他却说："秦王我都不怕，难道能怕廉将军？现在秦国不敢入侵，因为赵国有得力将相，一旦我们不和，就会削弱赵国力量，秦国趁机入侵怎么办？

我不论功争权，为的是国家大局，将相的共同利益！"此话传到廉颇耳里，廉颇也是深明大义之人，主动负荆请罪。将相和的佳话流传至今。如果两人争权夺利，只顾自己利益，国家都有可能因此灭亡，更别提两人自己的利益了，所以说团结协作使他们将相都吃到了"草"。

4. 团结的蚂蚁

在南美洲的草原上，发生过这样一件令人惊心动魄的事。一个秋日的下午，一片临河的草丛突然起火，顺着风游走的火舌像一条红色的项链，向草丛中央一个小小的丘陵包围过来。

丘陵上无数的蚂蚁被逼得连连后退，它们似乎除了葬身火海已别无选择。但是就在这时，出乎意料的情形出现了，只见蚂蚁们迅速聚拢，抱成一团，滚作一个黑色的"蚁球"冲进火海。烈火将外层的蚂蚁烧得噼啪作响，然而，"蚁球"越滚越快，终于穿过火海，冲进小河。

河水把"蚁球"卷向岸边，使大多数蚂蚁绝处逢生。这个故事告诉我们一个道理：团结就是力量，只有团结起来才能化险为夷、战胜困难，只有团结起来，这些蚂蚁才能绝处逢生。

5. 地狱与天堂

牧师请教上帝：地狱和天堂有什么不同？

上帝带着牧师来到一间房子里。一群人围着一锅肉汤，他们手里都拿着一把长长的汤勺，因为手柄太长，谁也无法把肉汤送到自己嘴里。每个人的脸上都充满绝望和悲苦。上帝说，这里就是地狱。

上帝又带着牧师来到另一间房子里。这里的摆设与刚才那间没有什么两样，唯一不同的是，这里的人们都把汤舀给坐在对面的人喝。他们都吃得很香、很满足。上帝说，这里就是天堂。

同样的待遇和条件，为什么地狱里的人痛苦，而天堂里的人快乐？原因很简单：地狱里的人只想着喂自己，而天堂里的人却想着喂别人。

六、人生之道

28. 逆 境

（一）古诗词

1. 生于忧患，死于安乐。——战国，孟子《孟子》

【释义】忧虑祸患能使人（或国家）生存发展，而安逸享乐会使人（或国家）走向灭亡。

2. 玉不琢，不成器。——西汉，戴圣《礼记·学记》

【释义】玉石不经雕琢，就不能变成好的器物。

3. 行路难，行路难！多歧路，今安在？长风破浪会有时，直挂云帆济沧海。——唐，李白《行路难》

【释义】人生道路多么艰难，多么艰难。歧路纷杂，如今又身在何处？相信乘风破浪的时机总会到来，到时定要扬起征帆，横渡沧海！

4. 成名每在穷苦日，败事多因得志时。——明，陈继儒《小窗幽记》

【释义】一个人成名往往是在过穷苦日子的时候，而多在春风得意的时候遭遇失败。

5. 天降大任于斯人也，必先苦其心志，劳其筋骨，饿其体肤，空乏其身，行拂乱其所为，所以动心忍性，曾益其所不能。——战国，孟子《孟子》

【释义】上天要把重任降临在某人的身上，一定先要使他心意苦恼，筋骨劳累，使他忍饥挨饿，身体空虚乏力，使他的每一行动都不如意，这样来激励他的心志，使他性情坚忍，增加他所不具备的能力。

6. 譬之金之在冶，经烈焰，受钳锤，当此之时，为金者甚苦。然自他人视之，方喜金之益精炼，而惟恐火力锤煅之不至。既其出冶，金亦自喜，其挫折煅炼之有成矣。——明，王阳明《与王纯甫书》

【释义】人在经受磨砺的时候，就好像冶炼金属的过程，金属被烈焰煅烧，又受到大钳锤的千锤万击，这个时候，按普通人的心理来看，作为金属自然非常痛苦；然而，从铁匠的角度去看，只有对金属越来越精的锤炼才感到高兴，唯恐火力不够、锤煅不足。等到金属冶炼结束，打造成一件精美的物品时，金属也会暗自庆幸自己通过了重重考验，终于锻炼有成了。

7. 不戚戚于贫贱，不汲汲于富贵。——东晋，陶渊明《五柳先生传》

【释义】不为贫贱而忧虑悲伤，不为富贵而匆忙追求。

8. 自古雄才多磨难，从来纨绔少伟男。——现代，王宝池《劝学》

【释义】自古以来凡是做成大事的英雄豪杰都是经历过很多磨难的，而那些富贵人家的子弟很少有人能成就大事的。

9. 玉经琢磨多成器，剑拔沉埋便倚天。——五代，王定保《唐

摭言》

【释义】玉石经过切磋打磨大多能成为宝器；长剑超脱被埋没的处境，便能成为倚天宝剑。

10. 艰难困苦，玉汝于成。——宋，张载《西铭》

【释义】艰难和困苦的客观条件，其实可以磨练人的意志，帮助人们达到成功。比喻：要成大器，必须经过艰难困苦的磨炼。

（二）名言

★人们最出色地工作往往在处于逆境的情况下做出。思想上的压力，甚至肉体上的痛苦都可能成为精神上的兴奋剂。——〔澳大利亚〕贝弗里奇

★困难只能吓倒懦夫懒汉，而胜利永远属于敢于登科学高峰的人。——茅以升

★卓越的人一大优点是：在不利与艰难的遭遇里百折不挠。——〔德国〕贝多芬

★我要扼住命运的咽喉，它决不能使我完全屈服。——〔德国〕贝多芬

★在最不幸的环境之中，我们也可以找到聊以自慰的事情。——〔英国〕丹尼尔·笛福

★困难是欺软怕硬的。你越畏惧它，它愈威吓你。你愈不将它放在眼里，它愈对你表示恭顺。——宣永光

★苦难对于天才是一块垫脚石，对于能干的人是一笔财富，对弱者是一个万丈深渊。——〔法国〕巴尔扎克

★患难困苦是磨炼人格之最高学校。——梁启超

★苦难是人生的老师。——〔法国〕巴尔扎克

★烈火见真金，逆境出英雄。——〔古罗马〕塞内加

★苦难只是一个体验性的话题。它通常只对穿越苦难长廊的人，才讲出自己最深层的涵义。——〔英国〕卡莱尔

★灾难是人的试金石。——费雷查

★失败本身包含着胜利。——〔德国〕恩格斯

★错误和失败，锻炼了我们前进的本领。——〔美国〕查宁

★早年尝几次失败的滋味；终身受用不浅。——〔英国〕赫胥黎

★败而不馁，就是胜者。——〔美国〕埃·哈伯德

★失败可能是变相的胜利，最低潮就是高潮所始。——〔美国〕郎费罗

★明智的人决不坐下来为失败而哀号，他们一定乐观地寻找办法来加以挽救。——〔英国〕莎士比亚

★希望是厄运的忠实的姐妹。——〔俄国〕普希金

★过去属于死神，未来属于你自己。——〔英国〕雪莱

★冬天已经到来，春天还会远吗？——〔英国〕雪莱

★人生应该如蜡烛一样，从顶燃到底，一直都是光明的。——萧楚女

★真正的人生，只有在经过艰苦卓绝的斗争之后才能实现。——〔古罗马〕塞涅卡

★沉沉的黑夜都是白天的前奏。——郭小川

★作为一个人，要是不经历过人世上的悲欢离合，不跟生活打过交手仗，就不可能懂得人生的意义。——杨朔

★衡量一个人成功的标志，不是看他登到顶峰的高度，而是看他跌到低谷的反弹力。——王石

★顺境的美德是节制，逆境的美德是坚韧，这后一种是较为伟大的德性。——〔英国〕培根

★累累的创伤，就是生命给你的最好的东西，因为在每个创伤上面都标示着前进的一步。——〔法国〕罗曼·罗兰

★有困难是坏事也是好事，困难会逼着人想办法，困难环境能锻炼出人才来。——徐特立

★在人生的道路上，谁都会遇到困难和挫折，就看你能不能战胜它。战胜了，你就是英雄，就是生活的强者。——张海迪

★上天给人一份困难时，同时也给人一份智慧。——〔法国〕雨果

★每一种挫折或不利的突变，是带着同样或较大的有利的种子。——〔美国〕爱默生

★我以为挫折、磨难是锻炼意志、增强能力的好机会。——邹韬奋

★斗争是掌握本领的学校，挫折是通向真理的桥梁。——〔德国〕歌德

★以勇敢的胸膛面对逆境。——〔古罗马〕贺拉斯

★人的生命力，是在痛苦的煎熬中强大起来的。——路遥

★凡不能毁灭我的，必使我强大。——〔德国〕尼采

★勇士是在充满荆棘的道路上前行的。——〔古罗马〕奥维德

（三）金句

◆中华民族历史上经历过很多磨难，但从来没有被压垮过，而是愈挫愈勇，不断在磨难中成长、从磨难中奋起。

◆无论是处于顺境还是逆境，我们党从未动摇对马克思主义的信仰。

◆不要顺利的时候，看山是山、看水是水，一遇挫折，就怀疑动摇，看山不是山、看水不是水了。

◆"其作始也简，其将毕也必巨。"我们要永远保持清醒头脑，继续发扬筚路蓝缕、以启山林那么一种精神，继续保持空谈误国、实干兴邦那么一种警醒，敢于战胜前进道路上的一切困难和挑战。

◆"自古雄才多磨难，从来纨绔少伟男"、"少年辛苦终身事，莫向光阴惰寸功"。要比就比谁更有志气、谁更勤奋学习、谁更热爱劳动、谁更爱锻炼身体、谁更有爱心。

◆党与人民风雨同舟、生死与共，始终保持血肉联系，是党战胜一切困难和风险的根本保证，正所谓"得众则得国，失众则失国"。

（注：以上摘自习近平金句）

◆灾难是真理的第一程。

◆含泪播种的人将含笑收获。

◆黑夜给了我黑色的眼睛，我却用它来寻找光明。

◆身在顺境，我们固然可喜，面对逆境，也不必太过忧伤。塞翁失马，焉知非福，只要我们正确对待生活的每一分，每一秒。走好生活的每一步。就能在逆境中欣赏到独具特色的风景，悟到许多在顺境中无法参透的人生哲理。

◆面对苦难，中国人民没有屈服，而是挺起脊梁、奋起抗争，以百折不挠的精神，进行了一场场气壮山河的斗争，谱写了一曲曲可歌可泣的史诗。

◆前进道路上，机遇与挑战并存，困难和希望同在。生活总是青睐乐观的人，青睐积极向上的人。我们正视困难，但绝不会向困难低头，任何困难都阻挡不住我们前进的步伐，任何挑战都动摇不了我们攀登的意志。

◆困难，永远不会自动消失；不干，问题只会越积越多。我们要迎着困难上，发扬斗争精神，直面矛盾问题，战胜艰难险阻，"踏平坎坷成大道"。

◆苦涩也是人生的一部分，是快乐与忧愁共同构成了我们生活的全部。

◆没有痛苦和奋斗，人生永远不可能完整，就像没有挣扎的蝴蝶，永远不可能飞翔。在困苦境遇中磨炼出的平常心，总能让他们平稳地渡过一个个风口浪尖。

◆当艰险横亘于前路时，珍惜当下各种考验的"馈赠"，钟爱事业"形若曳枯木"，把每项任务都圆满完成，把每件工作都干到极致，一点一滴积累，必会从量变达到质变，实现人生的跨越，成为事业需要的栋梁之材。

◆是铁与火的锤炼使剑趋于完美。

◆人虽无艰难之时，却不可忘艰难之境；世虽有侥幸之事，断不可存侥幸之心。

◆困难不容低估，信心不可动摇，干劲不能松懈。要看到，风浪是前进中的波动，问题是成长中的阵痛。

◆天公把一种魅力隐藏在困难的事业中，只有敢于尽力从事困难的人才意识到这种魅力。

◆逆境时，保持"岁寒而后知松柏之后凋"的韧劲，积极面对、妥善处理困难挫折，不断提升抗压能力，懂得自我调压；以"明知山有虎，偏向虎山行"的魄力，知难而进，迎难而上，在挫折的磨砺中，千锤百炼，熔煅成钢。

◆如果能深刻理解苦难，苦难就会给人带来崇高感。

◆在困难和挑战面前，是望而却步、知难而退，还是明知山有虎、偏向虎山行；是选择有知有畏的保守，还是坚持有知无畏的开拓，考验的是胆识，体现得是魄力。

◆要敢于直面问题，矛盾面前不躲闪，挑战面前不畏惧，困难面前不退缩，在关键时刻和危急关头豁得出来、顶得上去、经得住考验。

◆多经事方能成大事，犯其难方能图其远。

◆困难，冲不破是关卡，冲破了就是坦途；挑战，战不胜是压力，战胜了就是机遇。

◆青年干部要淡化"锻炼"的概念，防止为了"镀金"去"锻炼"，要强化"磨炼"的意识，在"劳其筋骨、苦其心志"的"磨炼"中健康成长。

◆没有苦和累、血与火的考验，就难以磨砺钢铁般的意志；没有经受一定的挫折和煎熬，就难以获得有益的经验和启示。

◆本领是从困难中学会的。

◆要主动到吃劲要紧岗位上"墩"苗，打牢基础，积蓄后劲；到急难险重任务中去"墩"苗，在干事中长本事，在历练中变老练；到备战打仗一线去"墩"苗，在摔打磨炼中练就过硬本领。

◆对于各种矛盾风险挑战，决不能掉以轻心。如果防范不及、应对不力，就会传导、叠加、演变、升级，使小的矛盾风险挑战发展成大的矛盾风险挑战。

◆问题是时代的声音。

◆越是到最后，越是难啃的硬骨头。

◆问题就是公开的、无畏的、左右一切个人的时代声音。问题就是时代的口号，是它表现自己精神状态的最实际的呼声。

◆温室中的花，经不起风吹雨打。唯有经风雨、见世面、受考验，才能"在担当中历练，在尽责中成长"。

◆如要锻炼一个能做大事的人，必定要叫他吃苦受累，百不称心，才能养成坚忍的性格。一个人经过不同程度的锻炼，就获得不同程度的修养，不同程度的效益。好比香料，捣得愈碎，磨得愈细，香得愈浓烈。

◆面对困境和压力，我们务必要有不畏浮云、拨云见日、认清形势、早占先机的勇气，务必要有生于忧患、死于安乐的危机意识，务必要有不等不靠、勇于担当的拼搏精神，破釜沉舟，披荆斩棘，全力推进改革发展。

◆问题就像灯下的影子，你越想绕过、避过，它就越拉越长、越大；你越是迎难而上，灯下的影子就越小越短。

◆把委屈和泪水都咽下去，输不起就不要输，死不了就站起来，告诉所有看不起你的人：我很好。

◆坚强的人总在夜里把心掏出来缝缝补补，然后第二天又假装什么事情都没有发生过。

◆好事尽从难处得，少年莫向易中轻。

◆每一次跌倒后重新站起来，都会让人变得愈发坚强。生活，一半是回忆，一半是继续。

◆坎坷就是年轻干部成长、成才的"磨刀石"和"助推剂"，只有历经风雨才能见彩虹，只有历经磨难才能变成熟。

◆没有困难就没有智慧。

◆在困难、危机和矛盾面前，如果我们畏首畏尾、退避三舍、裹足不前，就会陷入困境、一事无成甚至于一败涂地，如果选择知难不避、知难而进，难就不难，就能够危中寻机、化险为夷、转危为安。

◆成就一番事业，不会一帆风顺，都会遇到挫折，关键就是看有没有雍正那种"坚刚不可夺其志"的精神，有没有郑板桥说的"咬定青山不放松，任尔东西南北风"的执着，有没有陈毅元帅那种"大雪压青松，青松挺且直"的铮铮铁骨。

◆熬，不是逆来顺受地活着；熬，不是对命运的妥协。熬，是能量积蓄；熬，是生命升华。

◆困难是人生的教科书。

◆如果我们没有经历危难而得胜，就不是光荣的胜利。

◆前进路途中，我们纵然会遭遇改革的"拦路虎"、发展的"绊脚石"，但即便千难万难，也要像"站立在海中的岩石"那般，经得起海浪的冲击。

◆越是困难重重，越需要"咬定目标使劲干"的行动。兑现对人民作出的庄严承诺，始终和群众想在一起、干在一起，一步也不能松懈、一刻也不能停歇，方能在这项"历史性工程"中标注自己的奋斗和担当。

◆虽然世界多苦难，但是苦难总是能战胜的。

◆每一个困难背后，都蕴藏着同等、甚至更大的机遇。勇于迎接困难，才能克服困难。

◆不惮于在难事、烦事、急事、苦事上多磨炼，就能将内心打磨得成熟豁达，沉稳而有力，不再拘泥于一时一事的得失；多经历几番雨疏风骤的洗礼，耐得几回兴衰荣辱的打磨，就能在大事来临之时，气定神闲、沉着冷静，抵达"不以物喜、不以己悲"的境界。

◆失败与成功同在，痛苦与快乐并存，坎坷蕴含着机遇，挫折包含着收获，曲折隐藏着哲理。坎坷既是成功的铺路石，又是意志的试金石，更是能力的磨刀石，笑对坎坷，把坎坷当作动力，坎坷则成为一种跨越、一种体验、一种收获、一种享受，它会让我们劲头更足、热情更高、信心更强。

◆艰难困苦，玉汝于成。困难给人带来痛苦，也砥砺人的进步。没有逆境，就没有生命的进化和成长。

◆有矛盾有风险本身并不可怕，关键要有化解矛盾和排除风险的决心和办法，不能在困难和挑战面前束手无策。

◆勇于攻坚克难，知难而进、迎难而上，遇到矛盾不绕行，遇到问题不回避，以逢山开路、遇河架桥的精神，以披荆斩棘、勇往直前的劲头，推动各项事业取得新进展、实现新突破。

◆只有经过暴风雨的洗礼，才能见到最绚丽的彩虹；只有历经磨砺和考验的人生，才会拥有辉煌的成功。

◆年轻干部只有多在实践中熔炼、常在干事创业中磨炼、敢在重大斗争中淬炼，才能挺为劲草，淬就真金。

◆人在事上练，刀在石上磨。干部成长无捷径可走，经风雨、见世面才能壮筋骨、长才干，才能练出真功夫、学会真本领。

◆"凡做事，将成功之时，其困难最甚"。这个时候，更需要逼自己一把，多做几回"热锅上的蚂蚁"，多接几次"烫手的山芋"，敢于挑战极限，勇于冲破"极点"，努力做到极致，方能激发最大的潜能，遇见最好的自己。

◆把吃苦当"吃补"，把磨炼当财富，把挑战当机遇，一步一个脚印，一步一个台阶，上好基层这所大学校，读好实践这本无字书。

◆艰难是一种磨炼，在暗处滋养我们！坎坷是一种经历，让我们真切地理解人生！

◆你永远要感谢给你逆境的众生。

◆每一种创伤，都是一种成熟。

◆挫折是为成功而缴的学费。

▶▶▶链接：小故事

1. 石头与石佛

有一天，寺庙台阶上的石块对供奉台上的石佛抱怨道："为什么大家都对你顶礼膜拜，而把我就踩在脚下？"石佛说："我们在成为现在的样子之前已经受了千刀万剐，而你只是简单的打磨。虽然我们都是石头，但经受的锤炼不一样啊。"

2. 吴敬梓十年寒窗

清代著名的讽刺小说家吴敬梓，从 39 岁开始写《儒林外史》。当时，他的生活十分贫困，全靠典衣当物、卖文和朋友的周济为生。他的朋友曾写诗来形容他当时的苦境："囊无一钱守，腹作千雷鸣""近闻典衣尽，灶突无烟青"。有一次，这位作家竟断食两天。夜间写书时，冷得难以忍受，他就邀请几位穷朋友，绕城跑步取暖，称之为"暖足"。"十年寒窗苦"，厄运并没有把吴敬梓压倒，他孜孜不倦，奋笔写书，在他49岁那年，终于完成了30万言的《儒林外史》，对那些科举制度下的封建文人、官僚豪绅和市井无赖进行了入木三分的讽刺。

3. 逆境中成长的海伦·凯勒

海伦·凯勒双目失明、两耳失聪，却努力地从一个让人同情默默无闻的小女孩变成让全世界尊敬的女强人。如果生活真的不公平，那么，生活对她的不公平可谓到了极致。她完全可以放弃她的梦想躲在阴暗的角落里放声痛哭，没有人会责怪她，她也完全可以躺在床上或坐在轮椅上，像一个植物人一样由人服侍。可是这一切，她都没有做，她只是吃力的在老师的帮助下学习盲语，触摸着事物，仅仅凭着她永不言弃的信念和坚持不懈的意志，把她理想的天空涂上了人生最亮的色彩。

4. 硬汉子海明威

美国作家海明威是一个极具进取精神的硬汉子。他曾尝试吃过蚯蚓、蜥蜴，在墨西哥斗牛场亮过相，闯荡过非洲的原始森林，两次世界大战都上了战场。作为作家的海明威，曾雄心勃勃地表示要超过莎士比亚，"干掉"屠格涅夫，把莫泊桑、司汤达打在地上说胡话，决心下定，就得奋力拼搏。1949年，他的朋友福克纳获诺贝尔文学奖，海明威不服气，匆匆写了一部小说要超过人家，反遭失败。倔强的海明威爬起来再干，终于写出了小说《老人与海》，获1954年诺贝尔文学奖。他在《老人与海》这部小说中写下了响当当的名言："人是不能被打败的，你可以把他消灭，但不能打败他！"作品所中体现的那种不可摧毁的"硬汉子"精神，那种打不败的坚毅品格，成为人类精神世界永恒的财富。

5. 音乐巨人贝多芬

童年的贝多芬是在泪水浸泡中长大的。家庭贫困，父母失和，造成贝多芬性格上严肃、孤僻、倔强和独立，在他心中蕴藏着强烈而深沉的感情。他从12岁开始作曲，14岁参加乐团演出并领取工资补贴家用。到了17岁，母亲病逝，家中只剩下两个弟弟，一个妹妹和已经堕落的父亲。不久，贝多芬得了伤寒和天花，几乎丧命。

贝多芬简直成了苦难的象征，他的不幸是一个孩子难以承受的。尽管如此，贝多芬还是挺过来了。他对音乐酷爱到离不开的程度。在他的作品中，有着他生活的影子，既充满高尚的思想，又流露对人间美好事物的追求、向往。对美丽的大自然他有抒发不尽的情怀。说贝多芬命运不好，不光指他童年悲惨，实际上他最大的不幸，莫过于28岁那年的耳聋。先是耳朵日夜作响，继而听觉日益衰弱。他去野外散步，再也听不见农夫的笛声了。从此，他孤独地过着聋人的生活，全部精力都用于和聋疾苦战。他著名的《命运交响曲》就是在完全失去听觉的状态中创作的。他坚信"音乐可以使人类的精神爆发出火花"。"顽强地战斗，通过斗争去取得胜利。"这种思想贯穿了贝多芬作品的始终。

29. 奉　献

（一）古诗词

1. 落红不是无情物，化作春泥更护花。——清，龚自珍《己亥杂诗》

【释义】落花纷纷绝不是无情飘洒，为的是化作春泥培育出更多的新花。

【寓意】作者以落花自喻，鲜花枯败凋落象征着自己辞官回乡，此句表明诗人自己虽然离开了官场，但是会像落花化作春泥滋润盛开的花朵一样，依旧关心国家的未来，为国家尽心尽力。

2. 春蚕到死丝方尽，蜡炬成灰泪始干。——唐，李商隐《无题》

【释义】春蚕结茧到死时丝才吐完，蜡烛要燃尽成灰时像泪一样的蜡油才能滴干。

3. 鞠躬尽瘁，死而后已。——三国，诸葛亮《后出师表》

【释义】指小心谨慎，贡献出全部精力。

4. 桃李不言，下自成蹊。——西汉，司马迁《史记·李将军列

321

传》

【释义】桃树李树不说话，但它们有花朵和果实，人们在树下赏花摘果，以至于树下最终走出一条小路来。

5. 采得百花成蜜后，为谁辛苦为谁甜。——唐，罗隐《蜂》

【释义】蜜蜂无论是在平地还是山尖，凡是鲜花盛开的地方，都被蜜蜂占领。它们采尽百花酿成蜜后，到头来又是在为谁忙碌？为谁酿造醇香的蜂蜜呢？赞美了蜜蜂辛勤劳动不求回报的高尚品格。

6. 生而不有，为而不恃，功成而弗居。——春秋，老子《道德经》

【释义】生养万物而不占为己有，作于万物而不自恃己能，事业成就而不自居有功、寻求报道。

7. 上善若水。水善利万物而不争。——春秋，老子《道德经》

【释义】最好的品质就像水一样。水善于滋润万物而不和万物相争。

8. 天之道，利而不害；圣人之道，为而不争。——春秋，老子《道德经》

【释义】自然的法则，有利万物而不伤害万物；圣人的道理，施助万物而不与万物相争。

（二）名言

★我甘愿当作"人梯"，让青年一代蹬着我的肩膀，攀登世界科学技术的高峰。——华罗庚

★人生的真正的意义是在于奉献，而不是在于索取。——〔中

国〕张海迪

★人生价值的大小是按人们对社会贡献的大小来衡量的。——向警予

★我没有别的东西奉献，唯有辛劳泪水和血汗。——〔英国〕丘吉尔

★上天赋予的生命，就是要为人类的繁荣、和平和幸福而奉献。——〔日本〕松下幸之助

★如果有一天，我能够对我的公共利益有所贡献，我就会认为自己是世界上最幸福的人了。——〔俄国〕果戈理

★你若要喜爱你自己的价值，你就得给世界创造价值。——〔德国〕歌德

★人需要有一颗牺牲自己私利的心。——〔俄国〕屠格涅夫

★你要记得，永远要愉快地多给别人，少从别人那里拿取。——〔苏联〕高尔基

★埋在地下的树根使树枝产生果实，却并不要求什么报酬。——〔印度〕泰戈尔

★竭力履行你的义务，你应该就会知道，你到底有多大价值。——〔俄国〕列夫·托尔斯泰

★光明的中国，让我的生命为你燃烧吧。——〔中国〕钱三强

★共产党员应该在群众最困难的时候，出现在群众的面前，在群众最需要帮助的时候，去关心群众，帮助群众。——〔中国〕焦裕禄

★给予是能使人产生优越感的。——〔法国〕雨果

★奉献无止境。——〔中国〕钟南山

★对人来说，最大的欢乐，最大的幸福是把自己的精神力量奉献给他人。——〔苏联〕苏霍姆林斯基

★凡可以献上我的全身的事，决不献上一只手。——〔英国〕狄更斯

★德行善举是唯一不败的投资。——〔美国〕梭洛

★奉献乃是生活的真实意义。假如我们在今日检视我们从祖先手里接下来的遗物，我们将会看到什么？他们留下来的东西，都有是他们对人类生活的贡献。——〔奥地利〕阿德勒

★给予比接受更快乐。——《圣经》

★当你服务他人的时候，人生不再是毫无意义的。——〔美国〕葛登纳

★人生不是一支短短的蜡烛，而是一支暂时由我们拿着的火炬。我们一定要把它燃得十分光明灿烂，然后交给下一代的人们。——〔法国〕萧伯纳

★有的人觉得能够舍身，能够用牺牲来对人类表示深切而毫无私心的同情，是一种快乐。——〔法国〕罗曼·罗兰

★我们的报酬取决于我们所作出的贡献。——〔美国〕韦特莱

★夜把花悄悄地开放了，却让白日去领受谢词。——〔印度〕泰戈尔

★人的生命是有限的，可是，为人民服务是无限的，我要把有限的生命，投入到无限的为人民服务之中去。——〔中国〕雷锋

★倘使有一双翅膀，我甘愿做人间的飞蛾。我要飞向火热的日

球，让我在眼前一阵光、身内一阵热的当儿，失去知觉，而化作一阵烟，一撮灰。——〔中国〕巴金

★只要你曾经尽可能地贡献出来，就已经值得感激了。——〔俄国〕屠格涅夫

★人并非为获取而给予；给予本身就是无与伦比的欢乐。——〔美国〕弗罗姆

★像蜡烛为人照明那样，有一分热，发一分光，忠诚而踏实地为人类伟大事业贡献自己的力量。——〔英国〕法拉第

★我是春蚕，吃了桑叶就要吐丝，哪怕放在锅里煮，死了丝还不断，为了给人间添一点温暖。——〔中国〕巴金

（三）金句

◆我将无我，不负人民。我愿意做到一个"无我"的状态，为中国的发展奉献自己。

◆用无怨无悔的坚守和付出，在平凡的岗位上书写了不平凡的人生华章。我们要大力倡导这种爱国奉献精神，使之成为新时代奋斗者的价值追求。

◆要积极弘扬奉献精神，凝聚起万众一心奋斗新时代的强大力量。

◆中国梦是奉献世界的梦。"穷则独善其身，达则兼善天下。"这是中华民族始终崇尚的品德和胸怀。中国一心一意办好自己的事情，既是对自己负责，也是为世界作贡献。

◆努力让每个孩子享有受教育的机会，努力让 13 亿人民享有更好更公平的教育，获得发展自身、奉献社会、造福人民的能力。

◆开天辟地、敢为人先的首创精神，坚定理想、百折不挠的奋斗精神，立党为公、忠诚为民的奉献精神，是中国革命精神之源，也是"红船精神"的深刻内涵。

◆忠于党、忠于人民、无私奉献，是共产党人的优秀品质。党的事业，人民的事业，是靠千千万万党员的忠诚奉献而不断铸就的。

◆每一名党员干部都要坚守"三严三实"，拧紧世界观、人生观、价值观这个"总开关"，做到心中有党、心中有民、心中有责、心中有戒，把为党和人民事业无私奉献作为人生的最高追求。

（注：以上摘自习近平金句）

◆让志愿精神点亮青春梦想，就能助力新时代青年锚定青春航向，迸发青春力量。

◆俯下去做群众的牛，站起来做群众的伞。牛的品质在于忠诚，一辈子为人民"拉套"不松劲；伞的精神在于奉献，只身向前，力挡风雨。

◆要以甘于奉献的情操担当作为。提升境界、忠诚干事、为民造福，少打个人私利的"小九九"、多拨振兴发展的"大算盘"，让人民群众有更多看得见、摸得着、感受得到的获得感、幸福感、安全感。

◆路遥的墓碑上刻着："像牛一样劳动，像土地一样奉献。"

◆一生真情投入、一辈子顽强奋斗，勇做走在时代前列的奋进者、开拓者、奉献者，就能让青春在为祖国、为人民、为民族、为人类的奉献中焕发出更加绚丽的光彩。

◆对人来说，最大的欢乐，最大的幸福是把自己的精神力量奉献给他人。

◆要像灯塔一样，为一切夜里不能航行的人，用火光把道路照明。

◆我们应当在不同的岗位上，随时奉献自己。

◆捧着一颗心来，不带半根草去。

◆"点燃蜡烛照亮他人者，也不会给自己带来黑暗"。人生其实就像一支蜡烛，照亮别人的同时也照亮了自己。当我们以无私的精神奉献自己帮助别人的时候，我们也从中收获了很多。

◆当我们为了公众的幸福而蔑视辛劳、危险和死亡时，当我们为了国家的利益献出生命从而使生命变得崇高时，辛劳、危险，还有死亡本身，便都会显得美好而动人。

◆上天赋予的生命，就是要为人类的繁荣和平和幸福而奉献。

◆人生价值的大小是按人们对社会贡献的大小来衡量的。

◆有人说："快乐就像香水，洒在别人身上的同时，自己也会沾上一点儿，这便是为他人奉献时的真谛。"如果你希望自己的人生也像他们有价值，那么就要经常反思诸如此类的问题："我能为他人做点什么？谁需要我的帮助？如果我这样做，会对他人造成伤害或带来痛苦吗？"

◆苏霍姆林斯基曾说：对人来说，最大的快乐，最大的幸福是把自己的精神力量奉献给他人。虽然我们不是百万富翁，随手便拿得几十万。但要知道奉献从不分大小。即使是平民百姓，我们也可以保证不随手乱扔垃圾，就是这样一件力所能及的小事，对于我们的社会也有着重要的作用。有一种精神叫奉献，它在我们的生活中缓缓穿行着……

◆全心全意付出，不要求得到回报。

◆走出自我，学会奉献，让大树因落红的哺育更高大，让花儿因雨露滋养更明艳，让大海因小溪的汇合更深邃，走出自我，让我们的生活更美好，让我们的社会更和谐。

◆"白云奉献给草场，江河奉献给海洋，我拿什么奉献给你，我的朋友，白鸽奉献给蓝天，星光奉献给长夜，我拿什么奉献给你……"听着这优美的歌，让我不禁想到了那些为祖国捐躯的战士，那些为别人而奉献自己一切的人……

◆曾几何时，人们常被"人活着为了什么活着有什么意义?"这样的问题而困惑，找不到人生的坐标，碌碌无为地结束了自己的一生。这样的人生是平庸的人生。爱因斯坦说过："一个人的价值，应当看他贡献了什么，而不应当看他取得了什么。"是的，人生的价值是给予而不是得到，是付出而不是索取，这就是我们提倡的无私奉献精神。

◆不要用我们自私的思考方式判断她的生活，当她有愿望成为一名山村教师，当她扎根在那片贫瘠的土地，当她选择无私奉献，尽职的工作，当她决定用自己的生命，擦亮那一双双稚嫩的眼睛的时候，她已明确了快乐的意义，找到了生活的目标，用一生的时间，换取山村孩子们美好的未来就是她的理想和心愿!

◆在我生活中，也有很多平凡的人都在默默地奉献，只是他们没有要求回报，所以没有人认真地去体会他们的奉献，也没有人去觉察其中所包含的爱心，这就注定了奉献者一生的平凡。

▶▶▶链接：小故事

1. 张海迪学习为群众治病

张海迪，1955 年出生在山东半岛文登区的一个知识分子家庭里。5 岁的时候，因患病胸部以下完全失去了知觉，生活不能自理。医生们一致认为，像这种高位截瘫病人，一般很难活过 27 岁。在死神的威胁下，张海迪意识到自己的生命也许不会长久了，她为没有更多的时间工作而难过，更加珍惜自己的分分秒秒，用勤奋地学习和工作去延长生命。她在日记中写道："我不能碌碌无为地活着，活着就要学习，就要多为群众做些事情。既然是颗流星，就要把光留给人间，把一切奉献给人民。"

1970 年，她随带领知识青年下乡的父母到莘县尚楼大队插队落户，看到当地群众缺医少药带来的痛苦，便萌生了学习医术解除群众病痛的念头。她用自己的零用钱买来了医学书籍、体温表、听诊器、人体模型和药物，努力研读了《针灸学》《人体解剖学》《内科学》《实用儿科学》等书。为了认清内脏，她把小动物的心肺肝肾切开观察，为了熟悉针灸穴位，她在自己身上画上了红红蓝蓝的点儿，在自己的身上练针体会针感。功夫不负有心人，她终于掌握了一定的医术，能够治疗一些常见病和多发病，在十几年中，为群众治病达 1 万多人次。

海迪在本职岗位和社会工作中自强不息，身残志坚，以满腔的热忱和高尚的品格服务社会，奉献人民，在广大人民群众中有很高的声誉和威望，是一个经得起时间考验的好典型。她是中国一代青年的骄傲，也是中国残疾人的杰出代表。

2. 误解与奉献

有一位单身女子刚搬了家，她发现隔壁住了一户穷人家，一个寡妇与两个小孩子。有天晚上，那一带忽然停了电，那位女子只好自己点起了蜡烛。

没一会儿，忽然听到有人敲门。原来是隔壁邻居的小孩子，只见他紧张地问："阿姨，请问你家有蜡烛吗？"女子心想："他们家竟然穷到连蜡烛都没有吗？千万别借他们，免得被他们依赖上了！"

于是，对孩子吼了一声说："没有！"正当她准备关上门时，那穷小孩展开关爱的笑容说："我就知道你家一定没有！"说完，竟从

329

怀里拿出两根蜡烛，说："妈妈和我怕你一个人住又没有蜡烛，所以我带两根来送你。"此刻女子自责、感动得热泪盈眶，将那小孩子紧紧地抱在怀里。

3. 两弹元勋：邓稼先

1950 年，26 岁的邓稼先在美国获得物理学博士学位后回国，祖国张开温暖的双臂迎接这位"娃娃博士"，邓稼先沉浸在青春的欢乐和家族的幸福之中。但是，历史风云变幻，祖国面临核大国的威胁。邓稼先毅然接受开拓祖国核事业重任，离别妻儿，隐姓埋名，走向大戈壁。

从此，他从物理学界的讲台上消失了。20 多个春秋过后，头发里夹着大戈壁沙粒的邓稼先回来了，"两弹元勋"的美名才开始传扬，邓稼先的名字才重新出现在普通人的中间。

此时，他的妻子已年过花甲，而癌魔却早注入他的肌体，他光辉的生命已燃烧到了尽头。他临终前对妻子说的最后一句话是："我死而无憾！"

4. 诺贝尔为科学奉献一生

诺贝尔是安全炸药和无烟火药的发明人。他把毕生的精力都用在研制炸药上。研制成功后，赢得了大量专利权，积累了许多财富。1896 年，诺贝尔逝世前决定把 3300 万克朗作为基金，用每年的利息，他奖给世界上杰出人物，促进科学文化事业的发展。他在遗嘱中说："这奖金不论国籍、人种和语言，只发给确实对人类有不可磨灭的贡献的人。"诺贝尔为科学奉献了一生，诺贝尔奖则永远地促进科学文化事业的发展。

5. 达尔文心系造福事人类

达尔文的后半生体弱多病，仍然坚持实验和著书。他曾说："对于科学的热心使我忘却，或者赶走了我日常的不适。"1882 年 4 月 19

日，达尔文病逝。他在自传中写过这样一段话："我曾不断地追随科学，并且把我的一生，献给了科学，我相信我这样倚靠是正确的，所以不会感到悔恨，但使我感到遗憾的是：我没有使人类得到直接的好处。"这些话充分表现了达尔文造福人类的伟大抱负。

30. 思　念

(一) 古诗词

1. 但愿人长久，千里共婵娟。——宋，苏轼《水调歌头·明月几时有》

【释义】希望自己思念的人平安长久，不管相隔千山万水，都可以一起看到明月皎洁美好的样子。

2. 夕阳西下，断肠人在天涯。——元，马致远《天净沙·秋思》

【释义】夕阳渐渐地失去了光泽，从西边落下。凄寒的夜色里，只有孤独的旅人漂泊在遥远的地方。

3. 莫道不消魂，帘卷西风，人比黄花瘦。——宋，李清照《醉花阴》

【释义】莫要说清秋不让人伤神，西风卷起珠帘，帘内的人儿比那黄花更加消瘦。抒发的是重阳佳节思念丈夫的心情，销魂形容极度忧愁、悲伤。

4. 海内存知己，天涯若比邻。——唐，王勃《送杜少府之任蜀州》

【释义】只要四海之内有知心朋友，即使远在天边也好像近在眼前。

5. 劝君更尽一杯酒，西出阳关无故人。——唐，王维《送元二使安西》

【释义】再干了这杯酒吧，出了阳关，可就再也见不到老朋友了。表达了作者与友人依依惜别的感情。

6. 举头望明月，低头思故乡。——唐，李白《静夜思》

【释义】我禁不住抬起头来，看那天窗外空中的一轮明月，不由得低头沉思，想起远方的家乡。

7. 花自飘零水自流，一种相思，两处闲愁。——宋，李清照《一剪梅》

【释义】花儿自第飘落，溪水自第流淌，我们彼此一样的牵挂，却分在两处暗自愁苦。

8. 此情无计可消除，才下眉头，却上心头。——宋，李清照《一剪梅》

【释义】这相思的愁苦实在无法排遣，刚从微蹙的眉间消失，又隐隐缠绕上了心头。

9. 众里寻他千百度，蓦然回首，那人却在灯火阑珊处。——宋，辛弃疾《青玉案·元夕》

【释义】我在人群中寻找她千百回，猛然回头，不经意间却在灯火零落之处发现了她。

10. 衣带渐宽终不悔，为伊消得人憔悴。——宋，柳永《蝶恋花》

【释义】描绘了热恋中的情人的相思之苦，情有独钟，专一执着，虽然衣带渐宽、形容憔悴，也心甘情愿、无怨无悔。

11. 今夜月明人尽望，不知秋思落谁家？——唐，王建《十五夜望月寄杜郎中》

【释义】一到了这中秋之夜，人们都会在这样的夜晚里独自仰望着天空，不知道这秋思，到底是会落到谁的家里呢？

12. 相思相见知何日？此时此夜难为情。——唐，李白《三五七言》

【释义】想念你，想见你，却不知要到哪一天才能见到你？此时此夜，我心我情，为了你是多么的不能自禁！

13. 剪不断，理还乱，是离愁，别是一番滋味在心头。——五代，李煜《相见欢》

【释义】那剪也剪不断，理也理不清，让人心乱如麻的，正是亡国之苦。那悠悠愁思缠绕在心头，却又是另一种无可名状的痛苦。

（二）名言

★玲珑骰子安红豆，入骨相思知不知。——唐，温庭筠《南歌子词二首》

★独上江楼思渺然，月光如水水如天。——唐，赵嘏《江楼感旧》

★有美人兮，见之不忘，一日不见兮，思之如狂。——佚名

★入我相思门，知我相思苦，长相思兮长相忆，短相思兮无穷极。——唐，李白《秋风词》

★每逢佳节倍思亲——唐，王维《九月九日忆山东兄弟》

★露从今夜白，月是故乡明。——唐，杜甫《月夜忆舍弟》

★人归落雁后，思发在花前。——南北朝，薛道衡《人日思归》

★离恨恰如春草，更行更远还生。——五代，李煜《清平乐》

★去年花里逢君别，今日花开又一年。——唐，韦应物《寄李儋元锡》

★相见时难别亦难，东风无力百花残。——唐，李商隐《无题》

★不应有恨，何时长向别时圆。——宋，苏轼《水调歌头·明月几时有》

★女人是用耳朵恋爱的，而你们男人如果会产生爱情的话，却是用眼睛来恋爱。——〔英国〕王尔德

★起先的冷淡，将会使以后的恋爱更加热烈；她要是向你假意生厌，那不是因为她讨厌你，而是为她希望你更加爱她。——〔英国〕莎士比亚

★假如你记不住你为了爱情而做出来的一件最傻的事，你就不算真正恋爱过；假如你不曾絮絮地讲你恋人的好处，使听的人不耐烦，你就不算真正恋爱过。——〔法国〕罗兰

★恋爱是戴着眼镜看东西的，会把黄铜看成金子，贫穷看成富有，眼睛里的斑点看成珍珠。——〔西班牙〕塞万提斯

★恋爱是我们第二次的脱胎换骨。——〔法国〕巴尔扎克

★纤云弄巧，飞星传恨，银汉迢迢暗度。金风玉露一相逢，便胜却人间无数。柔情似水，佳期如梦，忍顾鹊桥归路。两情若是久长时，又岂在朝朝暮暮。——宋，秦观《鹊桥仙》

★当狂风和巨浪撞击我的胸膛，我还用爱担当着我的翅膀；当

惊涛和骇浪淹没我的希望，我却渴望伸手轻触你的脸庞。——王滨

★人生是一场倾盆大雨，命运则是一把漏洞百出的雨伞，爱情是补丁。——朱德庸

★爱上了你，我才领略思念的滋味，分离的愁苦和妒忌的煎熬，还有那无休止的占有欲。——张小娴

★长相知，才能不相疑；不相疑，才能长相知。——曹禺

★春天没有花，人生没有爱，那还成个什么世界。——郭沫若

★真挚而纯洁的爱情，一定渗有对心爱的人的劳动和职业的尊重。——邓颖超

★爱情是一个不可缺少的、但它只能是推动我们前进的加速器，而不是工作、学习的绊脚石。——张志新

★爱情不会因为理智而变得淡漠，也不会因为雄心壮志而丧失殆尽。它是第二生命，它渗入灵魂，温暖着每一条血管，跳动在每一次脉搏之中。——〔英国〕约瑟夫·艾迪生

★爱情是一片炽热狂迷的痴心，一团无法扑灭的烈火，一种永不满足的欲望，一分如糖似蜜的喜悦，一阵如痴如醉的疯狂，一种没有安宁的劳苦和没有劳苦的安宁。——〔英国〕理查德·弗尼维尔

★真正的爱情是专一的，爱情有领域是非常的狭小，它狭小到只能容下两个人生存；如果同时爱上几个人，那便不能称作爱情，它只是感情上的游戏。——〔英国〕席勒

★爱情使人心的憧憬升华到至善之境。——〔意大利〕但丁

★爱是火热的友情，沉静的了解，相互信任，共同享受和彼此原谅。爱是不受时间、空间、条件、环境影响的忠实。爱是人们之

间取长补短和承认对方的弱点。——安恩·拉德斯

★道德中最大的秘密是爱。——〔英国〕雪莱

★彼此恋爱,却不要做爱的系链。——〔黎巴嫩〕纪伯伦

★爱情之中高尚的成分不亚于温柔的成分,使人向上的力量不亚于使人萎靡的力量,有时还能激发别的美德。——〔法国〕伏尔泰

★就是神,在爱情中也难保持聪明。——〔爱尔兰〕培根

★恋爱是艰苦的,不能期待它像美梦一样出来。——〔英国〕拜伦

★爱情是无邪的,神圣的。——〔苏联〕陀思妥耶夫斯基

(三) 金句

◆百姓谁不爱好官?把泪焦桐成雨。生也沙丘,死也沙丘,父老生死系。——习近平《念奴娇·追思焦裕禄》

◆依然月明如昔,思君夜夜,肝胆长如洗。——习近平《念奴娇·追思焦裕禄》

◆我最牵挂的还是困难群众,他们吃得怎么样,住得怎么样,能不能过好新年,过好春节。

◆马克思和妻子燕妮患难与共,谱写了理想和爱情的命运交响曲。

◆艾滋病感染者和病人都是我们的兄弟姐妹,全社会都要用爱心照亮他们的生活。

◆我们党得到了中国最广大人民支持和拥护，中国没有一种政治势力能够取代中国共产党。我们党的执政基础很牢固，但如果作风问题解决不好，也有可能出现"霸王别姬"这样的时刻。

（注：以上摘自习近平金句）

◆有一种目光不远不近，却一直守望；有一种朋友不惊不扰，却一直陪同。

◆最深沉的爱总是无声，最长久的情总是平淡。每个人心里，都有一道最美丽的风景。距离，让思念生出美丽；懂得，让心灵有了皈依。

◆人生最幸福的事，莫过于认识你，有你暖暖的住在心底。

◆心如浮萍根难定，思念成灾无去从。故人常忆昔日事，一寸回忆一寸愁。

◆一种真正美好的感情，像酒一样，在坛子里藏得越长，味道也许更醇美。

◆思念，是一种幸福的忧伤，是一种甜蜜的惆怅，是一种温馨的痛苦。思念是对昨日悠长的沉淀和对未来美好的向往。也正是因为有了思念，才有了久别重逢的欢畅，才有了意外邂逅的惊喜，才有了亲友相聚时的举杯庆祝。

◆真正的爱情不是利己的，而应该是利他的。

◆爱，是一种感觉，一种味道。爱如一丝风，如一窗雨。它有夕阳夕下的幽，有新燕出巢的纯，有堤畔踱步的散。让心，无限憧憬，无限徜徉。

◆邂逅一个人，只需片刻；爱上一个人，往往会是一生。在注定的因缘际遇里，我们也许别无他法。爱了就爱了，来也由它，去也由它。

◆我一世脱俗，却在遇见你的那一瞬，舍身红尘；我一世淡泊，却在遇见你的那一瞬，乱了心神；我一世清雅，却在遇见你的那一瞬，失了方寸。

◆你若走，从不留，我只会站在原地，用尽我所有的思念把你等来。

◆思念那种痛，会蛰伏在每一个寂静的夜晚里，会乘人不备的时候跑出来，刺痛你。

◆抓不住的岁月，留不住的年华。埋藏了我的梦，我的思念，我的那一切被称为美好的东西。时间改变了一个人，变得连他自己也感到陌生。

◆原来思念是不由自主地想着一个人，任凭他扰乱你的思绪，破坏你的心情，仍不舍得把他从脑海中删除……

◆我怀念那些曾经，是因为那里有我最单纯的思念和最完整的心。

◆你的离去如一条丝线，穿过了我。那些思念，一针一针，缝缀着我的每一天。

◆每一段感情，都要经历期盼与失望；陌生与熟悉；自由与束缚；犹豫与坚定；甜蜜与心碎……哭泣和伤痛并不重要，只要我们曾经微笑，事后有过思念。那么你还是对这个人有感情的，然后我们可以再去回忆或者继续寻找……没有一种爱是不需要反复验证就可以成功的，所以我们不必失望。

◆四月的细雨，阻挡了视线，拉长了思念的丝线，日子渐行渐远，一串脚印留下了背影，来不及一个拥抱，就匆匆归去，从此，夜晚陪着思念，在另一个交互空间中，自由构筑着有你的梦，不愿醒来……

◆你知不知道，思念一个人的滋味，就像喝了一杯冰冷的水，然后用很长很长的时间，一颗一颗流成热泪。你知不知道寂寞的滋味，寂寞是因为思念谁，你知不知道痛苦的滋味，痛苦是因为想忘记谁。你知不知道忘记一个人的滋味，就像欣赏一种残酷的美，然后用很小很小的声音告诉自己坚强面对。

◆不想让心，再一次受伤，不想让心，再一次等待，我只会思念你，不会联系你。

◆用距离述说思念的力量。

◆思念是无休止的劫。季季年年，没有终结。

◆纸张有些破旧，有些模糊。可每一笔勾勒，每一抹痕迹，似乎都记载着跨越千年万载的思念。

◆若可以化为一缕尘埃，便要缱绻在你走过每段时光里。风乍起的流年，如花般破碎，而你却沉淀在记忆的最深处。我随风而起，流连在你身边，只是一颗渺小的尘埃，希望你会识得，那一缕微弱地存在，亦是一缕思念的呼吸。

◆落花不解伊人苦，谁又怜惜伊人情。空伤悲，独惆怅，怎解刺心凄凉。风吹，心冷，思念长；凝眸，望川，人断肠。月下孤影，人心创，同是断肠人，不知心伤几许。同是天涯路，不知通向何往。只记得，花开瞬间的美好。谁能知，花落一刻断肠音。

◆你住的城市有我思念的因子。

◆我对你的思念就是一个循环小数一遍一遍，执迷不悟。

◆你也许已走出我的视线，但从未走出我的思念。

◆我的思念避不及你的惊鸿一瞥。

◆想你，但不打扰，静静的思念就好，把最后一点尊严留给自己。

◆我倚在时光的寂深处，想象爱情恒远的缠绵。所有的故事，激滟成文字里的幽怨，搁浅在无眠的夜里。行走在文字里的眷恋，染透了葱翠的思念，漫过记忆的潮岸，荡漾成午夜里一道寂寞的风景。

▶▶▶链接：小故事

1. 红豆相思

相传古代有一对夫妇，丈夫出征，战死在边塞。妻子因思念夫君，朝夕倚于门前树下恸哭。泪水流干了，眼里流出了血，血泪染红了树根，于是结出了这凝聚着无限爱意的相思红豆。

2. 孟姜女哭长城

相传秦朝时，逃役回乡的青年范喜良与孟姜女新婚当晚，正要入洞房之时，范喜良就被抓住发往北方修筑长城，不久因饥寒劳累而死，尸骨被埋在长城墙下。孟姜女身背寒衣，历尽艰辛，万里寻夫来到长城边。她痛哭城下，三日三夜不止，最终哭倒长城，沥血找到了丈夫的遗骨，立誓要把丈夫的遗骨带回家乡安葬。她背负遗骨的归乡路上历尽坎坷，在陕西西安府同官县饥渴而死。当地老百姓为孟姜女的真情感动，收埋他们的遗骸立祠纪念，至今香火不断。

3. 雁丘

金章宗泰和五年（公元 1205 年），年仅十六岁的青年诗人元好问，在赴并州应试途中，听一位捕雁者说，天空中一对比翼双飞的大雁，其中一只被捕杀后，另一只大雁从天上一头栽了下来，殉情而死。年轻的诗人便买下这一对大雁，把它们合葬在汾水旁，建了一个小小的坟墓，叫"雁丘"。

之后写下《雁丘》辞一阕，其后又加以修改，遂成这首著名的《摸鱼儿·雁丘词》。全词结尾，寄寓了词人对殉情者的深切哀思。

摸鱼儿·雁丘词
【金朝】元好问

问世间，情为何物，直教生死相许？

天南地北双飞客，老翅几回寒暑。

欢乐趣，离别苦，就中更有痴儿女。

君应有语：渺万里层云，千山暮雪，只影向谁去？

横汾路，寂寞当年箫鼓，荒烟依旧平楚。

招魂楚些何嗟及，山鬼暗啼风雨。

天也妒，未信与，莺儿燕子俱黄土。

千秋万古，为留待骚人，狂歌痛饮，来访雁丘处。

4. 思念故乡

于右任到台湾后一直思念故乡，乃至于成为心病，有一次于右任写了一首《望大陆》的诗："葬我于高山之上兮，望我故乡。故乡不可见兮，永不能忘；葬我于高山之上兮，望我大陆。大陆不可见兮，只有痛哭。天苍苍，野茫茫，山之上，国有殇。"后因病去世，没有留下任何遗言，人们便把他的《望大陆》一诗，当作他的遗嘱。于右任遗体被埋葬在台北最高的大屯山上，并在海拔3997米的玉山顶峰（我国东南诸省最高峰）竖立起一座面向大陆的半身铜像。玉山山势险峻，4米高的铜像和建材全是由台湾登山协会的会员们一点一点背负上去的。于右任终于了却了登高远眺故土的心愿。

31. 青 春

（一）古诗词

1. 青春须早为，岂能长少年。——唐，孟郊《劝学》

【释义】青春年少时期就应趁早努力，一个人难道能够永远都是"少年"吗？

2. 况是青春日将暮，桃花乱落如红雨。——唐，李贺《将进酒·琉璃钟》

【释义】他们欢乐终日，饮掉了青春，玩去了如花的大好时光。桃花被鼓声震散了，被舞袖拂乱了，落如红雨，他们把如花的青春白白浪费了。

3. 白日不到处，青春恰自来。——清，袁枚《苔》

【释义】春天明亮的阳光照不到的背阴处，生命照常在萌动，照常在蓬蓬勃勃地生长。

4. 青春留不住，白发自然生。——唐，杜牧《送友人》

【释义】人生苦短，最无法挽回的就是光阴，人生没有什么事情可以后悔重来。

5. 青春几何时，黄鸟鸣不歇。——唐，李白《江南春怀》

【释义】青春能持续多长时间，春天黄鸟鸣个不停。诗中表达了青春易逝、回归田园的感情。

6. 垂帘几度青春老，堪锁千年白日长。——唐，李贺《三月过行宫》

【释义】行宫里帘幕几次更换青春已经变衰老，宫门深锁宫女无尽的苦寂何日终了！

7. 青春去如水，康乐归何年。——唐，朱景玄《题吕食新水阁兼寄南商州郎中》

【释义】青春像水一样流逝，安康和快乐何时才能到来，回归。

8. 未厌青春好，已睹朱明移。——南北朝，谢灵运《游南亭》

【释义】还没有享受够青春的美好，一回头，却发现时间早已推移，青春也早已不再，意思是说要珍惜时间，珍惜美好的青春。

9. 少年易老学难成，一寸光阴不可轻。——宋，朱熹《偶成》

【释义】青春的日子容易逝去，学问却很难成功，所以一点点时光都不可以浪费。

（二）名言

★青年者，人生之王，人生之春，人生之华也。——〔中国〕李大钊

★青年是我们的未来，是我们的希望。——〔苏联〕斯大林

★青年时期是豁达的时期，应该利用这个时期养成自己豁达的

性格。——〔法国〕罗素

★岁月如流水，不断地失去却又源源而来，唯有青春一去不复返。——〔挪威〕易卜生

★青春是美丽的，但一个人的青春可以平淡无奇，也可以放射出英雄的火花；可以因虚度而懊恼，也可以用结结实实的步子走向光辉壮丽的成年。——魏巍

★青春是美妙的，挥霍青春就是犯罪。——〔法国〕萧伯纳

★青春的精神是点铁成金的奇异的宝石。——〔印度〕泰戈尔

★想要成就大事业要在青春的时候着手。——〔德国〕康德

★人生的最大悲痛莫过于辜负青春。——〔意大利〕薄伽丘

★所谓青春，就是心理的年轻。——〔日本〕松下幸之助

★谁虚度年华，青春就要褪色，生命就会抛弃他们。——〔法国〕雨果

★青春时期的任何事都是实验。——〔英国〕斯蒂文生

★青春是一个短暂的美梦，当你醒来时，它早已消失无踪。——〔英国〕莎士比亚

★莫把青春虚度在昨天创伤的呻吟中，莫把希望寄托在明天的幻想上。——〔法国〕纪伯伦

★青春在人的一生中只有一次，青年时代要比其他任何时代更能接受高尚的和美好的东西。谁能把青春保持到老年，不让自己的心灵冷却、变硬、僵化，谁就是幸福的人。——〔俄国〕别林斯基

★要爱惜自己的青春！世界上没有再比青春更美好的了，没有再比青春更珍贵的了！青春就像黄金，你想做成什么，就能成为什

么。——〔苏联〕高尔基

★没有人感觉到，青春正在消逝，但任何人都会感觉到，青春已经消逝。——〔古罗马〕塞涅卡

★青年应当有朝气，敢作敢为。——〔中国〕鲁迅

★青年人满身都是精力，正像春天的河水一样丰富。——〔英国〕拜伦

★以青春之我，创造青春之家庭，青春之国家，青春之民族，青春之人类，青春之地球，青春之宇宙，资以乐其无涯之生。——〔中国〕李大钊

★青年时期完全是探索的大好时光。——〔英国〕史蒂文森

★青年时鲁莽，老年时悔恨。——〔法国〕富兰克林

★世界是你们的，也是我们的，但是归根结底是你们的。你们年轻人朝气蓬勃，正在向往时候，好像早晨八九点钟的太阳。希望寄托在你们身上。——〔中国〕毛泽东

★青春啊，永远是美好的，可是真正的青春，只属于这些永远力争上游的人，永远忘我劳动的人，永远谦虚的人！——〔中国〕雷锋

★有很多人是用青春的幸福作成果代价的。——〔德国〕莫扎特

★青春是多么可爱的一个名词！自古以米的人都赞美它，希望它长在人间！——丰子恺

★青春应该怎样度过？有的如同烈火，永远照耀别人。有的却像荧光，甚至也照不亮自己！不同的生活理想，不同的生活态度，决定一个人在战斗中站的位置。——〔中国〕吴运铎

★适合于青年的是：与其判断不如发明；与其评议不如实行；与其做呆板的工作，不如从事新的企划。——〔英国〕弗兰西斯·培根

★青春——人的一生中最美好的年岁。它是一个生命含苞待放的时期，生机勃发；朝气蓬勃，这意味着进取，意味着上升，蕴含着巨大希望的未知数。——〔中国〕岑桑

★寻常的山花凋谢了，还会再开。而我们的青春却一去不复返。——〔英国〕王尔德

★青春是唯一值得拥有的东西。——〔英国〕王尔德

★乐观的人永葆青春。——〔英国〕拜伦

★青春是一本太仓促的书。——〔中国〕席慕蓉

★青春是生命中最美好的一段时间。——〔德国〕黑格尔

★如果自己的青春放不出光彩，任何东西都会失去魅力。——〔英国〕霍·华尔浦尔

★春天不播种，夏天就不生长，秋天就不能收割，冬天就不能品尝。——〔德国〕海涅

★青春即使在痛苦之中也闪耀着它的华彩。——〔法国〕雨果

★我们青年的箴言就是勇敢、顽强、坚定。——〔苏联〕奥斯特洛夫斯基

（三）金句

◆愿你出走半生，归来仍是少年。

◆青年最富有朝气、最富有梦想。

◆人的一生只有一次青春。现在，青春是用来奋斗的；将来青春是用来回忆的。

◆中国梦是我们的，更是你们青年一代的。中华民族伟大复兴终将在广大青年的接力奋斗中变为现实。

◆青年时期多经历一点摔打、挫折、考验，有利于走好一生的路。

◆每一代青年都有自己的际遇和机缘，都要在自己所处的时代条件下谋划人生、创造历史。青年是标志时代的最灵敏的晴雨表，时代的责任赋予青年，时代的光荣属于青年。

◆无数人生成功的事实表明，青年时代，选择吃苦也就选择了收获，选择奉献也就选择了高尚。

◆我相信，当代中国青年一定能够担当起党和人民赋予的历史重任，在激扬青春、开拓人生、奉献社会的进程中书写无愧于时代的壮丽篇章！

◆广大青年要牢记"空谈误国、实干兴邦"，立足本职、埋头苦干，从自身做起，从点滴做起，用勤劳的双手、一流的业绩成就属于自己的人生精彩。

（注：以上摘自习近平金句）

◆列宁说过，青年人犯错误，上帝都会原谅。青年最大的优势是可以失败，失败了可以从头再来；可以摔倒，摔倒了站起来再走。

◆一定要保持初生牛犊不怕虎的朝气，一定要有坚守理想的勇气，一定要立志做一个坦坦荡荡的君子。

◆青年不仅仅是一个年龄的概念。当你变得世故，你就不再年轻；当你变得圆滑，你就不再年轻；当你变得怀旧，你就不再年轻。我们不怕你们说错话，就怕你们不说话；我们不怕你们做错事，就怕你们不做事；我们不怕你们有缺点，就怕你们没特点。

◆新时代青年勇于走在时代前列，必须大力弘扬伟大改革开放精神，以青春是用来奋斗的、奋斗的人生最幸福的胸襟情怀；在全面深化改革开放中做不畏艰险、攻坚克难的搏击者。

◆青年要以社会主义核心价值观为精神动力，敢闯敢试、敢想敢干，当先锋、涉险滩，在党和人民需要时决不当看客，以少年心气、青春锐气把想法变成做法、把理想变成现实、把理论变成实践，在创新创造中贡献自己独特的青春力量。

◆最美的青春，将爱汇成河，浇灌绿色。

◆青春的腰板，不应该被许多夸大其词的压力和焦虑所折服。有焦虑、有挫折不一定是坏事，学会正确面对焦虑、纾解疼痛、战胜挫折，青春的翅膀才会越来越坚强。

◆青年时代是一个人走向社会、规划人生的"第一站"，也是实施理想抱负、实现价值追求的黄金时期。青春是用来奋斗的，抓住机遇，珍惜时光，苦干实干，才能成就一番事业。

◆我们所在之处，就是我们的中国，青年人有光明，中国便不会黑暗。

◆青春的底色是爱国，青春的支点是奋斗。

◆新时代广大青年生逢其时、重任在肩，建功立业的舞台空前广阔，梦想成真的前景无限光明。立鸿鹄志，做奋斗者，让爱国主义精神牢牢扎根、发扬光大，青年一代必将大有可为，也必将大有作为。

◆我们是五月的花海，用青春拥抱时代。我们是初升的太阳，用生命点燃未来。

◆青年时代，选择吃苦也就选择了收获，选择奉献也就选择了高尚。青年时期一定要多经历一点摔打、挫折、考验，有利于走好一生的路。

◆青年时期就像穿衣服扣扣子一样，如果第一粒扣子扣错了，剩余的扣子都会扣错。人生的扣子从一开始就要扣好。

◆青年处于人生积累阶段，需要像海绵汲水一样汲取知识。

◆青年处于人生的"拔节孕穗期"，在"开花"的季节就不要老想"结果"。"恰同学少年，风华正茂；书生意气，挥斥方遒。"

◆新时代青年干部只有坚持无私奉献的价值追求，把自己的小我融入祖国的大我、人民的大我之中，才能更好地实现人生价值、升华人生境界，唱响"奋斗的青春最美丽"的青春之歌。

◆当代青年，当脚踏实地，关注现实；当代青年，当砥砺奋进，不忘初心；当代青年，当积极进取，弘扬正能量。

◆青春是一种改变与创造的力量，一种带来可能性的力量，一种把空白时间变成饱满历史的力量。

◆青春不因短暂而显得美丽，而是因美丽而显得短暂，人生犹如一段旅行，我们带着自己的青春起航，怀着自己地理想前行，就这样青春的时光洒在了时光的路上，可也并不一定能够实现自己的理想！

◆青春路是成长之路，不缺乏鲜花，也少不了荆棘，充满了幸福，也一定有创伤。那是成长的痛，是成熟的残忍。

◆如果青春是醺人欲醉的海风，那么自信就是这和风前行的路标；如果青春是巍峨入云的高耸，那么拼搏就是这山脉层层拔高的动力；如果青春是高歌奋进的谱曲，那么坚强就是这旋律奏响的最强音！

◆斜晖悄然暗淡，再美的华尔兹也即将落幕，芊芊素影，含蓄婉转，让这别致的戏，更像一出戏。唯美的幕布下，残留一丝悠扬的轻叹。

◆青春掌握在手中，人生三岔路的方向就会渐渐明晰；青春掌握在手中，命运交响曲的真谛也将浮出水面。

◆青春不是年华，而是心境；青春不是桃面，丹唇，柔膝，而是深沉的意志，恢宏的想象，炽热的感情；青春是生命的源泉在不息的涌流。

◆青春年华，叛逆，无所畏惧，毫不吝啬地挥霍的青春岁月。可，挥霍不等于成功，却是成功之路。挥霍是青春的本色，既忧伤也快乐。青春的时光好像南柯一梦，等梦醒了，青春早已不在。

◆青春畅想，梦想飘扬。无悔的青春演绎出了一幅多彩的画卷，亮丽的风景装点着唯美的青春。

▶▶▶链接：小故事

1. 少年李白（701～762）

李白，字太白，号青莲居士。祖籍陇西成纪（今甘肃秦安县）人，5岁时随父亲迁居四川。少年即显露才华，吟诗作赋，博学广览，并好游侠。

25岁时开始远游各地，42岁那年被任命为供奉翰林。李白毕生写诗。他写起诗来既快又好，杜甫说他是"斗酒诗百篇"。他的诗歌，热情奔放，气势宏阔，富有浪漫主义色彩，后世称他为"诗仙"。

一天，李白家中来了一位客人，风流儒雅，气概不凡，是当时很有名气的文人，这次是到蜀中来做官的。在长安，他早就听说李白的诗名，这次来到蜀中还未上任就前来拜访了。家人带他来到一条河边的柳树荫下，只见一个年幼的书生，头戴纶巾，佩一把宝剑，正在吟诗，同样是风流倜傥，卓越不群，诗人对这少年的喜欢之情油然而生。他又看了看少年李白的诗稿，先是吃惊，后是赞叹，最后竟是击节拊掌了，他说："小家伙的文辞简直可以和司马相如平分秋色啊！好好写吧，中国第二个屈原就要横空出世了。"

李白自小志趣远大，禀性高洁。当时的读书人要想求取功名，都去参加进士考试。李白想，大丈夫在世，要做就做个国家栋梁，否则就一辈子只当一个平民百姓。他常常自比谢安，相信总有一天会"长风破浪会有时，直挂云帆济沧海"。

2. 坚持就是胜利

西晋文学家左思少年时读了张衡的《两京赋》，受到了很大的启发，决心将来撰写《三都赋》。陆机听了不禁抚掌而笑，说像左思这样的粗俗之人，居然想作《三都赋》这样的鸿篇巨著，简直是笑话；即使费力写成，也必定毫无价值，只配用来盖酒坛子而已。

面对这样的羞辱，左思矢志不渝。他听说著作郎张载曾游历岷、邛（今四川），就多次登门求教，以便熟悉当地的山川、物产、风俗。他广泛查访了解，大量搜集资料，然后专心致志，奋力写作。在他的房间里、篱笆旁、厕所里到处放着纸、笔，只要想起好的词句他就随手记录下来，并反复修改。

左思整整花费了十年的心血，终于完成了《三都赋》。陆机在惊异之余，佩服得五体投地，只得甘拜下风。

认准行动目标，不为外人所动，坚持就是胜利，挺住就是一切。

3. 莱特兄弟的故事

一百多年前，一位穷苦的牧羊人带着两个幼小的儿子替别人放羊为生。有一天，他们赶着羊来到一个山坡上，一群大雁鸣叫着从他们头顶飞过，并很快消失在远方。牧羊人的小儿子问父亲："大雁要往哪里飞?"牧羊人说："它们要去一个温暖的地方，在那里安家，度过寒冷的冬天。"大儿子眨着眼睛羡慕地说："要是我也能像大雁那样飞起来就好了。"小儿子也说："要是能做一只会飞的大雁该多好啊!"

牧羊人沉默了一会儿，然后对两个儿子说："只要你们想，你们也能飞起来。"两个儿子试了试，都没能飞起来，他们用怀疑的眼神看着父亲，牧羊人说："让我飞给你们看。"于是他张开双臂，但也没能飞起来。可是，牧羊人肯定地说："我因为年纪大了才飞不起来，你们还小，只要不断努力，将来就一定能飞起来，去想去的地方。"

两个儿子牢牢记住了父亲的话，并一直努力着，等他们长大——哥哥36岁，弟弟32岁时——他们果然飞起来了，因为他们发明了飞机。这两个人就是美国的莱特兄弟。

4. 成为天才的全部秘密

有一个小男孩非常自卑，贫寒的家境使他老觉得自己处处低人一等。在学校里，小男孩总是低着头走路，只要碰到不三不四的学生，他便赶紧躲开。

有一天，老师带着全班同学来到一家生产水果罐头的工厂。孩子们的任务是刷洗那些收回来的空罐头瓶子。为了激励大家，老师宣布开展比赛，看谁刷洗瓶子最多。

小男孩站在同学中间，听到老师的号召，心里一阵激动，他从来没有得到过"第一"，那一刻他下定决心，一定要得到它。他很快就学会了所有的刷瓶程序，刷得非常认真，一个接一个，一整天都没有停下来，一双小手被水泡得泛起一层白皮。结果，他刷了108个，是所有孩子里面刷洗瓶子最多的。当老师宣布这一结果时，小男孩非常高兴，那种成功后极度快乐的体验，从此一直留在他的记忆中。

也就是从那一天起，当时 10 岁的小男孩知道自己的生活可以从此完全不同了。得了"第一"的他一下子明白了，无论什么事情，只要他肯干，就一定可以干好。他开始玩命地去做自己想做的事情，他坚信，只要坚忍不拔地努力下去，就一定能够得到自己想要的东西。

如今，当年的小男孩成为"微软亚洲研究院"的主任研究员，是计算机自然语言领域中公认的最为优秀的科学家之一，他叫周明。

周明说，当年自己正是从手中的 108 个瓶子中，发现成为天才的全部秘密——任何时候不要小看自己。

5. 小鹰学高飞

一只小鹰在鹰妈妈出外觅食时不慎掉了出来，刚巧被鸡妈妈看到，便捡回去和一群小鸡放在一起喂养。

随着时光流逝，小鹰一天天长大了，也习惯了鸡的生活，并且鸡们也都把它看成是自己的同类，它也像它们一样出外往后刨着寻食，从来没试过要飞向高空。

一天，在小鹰出外觅食时，忽然碰到鹰妈妈，鹰妈妈见到小鹰惊喜极了，对它说："小鹰，你怎么在这里，随我一起去飞向高空吧！"

小鹰说："我不是小鹰，我是小鸡呀，我可不会飞，天那么高，怎么飞得上去呀？"

鹰妈妈对小鹰有些生气，但它还是大声地鼓励它说："小鹰，你不是小鸡，你是一只搏击蓝天的雄鹰呀！不信！咱们到悬崖边，我教你高飞。"

于是，小鹰将信将疑地随鹰妈妈来到悬崖边，紧张得浑身发抖。鹰妈妈耐心地说："孩子，不要怕。你看我怎么飞，学我的样，用力，用力。"小鹰战战兢兢，在鹰妈妈的带动下终于起飞……

人人都是鹰，只不过按鸡的方式或在鸡的环境下生活得久了，便不再相信自己的潜力。天上人间，区别不过是扇动一下翅膀而已。

请相信自己，相信自己原来也是一只鹰。

32. 幸 福

（一）古诗词

1. 在天愿作比翼鸟，在地愿为连理枝。——唐，白居易《长恨歌》

【释义】在天愿为比翼双飞鸟，在地愿为并生连理枝。

2. 人逢喜事精神爽，月到中秋分外明。——明，冯梦龙《醒世恒言》

【释义】人遇到幸福快乐的事情精神就会非常好，月亮临近中秋节就会非常明亮。

3. 山无陵，天地合，冬雷震震夏雨雪，乃敢与君绝——汉，佚名《上邪》

【释义】高山没有了起伏，江水枯竭，冬天雷声隆隆，夏天飞雪，天与地重合在一起，才会与你断绝。

4. 两情若是久长时，又岂在朝朝暮暮。——宋，秦观《鹊桥仙》

【释义】只要两情至死不渝，又何必贪求卿卿我我的朝欢暮乐呢。

5. 不知钟鼓报天明。梦里栩然蝴蝶、一身轻。——宋，苏轼《南歌子·再用前韵》

【释义】不知道报时的钟鼓几时响起，酣睡梦中，我如蝴蝶一样欢乐畅快。

6. 问余何意栖碧山，笑而不答心自闲。——唐，李白《山中问答》

【释义】有人疑惑不解地问我，为何幽居碧山？我只笑而不答，心里却一片轻松坦然。

7. 宜言饮酒，与子偕老，琴瑟在御，莫不静好。——春秋《诗经·国风·郑风·女曰鸡鸣》

【释义】意思是就着美味来饮酒，恩爱生活百年长。你弹琴来我鼓瑟，夫妻安好心欢畅。

8. 凡桃俗李争芬芳，只有老梅心自常。——元，王冕《题墨梅图》

【释义】平凡的桃花、庸俗的李花争妍斗艳；只有那梅树上的梅花心如平常。

9. 绿蚁新醅酒，红泥小火炉。晚来天欲雪，能饮一杯无？——唐，白居易《问刘十九》

【释义】酿好了淡绿的米酒，烧旺了小小的火炉。天色将晚雪意渐浓，能否一顾寒舍共饮一杯暖酒？

(二) 名言

★幸福是灵魂的一种香味，是一颗歌唱的心的和声。而灵魂的

最美的音乐是慈悲。——〔法国〕罗曼·罗兰

★幸福就像太阳——人人都可以看见，但多数人的眼睛却望向别的地方，因而错过了机会，幸福是在于为别人而生活。——〔俄国〕托尔斯泰

★获得幸福的秘诀，并不在于为了追求快乐而全力以赴，而是在全力以赴中寻出快乐。——〔法国〕安德烈·纪德

★只有整个人类的幸福才是你的幸福。——〔德国〕约瑟夫·狄慈根

★做好事的乐趣乃是人生唯一可靠的幸福。——〔俄国〕列夫·托尔斯泰

★幸福没有明天，也没有昨天，它不怀念过去，也不向往未来；它只有现在。——〔俄国〕屠格涅夫

★能把自己生命的终点和起点连接起来的人是最幸福的。——〔德国〕歌德

★真正的幸福只有当你真实地认识到人生的价值时，才能体会到。——〔科威特〕穆尼尔·纳素夫

★人类的一切努力的目的在于获得幸福。——〔英国〕罗伯特·欧文

★一个人有了远大的理想，就是在最艰苦的时候，也会感到幸福。——〔中国〕徐特立

★建筑在别人痛苦上的幸福不是真正的幸福。——〔苏联〕阿·巴巴耶娃

★生活中唯一的幸福就是不断前进。——〔法国〕爱弥尔·佐拉

★我有权利以自己的方式取得幸福。——〔法国〕杜·伽尔

★这世间真正的幸福，不是接受而是给予。——〔法国〕法朗士

★使人幸福的是德行而非金钱。——〔德国〕贝多芬

★人类幸福的两大敌人：痛苦和无聊。——〔德国〕叔本华

★人之幸福，全在于心之幸福。——〔德国〕歌德

★幸福存在于一个人真正的工作中。——〔古罗马〕奥里略

（三）金句

◆中国梦是追求幸福的梦。

◆劳动是财富的源泉，也是幸福的源泉。

◆平安是人民幸福安康的基本要求。

◆幸福不是毛毛雨，幸福不是免费午餐，幸福不会从天而降。人世间的一切成就、一切幸福都源于劳动和创造。

◆共产党就是为人民服务的，就是为老百姓办事的，让老百姓生活更幸福就是共产党的事业。

◆坚持和完善党的领导，是党和国家的根本所在、命脉所在，是全国各族人民的利益所在、幸福所在。

◆我国爱国主义始终围绕着实现民族富强、人民幸福而发展，最终汇流于中国特色社会主义。

◆全民健身是全体人民增强体魄、健康生活的基础和保障，人民身体健康是全面建成小康社会的重要内涵，是每一个人成长和实

现幸福生活的重要基础。

（注：以上摘自习近平金句）

◆幸福，是偎依在妈妈温暖怀抱里的温馨；幸福，是依靠在恋人宽阔肩膀上的甜蜜；幸福，是抚摸儿女细嫩皮肤的慈爱；幸福，是注视父母沧桑面庞的敬意。

◆幸福是一个谜，你让一千个人来回答，就会有一千种答案。

◆有人说过："真正的幸福是不能描写的，它只能体会，体会越深就越难以描写，因为真正的幸福不是一些事实的汇集，而是一种状态的持续。"

◆幸福不是给别人看的，与别人怎样说无关，重要的是自己心中充满快乐的阳光，也就是说，幸福掌握在自己手中，而不是在别人眼中。幸福是一种感觉，这种感觉应该是愉快的，使人心情舒畅，甜蜜快乐的。

◆幸福就是当我看不到你时，可以这么安慰自己：能这样静静想你，就已经很好了。

◆幸福就是每当我想起你时，春天的感觉便洋溢在空气里，相思本是无凭语。

◆幸福就是不管外面的风浪多大，你都会知道，家里总有一杯热腾腾的咖啡等着你。

◆幸福就是当相爱的人都变老的时候，还相看两不厌。

◆幸福就是可以一直都在一起，合起来的日子是一生一世，从人间到天堂……

◆真正的快乐，来自自己的优势和天赋的全面发挥。

◆幸福是有限的，因为上帝的赐予本来就有限。

◆幸福是看出来的，痛苦是悟出来的。

◆幸福是自己内心的感觉，而不是别人的评论。真正的幸福和悲哀，只有自己才懂，每个人的幸福含义，都不会相同吧？宝马香车，富贵荣华就一定幸福吗？都比不上竹篱茅舍，小儿清茶，短笛长箫，和你的最爱相视到永远。

◆有个懂你的人，是最大的幸福。这个人，不一定十全十美，但他能读懂你，能走进你的心灵深处，能看懂你心里的一切。

◆幸福，是两个人找遍地图上所有想去的地方，然后一起去。

◆幸福其实是人的一种美好心态，只有心态平和，心境好的人才能真正体会幸福。

◆幸福就是无论何时何地，那一个人的心永远与你贴在一起。

◆幸福就像小偷，来的时候静悄悄，走的时候才知道损失惨重！

◆幸福，时时刻刻围绕在你身旁。如果你从母亲手中接过饭碗，心存温馨，那就是幸福；如果你在灯下读着朋友的来信，品味友情，那就是幸福；如果你独坐一隅，静静听歌，凝神遐思，那就是幸福。

◆幸福就是和爱人一起漫步，幸福就是吃到妈妈的拿手菜，幸福就是孩子在你的脚跟打转。

◆幸福就像你身后的影子，你追不到，但是只要你往前走，它就会一直跟着你。

◆幸福不在怀念的过去，也不在追逐的未来，而在我们拥有的当下。

◆幸福这座山，原本就没有顶、没有头。你要学会走走停停，看看山岚、赏赏虹霓、吹吹清风，心灵在放松中得到生活的满足。

◆幸福就是为别人着想，为别人做事，不考虑个人得失，幸福就是平安快乐。

◆幸福，不是长生不老，不是大鱼大肉，不是权倾朝野。幸福是每一个微笑生活愿望的达成，当你想吃的时候有的吃，想被爱的时候有人来爱你。

◆幸福地生活就是这么的简单，它不会因为我们的贫或富而改变，它只随着我们自己的思想在转变。幸福是一种态度，幸福是一门学问，幸福是一种追求，所谓的幸福其实就是能让你觉得你最开心的生活方式。

◆幸福来自一颗踏实安静的心。

◆幸福就是牵着一双想牵的手，一起走过繁华喧嚣，一起守候寂寞孤独；就是陪着一个想陪的人，高兴时一起笑，伤悲时一起哭；就是拥有一颗想拥有的心，重复无聊的日子不乏味，做着相同的事情不枯燥。只要心中有爱，我们就会幸福，幸福就在当初的承诺中，就在今后的梦想里，就在你身边。

◆幸福本是一种感觉，它不取决于人们的生活状态，而取决于人的心态。

◆幸福，是有一颗感恩的心，一个健康的身体，一份称心的工作，一位深爱你的爱人，和一帮值得信赖的朋友。

◆什么是幸福？幸福是果园里果农望着压满枝头果实的满脸喜色，幸福是教室里莘莘学子憧憬未来的动人笑脸，幸福是实验室里科学家又有新发现时的舒展眉头，幸福是领奖台上运动员仰望国旗冉冉升起时的莹莹泪光。幸福是奋斗的结晶，勤劳的丰碑。

◆幸福并不是一种完美和永恒，而是心灵和生活万物的一种感应和共鸣。

◆幸福，就是找一个温暖的人过一辈子。

◆幸福是每个人生命的追求，每个人都渴望幸福，他们认为活得轻松快乐就是幸福。其实幸福就是满足，满足了一切，你将会永远幸福。

◆人的一生中，有很多幸福就在你的身边，只是看你懂不懂得去珍惜。珍惜了，会幸福一生，错过了，也许再也找不回来。要想得到幸福，首先要懂得去珍惜，只有懂得珍惜，你才是世界上最幸福的人。

◆病人说："幸福就是拥有一个健康的身体。"农民说："幸福是每一年的大丰收。"小孩子说："幸福是拥有很多自己喜欢的玩具。"正在坐牢的人说："幸福就是自由。"我说："幸福是一家人团圆美满，每一个人平平安安。"

◆真正幸福的人，不一定拥有很多财富，只要内心充满爱和快乐，那他就是一个幸福的人，这种幸福是任何金钱换不来的。

◆懂得珍惜身边所拥有的一切，这就是人生中最大的幸福。

◆人生最大的悲哀不是失去太多，而是计较太多。

◆幸福是给懂得珍惜生活的人一份礼物，每个人都渴望得到幸福。幸福是一种生活态度，也是人生观和价值观。当我们浸润在幸福之中的时候，往往感觉不到，当意识到这是幸福的时候，可能这份幸福已经不再拥有。

◆幸福是美好的，它是雨后的彩虹，是晴空万里的白云，是我们脸上灿烂的笑容。只要好好珍惜现在的幸福，才能迎接美好的明天。

◆十二句幸福格言：

1. 活着就是一种幸福！

2. 生命是一场庆祝！

3. 我是被宇宙深深爱着，我是被恩宠的！

4. 我值得拥有事业的圆满，关系的幸福，财务自由！

5. 我是一切的源头！一切都是我创造的！

6. 一切都有可能性！只要我想要！真的真的想要！

7. 有意愿就有方法！

8. 一切的发生都有助于我！

9. 一切都会越来越好，越来越好！

10. 相信就会有奇迹！

11. 爱是一切的解答！

12. 世界很需要我，我很重要！

▶▶▶链接：小故事

1. 幸福是什么？

一个20出头的年轻小伙子急匆匆地走在路上，对路边的景色与过往行人全然不顾。一个人拦住了他，问："小伙子，你为何行色匆匆啊？"

小伙子头也不回，飞快地向前跑着，只泛泛地甩了一句："别拦我，我在寻求幸福。"

转眼20年过去了，小伙子已变成了中年人，他依然在路上疾驰。

又一个人拦住了他："喂，伙计，你在忙什么呀？""别拦我，我在寻求幸福。"

又是20年过去了，这个中年人已成了一个面色憔悴、老眼昏花的老头，还在路上挣扎着向前挪。一个人拦住他："老头子，还在寻找你的幸福吗？""是啊。"

当老头回答完别人的问话，猛地惊醒，一行眼泪掉了下来。原来刚问他问题的那个人，就是幸福之神，他寻找了一辈子，可幸福之神实际上就在他旁边。

2. 上帝给人们的幸福

上帝花了七天造了世界，据说，他又花了七天，想要给人们带来幸福……

第一天，遇到一个乞丐，上帝问他：你想要怎样的幸福？

乞丐说：我想要吃饱，穿暖，有地方遮风挡雨。——上帝给了他所要的幸福。

第二天，遇到一个瞎子，上帝问他：你想要怎样的幸福？

瞎子说：我想要一双明亮的眼睛，可以看见这个美丽的世界。——上帝也给了他所要的幸福。

第三天，遇到一个瘸子，上帝问他：你想要怎样的幸福？

瘸子说：我想要一双充满活力的腿，可以尽情地奔跑。——上帝也给了他所要的幸福。

第四天，遇到一个哑巴，上帝问他：你想要怎样的幸福？

哑巴比画着表示：我想要一个响亮的嗓子。可以大声的说话和歌唱。——上帝也给了他所要的幸福。

第五天，遇到一个单身汉，上帝问他：你想要怎样的幸福？

单身汉说：我想要一个善良的女子，结婚生子。——上帝也给了他所要的幸福。

第六天，遇到一个商人，上帝问他：你想要怎样的幸福？

商人有点迷茫，他问上帝：什么才是幸福？

上帝说：如果你真的不知道，我可以教你，不过我时间不多，只能用一天时间。

第七天，商人醒来，发现自己变成了乞丐，老婆孩子都死了，房子也没了，他瞎了一只眼睛，瘸了一条腿，还变成了不能说话的哑巴。

上帝问他：你知道什么是幸福了吗？

商人痛哭流涕，终于明白了——幸福，原来一直在自己的身边呐！

上帝还给了商人原有的一切。但上帝浪费了一天时间。他临走前发短消息给我说：原本，第七天，我会遇到你，给你一个漂亮老婆的～～很抱歉，如果你愿意等，我五十年后还会来，到时候给你一个漂亮的老太婆吧～

3. 感恩信

洛杉矶的一家旅馆。早晨，三个黑人孩子，在餐桌上埋头写着感恩信。这是他们每天必做的功课。老大在纸上写了八九行字，妹妹写了五六行，小弟弟只写了两三行。再细看其中的内容，却是诸如"路边的野花开得真漂亮""昨天吃的比萨饼很香""昨天妈妈给我讲了一个很有意思的故事"之类的简单语句。原来他们写给妈妈的感谢信不是专门感谢妈妈给他们帮了多大的忙，而是记录下他们幼小心灵中感觉很幸福的一点一滴。

他们还不知道什么叫大恩大德，只知道对于每一件美好的事物都应心存感激。他们感谢母亲辛勤的工作，感谢同伴热心的帮助，感谢兄弟姐妹之间的相互理解……他们对许多我们认为是理所当然的事都怀有一颗"感恩的心"。

一直以来，感恩在人们心中是感谢"恩人"的意思。其实，"感恩"不一定要感谢大恩大德，"感恩"其实是一种生活态度，一种善于发现美并欣赏美的道德情操。常怀感恩之心，你才会觉得生活是那么幸福。

4. 幸福就像一只青鸟

从前，一个小王子出发寻找幸福。大巫师告诉他："幸福是一只青色的鸟，有着世界上最美妙清脆的歌喉，找到了之后得马上把它关进黄金做成的笼子里，这样，你就可以得到你想要的幸福。"

他带了一个黄金笼子上路。小王子抓过不少青色的鸟，但是总在放进黄金鸟笼后，鸟便不知为何死去。他知道，那不是他所要寻找的幸福。

后来，黄金笼有些旧了，小王子也不再年轻。忆起远方的双亲，小王子回到自己的王国，才发现人事已非。国王和王后早在他离去后没多久，就因为过度的悲伤及思念而相继过世。

小王子落寞地走在荒凉的街头，忽然有人拉住他的衣角，那是一个发鬓斑白的老人。"大巫师！"小王子认出了他。"王子，我对不起你，当初不应该鼓励你去找寻青鸟。"老人哽咽地说着，从口袋里掏出了一件物品，"这是国王及王后临终前要我交给你的东西，希望你好好珍藏。"

小王子一看，原来那是国王为幼时的自己雕的一只黄莺。小王子把木鸟紧紧地抱在胸前，十分懊悔。突然，怀里的木鸟动了动，叫出了声音，小王子一呆，一不注意，就让黄莺给飞走了。那是幸福的青鸟，而他却来不及将它放进黄金笼。

幸福到底是什么？幸福的青鸟到底在哪里？有人曾经向一位贤哲请教什么是幸福，哲人说：走得动，吃得下，睡得香。而当代英国爱尔兰著名《圣经》注释学家巴克莱博士曾指出：幸福的生活有三个不可缺少的．因素：一是有希望，二是有事做，三是能爱人。

33. 人 生

（一）古诗词

1. 人生飘忽百年内，且须酣畅万古情。——唐，李白《答王十二寒夜独酌有怀》

【释义】人生百年不过是飘忽瞬间，要痛饮美酒来宣泄万古的愁情。

2. 人生得意须尽欢，莫使金樽空对月。——唐，李白《将进酒·君不见黄河之水天上来》

【释义】人生得意之时就应当纵情欢乐，不要让这金杯无酒空对皎洁的明月。

3. 人生在世不称意，明朝散发弄扁舟。——唐，李白《宣州谢朓楼饯别校书叔云》

【释义】人生在世，是如此的不如意，不如披头散发，登上长江一叶扁舟。

4. 人生达命岂暇愁，且饮美酒登高楼。——唐，李白《梁园吟》

【释义】人各有命，天命难违，必须豁达，不必忧愁，且登高楼边赏风景边饮美酒，再让歌女唱我的小曲。

5. 世事漫随流水，算来一梦浮生。——五代，李煜《乌夜啼·昨夜风兼雨》

【释义】人世间的事情，如同东逝的流水，一去不返，想一想我这一生，就像大梦一场。

6. 遇酒且呵呵，人生能几何！——唐，韦庄《菩萨蛮·劝君今夜须沉醉》

【释义】既然有酒可喝再怎么样也得打起精神来，人生能有多长呢？

7. 人生亦有命，安能行叹复坐愁？——南北朝，鲍照《拟行路难·其四》

【释义】人生是既定的，怎么能走路叹息坐卧惆怅。

8. 劝君莫惜花前醉，今年花谢，明年花谢，白了人头。——元，赵秉文《青杏儿·风雨替花愁》

【释义】劝君不要吝惜花前醉饮，人生难得如此痛饮。今年花谢了，明年花谢了，人就是在这一次次花谢中，白了头发。

9. 人生到处知何似，应似飞鸿踏雪泥。——宋，苏轼《和子由渑池怀旧》

【释义】人生在世，到这里、又到那里，偶然留下一些痕迹，你觉得像是什么？我看真像随处乱飞的鸿鹄，偶然在某处的雪地上留下爪痕，接着就飞走了。

10. 人生忽如寄，寿无金石固。——汉，无名氏《古诗十九首·驱车上东门》

【释义】人生好像旅客寄宿，匆匆一夜，就走出店门一去不返。人的寿命，并不像金子石头那样坚牢，经不起多少跌撞。

（二）名言

★真正的人生，只有经过艰苦卓绝的斗争之后才能实现。——〔古罗马〕塞涅卡

★人生是没有毕业的学校。——〔法国〕黎凯

★人生如同故事。重要的并不在有多长，而是在有多好。——〔古罗马〕塞涅卡

★人只能有献身社会，才能找出那实际上是短暂而有风险的生命的意义。——〔美国〕爱因斯坦

★人生最终的价值在于觉醒和思考的能力，而不只在于生存。——〔古希腊〕亚里士多德

★作为一个人，要是不经历过世上的悲欢离合，不跟生活打过交手仗，就不可能懂得人生的意义。——杨朔

★人生犹如一本书，愚蠢者草草翻过，聪明人细细阅读。为何如此？因为他们只能读它一次。——〔英国〕保罗·金

★最本质的人生价值就是人的独立性。——〔印度尼西亚〕布迪曼

★人生就像弈棋，一步失误，全盘皆输，这是令人悲哀之事；而且人生还不如弈棋，不可能再来一局，也不能悔棋。——〔奥地利〕利弗洛伊德

★未哭过长夜的人，不足以语人生。——〔英国〕卡莱尔

★人生应该如蜡烛一样，从顶燃到底，一直都是光明的。——萧楚女

★人生有两出悲剧：一是万念俱灰；另一是踌躇满志。——〔法国〕萧伯纳

★决定一个人的一生，以及整个命运的，只是一瞬之间。——〔德国〕歌德

★生活不能等待别人来安排，要自己去争取和奋斗；而不论其结果是喜是悲，但可以慰藉的是，你总不枉在这世界上活了一场。——〔中国〕路遥

★人生的价值，并不是用时间，而是用深度去衡量的。——〔俄国〕列夫·托尔斯泰

★人，只要有一种信念，有所追求，什么艰苦都能忍受，什么环境也都能适应。——〔中国〕丁玲

★人的价值并不取决于是否掌握真理或者自认为真理在握，决定人的价值的是追求真理的孜孜不倦的精神。——〔德国〕莱辛

★只要有人的地方，世界就不会是冰冷的！我们可以平凡，但绝对不可以平庸！——〔中国〕路遥

★我是一个平凡的人，但一个平凡的人，也可以过得不平凡。——〔中国〕路遥

★我认为，每个人都有一个觉醒期，觉醒的早晚决定一个人的命运。——〔中国〕路遥

★人生最欣悦的事情，不是拥有多少财富，多辉煌的成绩。而是每一天在平淡的烟火日子里，也要过得生活不能等待别人来安排，要自己去争取和奋斗；而不论其结果是喜是悲，但可以慰藉的是，

你总不枉在这世界上活了一场。——〔中国〕路遥

★人类的生命，不能以时间长短来衡量，心中充满爱时，刹那即为永恒！——〔德国〕尼采

★每一个不曾起舞的日子，都是对生命的辜负。——〔德国〕尼采

★人生是一次航行。航行中必然遇到从各个方面袭来的劲风，然而每一阵风都会加快你的航速。只要你稳住航舵，即使是暴风雨，也不会使你偏离航向。——〔美国〕西·切威廉斯

★走好选择的路，别选择好走的路，你才能拥有真正的自己。——〔中国〕杨绛

（三）金句

◆有信念、有梦想、有奋斗、有奉献的人生，才是有意义的人生。

◆生活靠劳动创造，人生也靠劳动创造。

◆我也希望我一辈子能够坚持下去，做成我既定人生的事情。

◆心有多大，人生舞台就有多大。

◆家庭是社会的基本细胞，是人生的第一所学校。

◆现在，党和国家事业空间很大，只要有志气有闯劲，普通劳动者也可以在宽广舞台上展示自己的人生价值。

◆要历练宠辱不惊的心理素质，坚定百折不挠的进取意志，保持乐观向上的精神状态，变挫折为动力，用从挫折中吸取的教训启迪人生，使人生获得升华和超越。

◆要深刻领会中央八项规定的精神实质,养成慎始、慎独、慎微的意识,走好人生每一步。

◆只要能守住做人、处事、用权、交友的底线,就能守住党和人民交给自己的政治责任,守住自己的政治生命线,守住正确的人生价值观。

(注:以上摘自习近平金句)

◆人生就像马拉松,获胜的关键不在于你瞬间的爆发,而是在旅途中永恒的坚持。

◆人生之路,有坦途也有陡坡,有平川也有险滩,有直道也有弯路。

◆只有进行了激情奋斗的青春,只有进行了顽强拼搏的青春,只有为人民作出了奉献的青春,才会留下充实、温暖、持久、无悔的青春回忆。

◆人生之路,走走停停是一种闲适,边走边看是一种优雅,边走边忘是一种豁达。

◆人生之路不会一帆风顺,在所有成功路上折磨你的,背后都隐藏着激励你奋发向上的动机。

◆生命是一种回声,当你把善良给了别人,最终会从别人那里收获善意。

◆人总是在失去之后才懂珍惜。尤其病过一场的人,最明白健康的可贵。

◆孔子人生三段式:少之时,戒之在色;壮之时,戒之在斗;老之时,戒之在得。

◆曾国藩体悟:少年经不得顺境,中年经不得闲境,晚年经不得逆境。

◆人生的价值大致取决于灵对肉的支配。

◆人有两部分，看得见的身体和看不见的灵魂，灵魂的美恶，不体现在肉体上。

◆巴菲特有两点关于投资的建议，希望你能记住一辈子：第一，不要进行过于冒险、会导致灭顶之灾的投资；第二，不要进行自己不懂的投资。

◆人生的高度，不是你看清了多少事，而是你看轻了多少事。

◆心灵的宽度，不是你认识了多少人，而是你包容了多少人。

◆人生不是一支短暂的蜡烛，而是一支由我们暂时拿着的火炬，我们一定要把它燃烧得十分光明耀眼，然后交给下一代。

◆做人如山，望万物，而容万物；做人似水，能进退，而知进退。

◆《严氏家训》之家庭教育，为父母：父母威严而有慧，则子女畏惧而生孝焉。诚为要：巧伪不如拙诚。多自省：夜觉晓非，今悔昨失。

◆人生像一杯清水，简简单单，从从容容，纯纯静静。看似寻常，却每时每刻不在滋养着你的生命。

◆人生在世，不贵于无过，而贵于能改过。"改过"其实也有境界高低之分，有主动被动之别。"知一重非，进一重境。"要想达到至高境界，则需日积月累、坚持不懈。

◆生活不一定是一直美好的，但是有些挣扎可以让你变得更坚强，有些改变可以让你变得更有智慧。

◆叶子离开枝条，才知道什么叫依赖；枝条失去叶子，才懂得什么叫陪伴。不要等到缘分尽了，感情淡了，人走远了，才幡然悔悟。

◆希望是前进路上的一面高高飘扬的旗帜，能给人以无穷的力量和勇气，指引着人们去克服人生旅途中的千辛万苦。

◆似乎是到了一定年龄，才能醒悟很多东西，家人的陪伴，身体的健康才是最重要的。褪去了年少时的轻狂和莽撞，更懂得为自己而活，静而不争，才是生活的大智慧。

◆这世上，最刻骨的感情，是细水长流的感动，是灵魂深处的看护，是有人陪你立黄昏，问你粥可温的踏实。

◆生命不是演习，教育不是游戏。每个人的生命都只有一次，每一个阶段的教育都不可推倒重来。

◆利他共赢，成人达己。

◆人生不是剧本，很少能完美收场。只有失去过，才会懂得珍惜。很多事因为有了遗憾，更让我们刻骨铭心。

◆人间不会有单纯的快乐，快乐总夹杂着烦恼和忧虑，人间也没有永远。

◆我们曾如此期盼外界的认可，到最后才知道：世界是自己的，与他人毫无关系。

◆人生，本就应该时刻精彩，任何时候开始都不晚，若你能将自己与年龄解绑，那离破茧而出也就不远了。

◆应付少了，属于自己的时间多了，阅读与思考，工作与生活，简单中反而透出了一些智慧。

◆无法忘记过去不幸伤痛的人，往往会连今天的幸福也失去！

无法忘却昨天的人，往往会连今天都把握不住！

◆每一个人都拥有生命，却并非每个人都能读懂生命；每一个人都拥有头脑，却并非每一个人都能善用头脑。只有热爱生命，善于动脑的人，才算得上真正拥有生命。

◆知足，才能无忧。无忧，才能心静。心静，才能自在。自在，才能发自内心的快乐。

◆古人语"心安茅屋稳，性定菜根香"，革命先辈的"行经万里身犹健，历尽千艰胆未寒"，都可以视作人生的"审美境界"。

◆我们该怎样度过我们的一生，又该怎样面对我们生命终结的那一刻？我想只有非常旷达、非常自如地来面对，我们自己的人生、我们走过的路，才能深刻理解泰戈尔的这首《生如夏花》。

◆人的心灵应如浩渺瀚海，只有不断接纳希望、勇气、力量的百川，才可能风华长存。我们也从一位科学家的眼泪当中，感受到了一个人，愿意为了理想奉献终身、矢志不渝的情怀。勇敢的人，不是不落泪的人，而是愿意含着眼泪继续奔跑的人。

◆人生有三种根本的困境。第一，人生来只能注定是自己，人生来注定是活在无数他人中间，并且无法与他人彻底沟通。这意味着孤独。第二，人生来就有欲望，人实现欲望的能力，永远赶不上他欲望的能力。这是一个永恒的距离。第三，人生来不想死，可人生来就是在走向死。这意味着恐惧。

◆所谓命运，就是说，这一出"人间戏剧"需要各种各样的角色，你只能是其中之一，不可以随意调换。

◆生命中有一些人与我们擦肩了，却来不及遇见；遇见了，却来不及相识；相识了，却来不及熟悉；熟悉了，却还是要说再见。

◆人生在"三气"：赢在才气，成在大气，败在脾气。能否豁达谦逊包容，不仅体现个人品性修为，也关系个人成长进步，更影响事业兴衰成败。

◆美好生活属于善抓机会的人；精彩人生属于勇敢向前的人；幸福属于懂得珍惜的人！选择大于努力，拥抱改变，把握未来！

◆在工作面前，态度决定一切。没有不重要的工作，只有不重视工作的人。不同的态度，成就不同的人生，有什么样的态度就会产生什么样的行为，从而决定不同的结果。

◆人的能量需要循环，不能持续消耗。如果一味地消耗自己，身体和精神上都会不堪负荷，那些让你太过在意的东西，反而会更快地失去。

◆用力过猛的人对自己行为的期待会比较高，一旦短期的付出达不到自己预期的效果，便会产生挫败感，便会质疑自己，甚至放弃自己的目标。

◆付出多少，得到多少，这是一个众所周知的因果法则。回报也许无法立刻得到，却可能会在不经意间，以出人意料的方式出现。

◆当你再也没有什么可以失去的时候，就是你开始得到的时候。

◆有人抱怨生活不公，却从来不想着自我改变；有人努力了很久，但总是在最关键的时刻中途而止。

◆我们生于世上，心态当像兰，凡事都能看得通透；性情当似梅，学会在命运的冬季艳丽地盛开；意志当如水，你能包容什么，终会得到什么。

◆过去的事已经一去不复返。聪明的人是考虑现在和未来，根本无暇去想过去的事。

◆请保持心里的光，因为你不知道谁会借此走出黑暗。

◆真正富有预见和远见的人，都懂得并善于看"桅杆"，从"桅杆"中分析研究出事物发展的动态、趋势和规律。

◆人生苦短，忙是一种幸运，有一个舞台可以干点事业，工作是人生的幸福。人的一生中可以没有很高的名望，也可以没有很多的财富，但不可以没有工作的乐趣。

◆读万卷书不如行万里路，行万里路不如阅人无数，阅人无数不如名师指路，名师指路不如自己开悟。

◆人不敬我，是我无才；我不敬人，是我无德。人不容我，是我无能；我不容人，是我无量。人不助我，是我无为；我不助人，是我无善！

◆有句古话说："君子事来而心始现，事去而心随空。"真正智慧的人，永远活在当下，懂得与不快乐的事情告别，心指向的是未来。

◆人生坎坎坷坷，跌跌撞撞那是在所难免。但是，不论跌了多少次，你都要坚强地再次站起来。

◆在平凡的岁月里，不骄不躁，不急不缓，心平气和地度过漫长的一生，就已经足够伟大。

◆所有的阵痛都只能通过改变自己来完成。每个人都需要走出昨天的自己。

◆这个世界不会因为你的疲惫，而停下它的脚步。今天你不用力走，明天就要用力跑。如果无法避免，那我们能做的，不过只是把自己变得更强大，强大到能够应对下一场挑战。

◆你若是停住了前进的脚步，路永远在前方，那里永远有一个你到不了的远方。

◆你不再任性，是因为没人惯着；你学会冷静，是因为周围人看着；你开始独立，是因为现实就是这样的。伤过，痛过，但一直都笑着；输过，败过，但从来没怕过。

◆人生就是一只储蓄罐，你投入的每一分努力，都会在未来的某一天，打包还给你。别人拥有的，你只要愿意去付出，一样可以拥有。

◆幸福的人生里，对过往，要淡；对现在，要惜；对未来，要信。

◆对自己的人生要有基本的定位。制定好自己的目标，坚持不懈地朝一个方向努力，逆境中不泄气，顺境中不松气，成功就会等着你。

◆那些为了昨天而流泪的人，也必将错过明天初升的太阳。

◆一辈子活得自在，过得顺心，不虚度年华，顺其自然，就是最好的生活状态。

◆少去羡慕别人的人生，也许你拥有的，正是别人所羡慕的。

◆我们都是普通人，没法改变生命的长度，但我们可以改变生命的厚度。

◆人应当经常调整自己的状态，调理自己的心境。养身重在养心，补体重在补脑。药补不如食补，食补不如神补。

◆我们都曾卡在人生最尴尬、却最没有资格说不的阶段。幸好，我们最终找到了修改命运的那扇窗。

◆人生总有不如意之时，不要抱怨怀才不遇，也不要抱怨生不逢时；苦心人，天不负，越王勾践，卧薪尝胆，三千越甲可吞吴。

◆事在人为是一种积极的人生态度，顺其自然是一种乐观的生存之道，水到渠成是一种高超的入世智慧，淡泊宁静是一种超脱的生活态度。

◆人生，真的没有什么捷径可走。你想要拥有多少，你就必须得付出多少。

◆活得清醒的人往往都有一个干净的圈子，他们更加明白，生活最好的形式，是互不打扰。

◆有目标的人穿越困难航行，无目标的人躲避困难漂泊。航行者一直在接近目标，漂泊者一直在逃离恐惧。

◆保存岁月最好的方式，是致力于把岁月变为永存的诗篇或画卷。

◆不忘初心，方得始终。我们跋山涉水，抵达的不是远方，而是内心最初出发的地方。简单、纯粹才是生活的本色。

◆人生本是一场长途跋涉，有时让人疲惫的不是路途漫漫、忙碌没有尽头，而是心灵的颓废、希望的丧失。

◆任何得失沉浮都是人生，都是生活所获得赐予。

◆接受现实是人生的第一课，因为你别无选择。

◆人们苦苦追求，苦苦寻觅，只为了得到一个结果。当你得到了那个果实，常会变得失望，反而是在争取的过程中，你尝遍了各种快乐和心酸，那种滋味才令人回味无穷。

◆缘分是本书，翻得不经意会错过，读得太认真会流泪。

◆人生是不可彩排的单程路，过去的每一天、每一次经历，或是顺风顺水的坦途，或有鲜花与掌声的光彩，甚或冷雨与失意的打击，标注着成功的经验、失败的教训，但都在今天成为历史。

◆和什么样的人在一起，就会拥有什么样的人生。要想可持续地释放正能量，就要和有正能量的人在一起，一边吸收正能量，一边释放正能量，吸放之间，生命恒新。

◆人生乐在相知心。

◆人生三不斗：不与君子斗名，不与小人斗利，不与天地斗巧。

◆人生有三大抉择：信仰，因为他指引你一辈子；配偶，因为他陪伴你一辈子；事业，因为他照顾你一辈子。

◆人生四然：来是偶然，去是必然，尽其当然，顺其自然。

◆不乱于心，不困于情。不畏将来，不念过往。如此，安好。

◆最好的心态，是学会放下沉重。一念之间，天地皆宽，万事万物都会有不一样的风景。

◆有没有人爱，我也要努力做一个可爱的人。不埋怨谁，不嘲笑谁，也不羡慕谁，阳光下灿烂，风雨中奔跑，每个人都有一个觉醒期，但觉醒的早晚决定一个人的命运。

◆人生有很多路要选择，选中一条，走下去，便会碰见这条路上的人和风景。而选择另一条，则可能是完全不同的风景与人。这是人生的必然。

◆人生在世，注定要受许多委屈。而一个人越是成功，他所遭受的委屈也越多。要使自己的生命获得价值和炫彩，就不能太在乎委屈，不能让它们揪紧你的心灵、扰乱你的生活。要学会一笑置之，要学会超然待之，要学会转化势能。智者懂得隐忍，原谅周围的那些人，在宽容中壮大自己。

◆被人误解的时候能微微一笑，素养；受委屈的时候能坦然一笑，大度；吃亏的时候能开心一笑，豁达；无奈的时候能达观一笑，境界；危难的时候能泰然一笑，大气；被轻蔑的时候能平静一笑，自信；失恋的时候能轻轻一笑，洒脱。

◆人有旦夕祸福。既然生而为人，就得有承受旦夕祸福的精神准备和勇气。如果不习惯失去，至少说明对人生尚欠觉悟。

◆人应如树，站着是一道美丽的风景，倒下是一根优质的栋梁。

◆人生没有彩排，每天都在直播。人生也没有如果，只有结果和后果。青年干部一定要廉洁自律，遵纪守法，慎之又慎，做到慎独、慎微、慎始，要见微知著、见微知祸、管中窥豹、以小见大。一旦把持不住，从某种意义上说，就会万劫不复。

◆人生在世，事事都无法预料，无论何时何地，无论处在怎样的境地，都要多一份忍让，怀一颗善心，善待每一个人。

◆懂得进退，才能成就人生；懂得取舍，才能淡定从容；懂得知足，才能怡养心性；懂得删减，才能轻松释然；懂得变通，才会少走弯路；懂得反思，才会提高自己；懂得感恩，才能温润心境。

◆人生的七项修炼：不怯战，不存烦，不下念，不偷懒，不记艳，不独欢，无宠厌。

◆每个人都只有一次生存的机会，都是一个独一无二、不可重复的存在。

◆你的人生是否有意义，衡量的标准不是外在的成功，而是你对人生意义的独特领悟和坚守，从而使你的自我闪放出个性的光华。

◆一个人拥有自我的两个可靠标志：

一是他有没有自己的真兴趣，亦即自己安身立命的事业，他能够全身心地投入其中，并感到内在的愉快和充实。这个自我是指他的个性，每个人独特的生命价值。

二是看他有没有自己的真信念，亦即自己处世做人的原则，那是他的精神上的坐标轴，使他在俗世中不随波逐流。这个自我是指他的灵魂，一个人坚定的精神核心。

◆生活里不必要渴求别人的理解和认同，因为别人也没有这些义务。静静地过自己的生活，心若不动，风又奈何。你若不伤，岁月无恙。

◆生活里许多事情都是如此，不必要强求。该来的来，该去的去，随缘而过，随缘而息，犹如云散了天晴，花谢了结果，一般明朗，一般真实，生活还要继续。

◆独处是人生中的美好时刻和美好体验。独处是灵魂生长的必要空间。一切严格意义上的灵魂生活都是在独处时展开的。

◆人生最好的境界是丰富的安静。安静，是因为摆脱了外界虚名浮利的诱惑。丰富，是因为拥有了内在精神世界的宝藏。

◆人最宝贵的东西是生命，生命对于我们只有一次。一个人的生命应当这样度过：等他回首往事的时候，他不因虚度年华而悔恨，也不因碌碌无为而羞耻——这样，在临死的时候，他能跟说，我整个的生命和全部精力，都已奉献给世界上最壮丽的事业——为人类的解放而斗争。

◆什么是人生？人生就是永不休止的奋斗！

◆一个人热爱人生便不能不执着，洞察人生真相便不能不悲观。两者激烈冲突，又达成和解的结果就是超脱。

◆哲人说："你的心态就是你真正的主人"，乐观向上、心态阳光，即便一时身处困境，仍有"竹杖芒鞋轻胜马"的旷达，在茫茫暗夜中亦能读出星星指引的方向。

◆人生最可悲的事情，莫过于胸怀大志，却又虚度光阴。

◆生命只是一个故事，这个故事有无数个结局，没有一个结局是完全正确的。重要的是要去的方向它决定着你的前途。

◆人生最大的问题是生与死。生与死是人类的一个永恒主题。生是一段又一段的岁月，死却是岁月中的最后一把火，火熄灭了，生命也就完结了。

◆人生就像一场马拉松，成功不是当初跑最快的人，而是能坚持到最后的人。

◆生活的真谛，就是让有限的生命活出无限的精彩，有价值，有梦想，有意义。虽然我们都是平凡的人，但是平凡中也隐藏着无穷尽的精彩。

◆我来不及认真地年轻，待明白过来时，只能选择认真地老去。

◆人生最大的遗憾是，本来我可以。

◆人一定要走出剧情，活在人生的真相里。

◆成熟的人注重做两件事，一是事情达成，二是事情达成后，相关的人的关系最大限度变得更好。

◆你想有所成就，要不自己活成一个品牌，要不加入一个圈子。

◆人生的意义，不在于我们走了多少崎岖的路，而在于我们从中感悟到了多少哲理。这些亘古常新的人间智慧，将帮助我们认清真正的人生，从而享受人生的快乐。

◆人生，就是一趟不知道目的地的长途旅行，途中能否看到美丽的风景，那要看你的努力，也要看你的运气！

◆人生的道路曲折坎坷，虽然有过狂风暴雨的摧残，但至诚恳切，久而久之，自有拨云见日、青天开朗的一天。

◆成功者和失败者的区别就是，当他们找到梦想的方向，有的人立刻开始低头前行，而有的人却一直站在原地幻想。

◆人生就像一场舞会，教会你最初舞步的人却未必能陪你走到散场。

◆每个人在世上都只有活一次的机会，没有任何人能够代替他重新活一次。我们必须对自己的人生负责任，一丝一毫依靠不了别人。

▶▶▶链接：小故事

1. 林肯的人生

有一个人，他在二十一岁时，生意惨遭失败。二十二岁时，竞争州议员再遭失败。二十四岁时，做生意再度失败。二十六岁时，自己最爱的爱侣去世。二十七岁时，曾觉得生活没有了希望。三十四岁时，竞争州议员又遭失败。三十六岁时，还是一样在竞争州议员时失败。四十五岁时，继续失败。四十七岁时，提名副总统落选。四十九岁时，联邦参议员再度落选。五十二岁时，当选为美国第十六任总统。这个人就是林肯，因为他坚信上帝只是延迟了他的请求，而不是拒绝了他的请求，因此，他坚持地做下来了他的所有坚持。以至于最后最终成功。

一个人可以允许多次失败，而且也允许在同一件事情上失败。但是一个人不允许因为多次在同一件事情上失败后就放弃了这件事情。如果你愿意，如果你对此事感兴趣，如果你坚持，你就一定会得到上帝的恩惠。因此，只有会坚强梦想的人，才会有机会有把梦想实现的机会。

2. 作家的财富

一个满腹经纶的作家出名后有了些财富，便开始环游世界、到处走走。他带着一些金钱及书本开始旅游。

他将看到的事物一一记录下来，并靠教导他人或为人解答赚取酬劳。

有一次他搭上了一艘船，准备海上之旅。不料半途刮起一场可怕的暴风雨，每个人都急忙抢救身上值钱的东西，作家却只拿了笔记本。一旁的人问他："你不打算保住你的财产吗？"

作家回答："我所有的财产都在我身上了。"

当暴风雨过后，有些人因拿了过重的财物而无法逃出，而作家则幸运地活了下来，等到了另外一个城市，他便将这个冒险故事写成书。一路上他就靠着文笔才华顺利地回到家乡。

3. 看破红尘

无相禅师在行脚时感到口渴，路遇一名青年在池塘里踩水车，于是上前向青年要了一杯水喝。青年以羡慕的口吻说道："禅师，如果有一天我看破红尘，我一定会跟您一样出家学道。不过我出家后，不想跟您一样居无定所到处行脚，我会找一个地方隐居，好好参禅打坐，不再抛头露面。"

禅师含笑道："哦！那你什么时候会看破红尘呢？"青年答道："我们这一带就数我最了解水车的性质了，全村人都以此为主要水源，若找到一个能接替我照顾水车的人，届时没有责任的牵绊，我就可以找自己的出路，看破红尘出家了。"无相禅师道："你最了解水车，请告诉我，如果水车全部浸在水里，或完全离开水面会怎么样呢？"

青年说道："水车全部浸在水里，不但无法转动，甚至会被急流冲走；完全离开水面又不上来水。"无相禅师道："水车与水流的关系已说明了个人与世间的关系：如果一个人完全入世，纵身江湖，难免会被五欲红尘的潮流冲走；假如纯然出世，自命清高，则人生必是漂浮无根，空转不前的。"青年听后，欢喜不已地说："禅师您这一席话，真使我长知识了。"

4. 人生如玉

从前有一位智者收了很多学生，其中有个学生向他请教："老师，你能讲讲我的价值吗?"老师拿出一块石头，说:"你先帮我做件事，我再告诉你人生的价值。你把这块石头拿到集市上卖，可别人无论出多少钱你都不能卖。"

学生拿着石头到集市上去叫卖，有人愿意出 2 块钱买这块石头。这个人刚出完价，又来了一些人，大家纷纷说这块石头真光，都开始抬价，一向把石头的价抬到 10 元钱。学生高兴地回去和老师说:"老师，你这块石头居然能卖 10 块钱呢!"老师说:"你再把这块石头拿到黄金市场上去卖，别人出多少钱你都不能卖。"

学生到了黄金市场，有个老者看了这块石头的成色，说里面必须是块宝贝。大家开始竞争这块石头，抬到了 1 万块钱的价格。学生有些动心了，兴高采烈地跑回去对老师说:"您这块石头居然能卖到 1 万块钱，真是想不到啊!"老师笑着说:"你把这块石头拿到珠宝市场上去卖，别人出多少钱，你都不能卖掉。"

学生拿着石头到了珠宝市场，刚一叫卖，就有人出到 10 万块价格。一眨眼的功夫，石头的价格已经升到了 30 万块钱。学生忍住了极大的诱惑回去了，对老师说:"想不到您还有这样一块宝贝呀! 我的任务完成了，您该告诉我这块石头的价值了吧。"老师对学生说:"这块石头真的是无价之宝，它里面有名贵的玉，但你不识货，它顶多值 10 块钱。"

其实，每个人都是一块玉，我们要以珠宝商看玉石一样去审视自己，有的人打磨了自己，他就成了玉，打磨得越好，他的价值就越高;有人守着自己的玉一辈子都不打磨，他一辈子就是一块不值钱的石头。

5. 生命的价值

在一次讨论会上，一位著名的演说家没讲一句开场白，手里却高举着一张 20 美元的钞票。面对会议室里的 200 个人，他问:"谁要这 20 美元?"一只只手举了起来。他接着说:"我打算把这 20 美元送给你们中的一位，但在这之前，请准许我做一件事。"他说着将钞票揉成一团，然后问:"谁还要?"仍有人举起手来。他又说:"那么，假如我这样做又会怎么样呢?"他把钞票扔到地上,又踏上一只脚,并且用脚碾它。尔后他拾起钞票,钞票已变得又脏又皱。"现在谁还要?"还是有人举起手来。

"朋友们,你们已经上了一堂很有意义的课。无论我如何对待那张钞票,你们还是想要它,因为它并没有贬值,它依旧值20美元。人生的路上,我们会无数次的被自己的决定或碰到的逆境击倒、欺凌甚至碾得粉身碎骨。我们觉得自己似乎一文不值。但无论发生什么,或将要发生什么,在上帝的眼中,你们永远不会丧失价值。在他看来,肮脏或洁净,衣着齐整或不齐整,你们依然是无价之宝。"

后　记

　　夜深人静之时，一杯清茶，一抹灯光，闻着书香，掩卷遐思。有很多书，读起来很有趣，但最多读一遍；这一本书，读起来很平淡，却定能读多遍。一位媒体朋友说，"这本书堪称中国第一部公文写作调料包！"评价虽然过高，但细细品味，此书一定值得成为你我的良师益友，伴我们走完余生。

　　腹有诗书气自华。由于种种原因，我们小时候背诵的古诗词到现在很多已经记不清了，而古诗词是中华文化的瑰宝，言简意赅，通过背诵甚至仅仅是多次翻阅本书后，定会将各类别的古诗词了然于胸，更重要的是将古诗词中的优秀品质，融入我们的血液。

　　绝知此事要躬行。这个世界上，没有等到的幸福，只有干出来的辉煌。想，只能说明我们有梦想，干，不仅是自身责任的体现，也是基本谋生的手段，更重要的是体现我们的价值，同时也充实了我们的生命，要做一个翩翩起舞的蝴蝶，践行对人生的承诺。

　　咬定青山不放松。山再高，往上攀就能登顶；路再远，走下去就能抵达，在跋山涉水的征程中，我们也收获了奋斗的豪情、前行的动力，把这种品质浓缩为两个字就是坚持。

　　化作春泥更护花。一个人的优秀只是"小我""大我"是一种修为，是人一生中的必修课，要摒弃"小我"，有"大我"的情怀，增厚美德，于大事中关顾他人，胸怀家国天下。小水滴将公益和学习同步推行，最合相得益彰融为一体，以优秀的"小我"，服务社会、回报社会，践行"大我"。

本书在编写过程中，得到了很多领导和专家的指导勉励，他们对本书提出很多好的建议。在校对本书过程中，很多在基层公文写作一线的同志，如张凯、贾晓昕、宋文云、夏有凤、韩蓓、王文卿、曹珂、杨永兵、邢丽霞、赵晓丽、马丽亚等，不辞辛苦、逐字逐句校对完善，保证了本书质量。在此对各位领导、专家和编辑表示衷心感谢。

由于水平有限，本书在编辑过程中难免有疏误之处，竭诚欢迎读者批评指正。

同时，《写作有道》是个系统工程，这本书主要是名人名言金句选编。下一步，我们计划围绕常用公文写作、领导讲话范文赏析等继续编写《写作有道》系列丛书，以更好满足新时代公文写作处理工作的实际需要，欢迎大家提出宝贵意见。